從畢達哥拉斯到莎士比亞，歷史上那些改變遊戲規則的各界大師

顛覆者——
大師的
足跡

Giant

古希臘至文藝復興

他們的貢獻不該被世人忘記 ｜ 他們的足跡不該被歲月抹去

陳志謙
陳樂濛 編著

每一位被介紹的大師都是一段驚人的故事

每一故事都反映了其所處時代的文化、科學和哲學
以嚴謹學術研究和生動敘事風格，將古今中外的偉人生平娓娓道來

目錄

目錄

第二篇　中世紀時期的燈塔

目錄

第三篇　文藝復興與地理大發現時期的巨匠

目錄

序

　　我認識陳志謙教授雖然時間不長，但他身為理工科教授，對歷史的了解和分析之獨到早就讓我留下深刻印象。那是 2018 年 5 月在第一屆國際薄膜學會研討會上，志謙教授作為東道主和特邀嘉賓，他別開生面的歡迎詞，圖文並茂，把當地的前世今生、歷史人物講得栩栩如生，為來自幾個國家和地區的學者們上了一堂生動的歷史課。雖然有這個經歷作為鋪墊，當志謙教授發給我他這一本大作的時候，我還是驚訝不已。驚訝的原因有二：一是他的「不務正業」，一個理工科教授竟然在歷史、文學上也有如此多的看法；二是這本書從西元前 600 多年的古希臘「第一天才」泰利斯開始到 2013 年去世的兩次獲得諾貝爾化學獎的桑格，跨度之大，幾近 3,000 年。大師級歷史人物浩如煙海，從中篩選出「大師」加以描述，工程之浩大，難以想像。如今書成，實在不易。付印之際，首先送上我的祝賀。

　　這本書以一個科學家的眼光和角度對在人類文明史上做出過傑出貢獻的 230 位巨匠／大師做了介紹，長短不一，有的詳細一些，有的重點突出、細節略過。畢竟這不是人物傳記，這樣處理，重在「腳印」，緊扣主題。相關歷史重大事件和相關歷史人物分別附於不同的大師後面，更增加了本書的寬度與廣度。全書以時間為主線，人物描寫以貢獻為重點，不偏頗中外，文字樸實流暢，敘述中也有評論，讀來像故事又像科普。其間穿插的人物畫像、插圖很有價值，對人物事件的了解頗有裨益。

　　本書不僅適合青少年了解歷史了解人類文明史，對非歷史系的大學生、研究生，包括對成年人都不失為一本好書。書中的人名索引及時間軸是對讀者貼心的設計，方便迅速查詢、對比以及研究。

　　願讀者朋友們沿著大師們的足跡穿越 3,000 年時空，橫跨東西、縱及南北，享受一次人類文明史的饗宴。

國際薄膜學會會長、新加坡南洋理工大學終身教授

張善勇（Sam Zhang）

前言

在人類文明進化發展的數千年歷程裡，有這樣一群人，他們對科學的發展、文化的進步或思想的啟蒙有著強大的推動作用。在這裡，他們被稱為大師。

還有一些人，他們具有卓絕的想像力、創造力和「力比多」（原生覺悟），他們橫空出世，忽而在天空留下一抹驚豔。他們是天才。

大師往往天賦極高，很多大師是天才。天才的創造力和想像力與生俱來，是無法透過學習得來的。但天才不一定成得了大師。除去天賦外，大師往往受過苦難與挫折，最後戰勝困難，或開啟一個門派，或建立一門學科，或登上頂峰一覽眾山。而天才往往像雨後的彩虹一樣，美麗但短暫，曇花一現，受不了苦難甚至挫折。一旦遭遇苦難，大多夭折。

本書所描述的大師、巨匠或天才，只是那些為人類做出積極的、極大的貢獻，在某個或多個領域有重大創造，其作品、著作或研究成果對人類文明產生了重大而深遠的影響，改變了一個領域的整體面貌或者在科學領域掀起革命的歷史人物。

有的大師像路標，指引後人前進；有的像燈塔，照耀著文明進步的航道。本書無法敘述歷史長河中多如牛毛的巨星，只選擇了少數在思想、科學領域，特別是天文學、數學和物理學領域的大師或天才。

在這些大師或天才中，有的自成鼻祖，有的因為一個發現或發明照亮世界或挽救了無數人的生命；有的是少年成才，有的卻大器晚成；有

的信手拈來便是發現，有的靠堅定、堅持、堅韌做出發明；有的低調嚴謹，有的刻板孤僻；有的過得像花花公子，有的活得像苦行僧；有的衣冠楚楚、儀表堂堂，有的相貌猥瑣、舉止扭捏；有的性情溫和、寬宏大度，有的敏感多疑、尖酸刻薄；有的門庭顯赫、終生富有，有的家境貧寒、遍嘗薄涼；有的慷慨大方，有的斤斤計較；有的好高騖遠，有的安分守己；有的重道，有的專術……但他們都有一個共同之處，即他們都在所處的時代甚至整個文明史上登峰造極、踏石留痕。有些巨人的足印至今仍清晰可見，但隨著時間的流逝，也有一些巨人的足印已經模糊不清。他們的貢獻不應該被世人忘記，他們的足跡不應該被歲月抹掉。我們小心翼翼地把他們的足印拓下來，有的採下一步，有的載下一串，無論多少，都值得珍藏。

這些大師、巨匠或天才，像一顆顆璀璨的珍珠，靜靜地躺在歷史長河的沙灘上。我們小心地、一顆一顆地將它們撿起來，捧在手裡，卻總要掉落。作者只好用一根繩子，永恆的時間的繩子，將它們串成一條珍貴的項鍊。這樣，我們便可以把這串珍珠項鍊掛在脖子上，心滿意足地帶走了。

作者的願望是使本書知識性、趣味性和探索性並存，力圖寫出大師間的恩怨情仇，以及他們受時代和社會的影響。這也決定了它不會是讀起來輕鬆，讀完後放鬆的一本書。在書中，描寫各位大師的篇幅不一，長短不限。長的數千字，濃墨重彩；短的僅數百字，輕描淡寫。有的僅按年序簡單地記錄大師們的生平，或貢獻，或聲音，或文字，有的卻盡可能記述他們的時代以及彼此的關係和影響。眾多歷史事件或一些關聯人物也盡可能附在最早出現的某位大師後面，如泰利斯後面附上學派和古希臘七賢，希帕索斯後面附的是數學危機，王羲之後面附上顏真卿和

柳公權，桑格後面附的是人工合成牛胰島素等。書中人物眾多，記述的大師和天才共230多位，出現的有名有姓者達600多。早期（古希臘和古羅馬時期）的大師和天才，他們的生辰可能不會太準確，但不影響他們的順序。閱讀時不妨分成一些有關聯的人物群，如：①畢達哥拉斯、亞里斯多德、歐幾里得，②老子、孔子、莊子，③阿里斯塔克斯、喜帕恰斯、托勒密，④韓愈、劉禹錫、柳宗元，⑤歐陽脩、王安石、沈括、蘇東坡，⑥哥白尼、伽利略、克卜勒，⑦虎克、牛頓、萊布尼茲，⑧尤拉、高斯、柯西，⑨普朗克、愛因斯坦、勞厄，⑩薛丁格、德布羅意、桑格等。這樣可從看似散亂的眾多人物中提綱挈領，也可從任一時期的某位大師開始閱讀，不必拘泥前後順序。

　　作者想像的讀者可能是這樣的。在一個下著小雨的下午，讀者走進書店，有緣地從書架上抽出這本書。看著封底的介紹，感覺內容有點多，但不明就裡，想知道到底有些什麼內容，於是就買回了家。晚上開始閱讀，覺得還有點意思，但不像一些休閒書籍讀起來那麼輕鬆，於是放下了。過幾天後又想起本書，再次捧讀，被大師們的事蹟、言論或語錄所吸引。手不釋卷，讀兩千多年來文明路上的潮起潮落；含英咀華，看大師巨匠的沉浮人生與絕代風騷。

第一篇
古希臘和古羅馬時期的巨星

篇首

　　古希臘和古羅馬時期，從西元前 6 世紀一直延續到西元 6 世紀，差不多一千多年。這個時期對應於中國，應該是春秋戰國、秦漢魏晉、南北隋唐。

　　在古代世界所有的民族中，少有像希臘人那樣對近代世界產生如此強大的影響。他們光輝的哲學與科學成就與他們內涵豐富的氣質之間存在著不可分割的連繫：他們熱愛自由，不肯屈服於暴君；他們創立的民主體制年輕而富有活力；他們熱愛生活，天性樂觀，每四年舉行一次的古代奧林匹克運動會是他們歡樂生活的寫照；他們崇尚理性和智慧，熱愛真理，對求知有一種異乎尋常的熱忱。

　　「從古希臘神話的神身上，我們得到了一種從別處得不到的對於古希臘人的氣質的認識。我們可以看到這個民族雖然也虛偽、自負，或許還放蕩不羈，但是卻有美的感受，生活樂天，對人熱情，充分表現出他們是一個勇敢善戰、生氣勃勃、胸懷坦蕩的民族。這個民族具有異常聰穎的稟賦，生長在風光明媚的國土上，這裡有酒漿般深暗的海水，把全世界的商品和知識帶到他們的門口，氣候對他們堡壘式的家園也非常適宜，還有大量的奴隸使生活富裕，有閒暇來發展最高度的哲學、藝術和文學。」

　　「輝煌屬於古希臘，宏偉屬於古羅馬。」從這句俗語就可以看出古希臘和古羅馬文明對歐洲乃至世界文明的影響之深。但是，與基督教的逐漸興起同步，由於北方蠻族的不斷入侵，西羅馬帝國逐漸削弱，終於在

西元 476 年滅亡。隨著基督教的興起和西羅馬帝國的滅亡，曾一度輝煌的古希臘文化也就一步步地走向衰亡。柏拉圖學院於西元 529 年被關閉和亞歷山卓圖書館被焚毀這兩個可悲的事件象徵著古希臘文化的毀滅。從此，歐洲陷入漫長的令人窒息的黑暗年代之中。

　　而在東方，春秋戰國時期的中國人，品格清澈敦厚。他們尚武能文，以高大健碩為時尚，既仁義也俠義；救危扶困，濟人不贍；路見不平，拔刀相助；知恩必報，赴火蹈刃；受人之託，一諾千金。在這一時期，可「二桃殺三士」，可「退避三舍」，可「五十步笑百步」，也可快意恩仇：專諸刺王僚、聶政刺俠累、豫讓刺趙襄子、荊軻刺秦王。秦漢時的中國人，氣魄深沉；魏晉時的中國人，性格瀟灑、行為不羈；隋唐時的中國人，態度雍容、舉止文雅。

　　這一時期，畢達哥拉斯和老子、孔子分別生活在西方和東方；這一時期，墨翟、蘇格拉底和希波克拉底共同在世；這一時期，亞里斯多德、孟子、莊子或理性，或仁義，或逍遙，為後世留下大量的著作和語錄；這一時期，歐幾里得在畫圓，阿基米德在尋找撬動地球的支點，司馬遷在竹簡上寫著《史記》，托勒密匯總前人的觀察後說：地球就在宇宙的中間；這一時期，德謨克利特說一切都是原子，第歐根尼住在桶裡，王充寫下《論衡》；這一時期，加倫和華佗、張仲景幾乎同時在行醫，丟番圖和祖沖之都在計算；王右軍用蔡侯紙，寫下「永和九年」……

　　本書講述的故事，將從天才哲學家泰利斯開始。

1
泰利斯（西元前 624 年－西元前 547 年）

水生萬物，萬物復歸於水。

> 泰利斯（Thales），出生於愛奧尼亞的米利都，古希臘時期的思想家、科學家、哲學家，建立了古希臘最早的哲學學派 —— 米利都學派（也稱愛奧尼亞學派），古希臘七賢之一，西方思想史上第一個留有記載的思想家，被稱為「科學和哲學之祖」。

　　泰利斯出生於古希臘繁榮的港口城市米利都，據說他有希伯來人或猶太人、腓尼基人血統，他的家庭屬於奴隸主貴族階級，所以他從小就受到了良好的教育。泰利斯早年是一個商人，曾到過不少東方國家，學習了古巴比倫觀測日食和月食的方法以及測算海上船隻距離等知識，探討萬物組成的原始思想，知道古埃及土地丈量的方法和規則等。他還到過美索不達米亞平原，在那裡學習了數學和天文學知識。後來，他從事政治和工程活動，並研究數學和天文學，晚年研究哲學，招收學生，創立了米利都學派。

　　泰利斯在多個領域都有所建樹。在哲學方面，泰利斯拒絕依賴玄異或超自然因素來解釋自然現象，試圖藉助經驗觀察和理性思維來解釋世界。他提出了水本原說，即「萬物源於水」，是古希臘第一個提出「什麼是萬物本原」這個哲學問題的人。

在科學方面，泰利斯曾利用日影來測量金字塔的高度。數學上的泰利斯定理就是以他的名字命名的。在天文學方面，泰利斯對太陽的直徑進行了測量和計算，他宣布太陽的直徑約為日道的 720 分之 1，這個數值與現在所測得的太陽直徑非常接近。他在計算後得知，按照小熊星座航行比按大熊星座航行要準確得多，他把這一發現告訴了那些航海者。透過對日月星辰的觀察和研究，他確定了 365 天為一年。

他更為人們所津津樂道的是正確地解釋了日食的原因，並準確預測了西元前 585 年發生的日食。人們很好奇泰利斯是怎樣預知日食的？

後人做過種種推測和考證，一般認為是應用了迦勒底人發現的沙羅週期。一個沙羅週期等於 223 個朔望月，即 6,585.321124 日或 18 年零 11 日（若其間有 5 年閏年則是 18 年零 10 日）。日月運行是有週期性的，日月食也有週期。日食一定發生在朔日，假如某個朔日有日食，18 年零 11 日之後也是朔日，而日月又大致回到原來的位置上，因此很有可能發生類似的現象。不過一個週期之後，日月位置只是近似相同，所以能看見日食的地點和日食的景象可能有所變化甚至根本不發生日食。所以泰利斯推測出西元前 603 年 5 月 18 日會出現日食，可能只是僥倖猜對。

泰利斯首創理性主義精神、唯物主義傳統和普遍性原則。他是個多神論者，認為世間充斥神靈。泰利斯影響了其他古希臘思想家，因而對西方歷史產生了深遠的影響。有些人認為阿那克西曼德和阿那克西美尼（Anaximenes）是泰利斯的學生。傳說畢達哥拉斯早年也拜訪過泰利斯，並聽從了他的勸告，前往埃及進行自己的哲學和數學研究。

泰利斯在數學方面劃時代的貢獻是引入了命題證明的思想。它象徵著人們對客觀事物的認識從經驗上升到理論，這在數學史上是一次不尋常的進步。在數學中引入邏輯證明，它的重要意義在於：保證了命題的

正確性；揭示了各定理之間的內在連繫，使數學構成一個嚴密的體系，為進一步發展打下基礎；使數學命題具有充分的說服力，令人深信不疑。

他曾發現了不少平面幾何學的定理：

(1)直徑平分圓周

(2)三角形兩等邊對等角

(3)兩條直線相交，對頂角相等

(4)三角形兩角及其夾邊已知，則此三角形完全確定

(5)半圓所對的圓周角是直角

(6)在圓的直徑上的內接三角形一定是直角三角形

這些定理雖然簡單，古埃及、古巴比倫人也許早已知道，但是，泰利斯把它們整理成一般性的命題，論證了它們的嚴格性，並在實踐中廣泛應用，構成了今天極其複雜而又高深理論的根基。

在數學上，泰利斯定理以他的名字命名，其內容為：若 A、B、C 是圓周上的三點，且 AC 是該圓的直徑，那麼 $\angle ABC$ 必然為直角。或者說，直徑所對的圓周角是直角。該定理在歐幾里得《幾何原本》第 3 卷中被提到並證明。泰利斯定理的逆定理同樣成立，即直角三角形中，直角的頂點在以斜邊為直徑的圓上。

據說，一年春天，泰利斯來到埃及，人們想試探一下他的能力，就問他是否能解決測量金字塔高度的難題。泰利斯很有把握地說可以，但有一個條件 —— 法老必須在場。第二天，法老如約而至，金字塔周圍也聚集了不少圍觀的老百姓。泰利斯來到金字塔前，陽光把他的影子投在地面上。每過一會，他就要別人測量他影子的長度，當測量值與他的身高完全吻合時，他立刻將大金字塔在地面的投影處作一記號，然後丈

量金字塔塔底到投影尖頂的距離。然後，他報出了金字塔準確的高度。在法老的請求下，他向大家講解了如何從「影長等於身長」推匯出「塔影等於塔高」的原理，也就是今天所說的相似三角形定理。在科學上，他倡導理性，不滿足於直覺的、感性的、特殊的認知，崇尚抽象的、理性的、一般的知識。譬如，等腰三角形的兩底角相等，並不是指我們所能畫出的、個別的等腰三角形，而應該是指「所有的」等腰三角形。這就需要論證、推理，才能確保數學命題的正確性，才能使數學具有理論上的嚴密性和應用上的廣泛性。泰利斯的積極倡導，為畢達哥拉斯創立理性的數學奠定了基礎。

泰利斯的哲學觀點用一句話來總結是「水生萬物，萬物復歸於水」，他認為世界的本原是水。古希臘七賢每人都有一句特別有名的格言，而他的格言就是：「水是最好的。」

對泰利斯來說，水是世界初始的基本元素。埃及的祭司宣稱大地是從海底升上來的，泰利斯則認為地球就漂浮在水上。

泰利斯還有一個很重要的觀點是「萬物有靈」。根據這一學說，連石頭也是有靈魂的生物。泰利斯向他哲學上的對立面畢達哥拉斯反覆強調：整個宇宙都是有生命的，正是靈魂才使一切生機盎然。這一說法在當時非常流行。

有一天晚上泰利斯走在曠野之間，抬頭看著星空，滿天星斗，預言第二天會下雨，正在他預言會下雨的時候，腳下有一個坑，他掉進那個坑裡差點摔個半死，別人把他救起來，他對那個人說：「明天會下雨。」於是又有了一個關於哲學家的笑話，即哲學家是只知道天上的事情而不知道腳下發生什麼事情的人。但是兩千年以後，德國哲學家黑格爾說：「只有那些永遠躺在坑裡從不仰望高空的人，才不會掉進坑裡。」而泰利

斯就是象徵著古希臘智慧的第一人。後來英國的奧斯卡·王爾德（Oscar Wilde）曾經說過：「我們都生活在陰溝裡，但仍有一些人還在仰望星空」。

▌學派

對某些自然或社會現象有著固定的和與眾不同的看法或觀點的一類群體。如最早的米利都學派，它認為萬物之源為水，水生萬物，萬物復歸於水；20 世紀以波耳為首的哥本哈根學派，為量子力學的建立做出了不朽的貢獻；以及普利高津（Ilya Prigogine）為首的布魯塞爾學派，其核心為耗散結構、負熵思想。

百家爭鳴（中國最早的學派之爭）是指春秋（西元前 770 年－西元前 476 年）和戰國（西元前 475 年－西元前 221 年）時期知識分子中不同學派的湧現及各流派爭芳鬥艷的局面。

中國先秦主要思想學派分為十家：儒、墨、道、法、陰陽、名、縱橫、雜、兵、小說。西漢人劉歆在《七略·諸子略》中將小說家去掉，稱為「九流」。俗稱的「十家九流」就是從這裡來的。

▌古希臘七賢

古代希臘七位名人的統稱，現代人了解較多的只有立法者梭倫（Solon of Athens）和哲學家泰利斯兩人；其餘五人一般認為是契羅（Chilon of Sparta）、畢阿斯（Bias of Priene）、庇塔庫斯（Pittacus of Mitylene）、佩里安德（Periander of Corinth）、克萊俄布盧（Cleobulus of Lindos），但無法確定。

羅馬帝國時代的哲學史家第歐根尼·拉爾修（Diogenes Laertius）在

其《哲人言行錄》（*Lives of Eminent Philosophers*）首卷中即描述古希臘七賢，令人深思。結合西元 3 世紀羅馬帝國動盪的社會背景，可明白拉爾修意圖透過七賢高尚睿智的言行，為混亂黑暗中的羅馬人擎起一盞盞指路明燈。

2
阿那克西曼德（西元前 610 年－西元前 545 年）

繪製全球地圖第一人。

> 阿那克西曼德（Anaximander），古希臘唯物主義哲學家，據
> 傳是「哲學史第一人」泰利斯的學生。

泰利斯認為水是萬物之源，但是他並沒有解釋為什麼水會變成萬物，水和其他物質相比有什麼特殊的地方。阿那克西曼德認為水的存在也需要解釋，他認為萬物的本源不是具有固定性質的東西，而是「阿派朗」（英文：apeiron 或 boundless，希臘文：ἄπειρον，即無固定限界、形式和性質的物質）。他認為一切事物都有開端，而「無限定」沒有開端。「阿派朗」在運動中分裂出冷和熱、乾和溼等對立面，從而產生萬物。世界從它產生，又復歸於它。

阿那克西曼德著有《論自然》（*On Nature*），已佚。他是第一位以散文形式寫下觀念的哲學家，而不是像赫西奧德（Hesiod）或荷馬（Homer）使用詩歌的形式。由於他的時代距離我們已經久遠，留下的歷史紀錄多不可考。

阿那克西曼德是繪製世界上第一張全球地圖的人。與其老師泰利斯一樣將古巴比倫和古埃及的科學介紹到古希臘。他是第一個使用日晷的古希臘人，而同時期東方的中國人和中亞的巴比倫人以及埃及人對此已

知曉好幾百年了。儘管在中國西周時期就已出現了地圖（局部區域圖），但阿那克西曼德是按照自己對地球的了解描繪出了第一張全球地圖。他對科學最重要的貢獻是在天文學方面，他了解到天體環繞北極星運轉，所以將天空繪成一完整的球體，而不僅僅是大地上方的一個半球拱形。從此，球體的概念首次進入天文學領域，這最終導致托勒密所畫複雜（但有錯誤）的宇宙圖。所以有人認為他是天文學的奠基人。他還了解到大地表面必然呈曲線形，那是因為當你旅行時，星球的位置會有所變化。他認為南 —— 北的曲率非常明顯，所以，他把地球畫成以東西為軸的一圓柱體，其高度為其半徑的 3 分之 1。至於地球是球的概念，是幾十年後由畢達哥拉斯及其學生提出的。

阿那克西曼德認為萬物都出於一種簡單的原質，但並不是由泰利斯所提出的水，或者是我們所知道的任何其他的實質。關於這一點，他做出了一個重要的論述：「萬物所由之而生的東西，萬物消滅後復歸於它，這是命運規定了的，因為萬物按照時間的秩序，為它們彼此間的不正義而互相補償。」

阿那克西曼德所表現的思想似乎是這樣的：世界上的火、土和水應該有一定的比例，但是每種原素（被理解為是一種神）都永遠在企圖擴大自己的領土。然而有一種必然性或者自然規律永遠地在校正著這種平衡，例如只要有了火，就會有灰燼，灰燼就是土。這種正義的觀念 —— 即不能踰越永恆固定的界限的觀念 —— 是一種最深刻的古希臘信仰。神祇正像人一樣，也要服從正義。但是這種至高無上的力量其本身是非人格的，而不是至高無上的神。

有一種永恆的運動，在這一運動的過程中就產生了一切世界的起源。世界並不像在猶太教或基督教的神學裡所說的那樣是被創造出來

的，而是演化出來的。在動物界也有演化。當溼原素被太陽蒸發時，其中便出現了活的生物。人像任何其他動物一樣也是從魚衍生出來的。

阿那克西曼德第一次提出了必然性的思想。他把必然性稱作「命運」。值得一提的是，阿那克西曼德在哲學史上首次提出本原（希臘文：αρχη）的哲學概念。並且他已經了解並能運用科學的基礎假設之一：在地球上發生的過程必然也會在宇宙各地發生。

阿那克西曼德認為，最原始的動物是從海裡的泥變化而出的，人是從一種魚類演化而來的。他認為最早的生命形態是在原始的溫暖與潮溼的互動下自發產生的，第一批生物在類似樹皮的外殼保護下，棲息於海底。乾地出現後，有些生物面臨必須適應新環境的問題。阿那克西曼德再度證明他能跳脫人類中心說的限制，自由地思考。人類跟其他所有的陸地動物一樣，也是自水中生物演化而來的，只有一點不同：由於嬰兒出生時非常無助，因此阿那克西曼德推測，人類在有能力於陸地生存前，必然是由其他種類的海洋生物養育。

阿那克西曼德顯然並未建立成熟的演化理論，所以無法解釋所有生物的傳承。不過，阿那克西曼德至少隱約察覺出演化的概念。在距阿那克西曼德 150 年後，柏拉圖在論述演化時，選擇相信畢達哥拉斯率先提出的靈魂輪迴說。柏拉圖將這概念轉變成一種逆向演化，表示邪惡或愚笨的人會轉世成為動物或女人。當柏拉圖說「棲息在水中的第四類動物，來自最愚蠢無知的人」時，我們不難猜到他是在指誰。

阿那克西曼德對地圖的興趣並不僅局限於地球。據說他也製作了球狀的天空圖，他將這個天球分割成帶狀，有些彼此交錯。這可能是為什麼有人會說他是發現黃道歪斜的人。當時的實情不詳，但若他真的將天空繪成球體狀，那將是極為重要的一步。曾跟古希臘人有接觸的古巴比

倫人與古埃及人累積了數世紀的天文觀測經驗，並且運用從觀測結果中發現的模式來製作日曆並進行預測，但他們並未製作出天空的實體模型。阿那克西曼德可能是第一位將東方的天文學與古希臘的幾何學結合起來的人，並在此過程中建立起強大統一的系統。

　　阿那克西曼德的宇宙學理念就跟他繪製的地圖一樣，從現代的眼光來看或許可笑，不過他將宇宙設想為一個可理解的整體，並且強調它的起源、發展、可觀測現象，以及命運，都可以解釋為基本通用的定律之間「按時間秩序」不斷進行的互動作用。

3
畢達哥拉斯（西元前 580 年－西元前 500 年）

萬物皆數！

> 畢達哥拉斯（Pythagoras），古希臘思想家、哲學家、數學家、科學家、占星師。他出身於貴族家庭，自幼聰明好學，曾在名師門下學習幾何學、自然科學和哲學。

西元前 580 年，畢達哥拉斯出生在米利都附近的薩摩斯島（今希臘東部的小島）——愛奧尼亞群島的主要島嶼城市之一，此時群島正處於極盛時期，在經濟、文化等各方面都遠遠領先於古希臘本土的各個城邦。

畢達哥拉斯的父親是一個富商，他 9 歲時被父親送到提爾，在閃族敘利亞學者那裡學習，接觸了東方的宗教和文化。以後他又多次隨父親作商務旅行到小亞細亞。

西元前 551 年，畢達哥拉斯來到米利都、提洛島等地，拜訪了數學家、天文學家泰利斯、阿那克西曼德和菲爾庫德斯，並成為他們的學生。在此之前，他已經在薩摩斯的詩人克萊菲羅斯（Creophylus）那裡學習了詩歌和音樂。

西元前 550 年，30 歲的畢達哥拉斯因宣傳理性神學，穿著東方人的服裝，蓄上頭髮而引起薩摩斯人的反感，認為他標新立異、鼓吹邪說。畢達哥拉斯被迫於西元前 535 年離家前往埃及，途中他在腓尼基各沿海

城市停留，學習當地神話和宗教，並在提爾一座神廟中靜修。

畢達哥拉斯在 49 歲時返回家鄉薩摩斯，開始講學並創辦學校，但是沒有達到他預期的成效。

西元前 520 年左右，為了擺脫當時君主的暴政，他與母親和唯一的門徒離開薩摩斯，移居西西里島，後來定居在克羅托內。在那裡他廣收門徒，建立了一個宗教、政治、學術合一的團體 —— 畢達哥拉斯學派。

傳說畢達哥拉斯是一位非常優秀的教師，他認為每一個人都該懂些幾何學知識。有一次他看到一個勤勉的窮人，他想教那人幾何，因此對那人建議：如果能學懂一個定理，就給他三塊銀幣。這個學生看在錢的份上開始和他學習幾何，可是過了一段時間，這個學生對幾何產生了非常大的興趣，反而要求畢達哥拉斯教快一些，並且建議：如果老師多教一個定理，他就給畢達哥拉斯一塊銀幣。沒用多久，畢達哥拉斯就把他以前給那個學生的錢全部收回了。

他的演講吸引了各階層的人士。按當時的風俗，婦女是被禁止出席公開的會議，畢達哥拉斯打破了這個陳規，允許她們也來聽講。熱心的聽眾中就有他後來的妻子西諾（Theano），她年輕漂亮，曾替他寫過傳記，可惜已經失傳了。

畢達哥拉斯在義大利南部的古希臘屬地克羅托內成立了一個祕密結社，這個社團裡有男有女，地位一律平等，一切財產都歸公有。社團的組織紀律很嚴密，甚至帶有濃厚的宗教色彩。每個學員都要在學術上達到一定水準，加入組織還要經歷一系列神祕的儀式，以求達到「心靈的淨化」。他們要接受長期的訓練和考核，遵守很多的清規戒律，並且宣誓永不洩露學派的祕密和學說。他們相信依靠數學可使靈魂昇華，與上帝融為一體，萬物都包含數，甚至萬物都是數，上帝透過數來統治宇宙。

這是畢達哥拉斯學派和其他教派的主要區別。

學派的成員有著共同的哲學信仰和政治理想，他們吃著簡單的食物，進行著嚴格的訓練。學派的教義鼓勵人們自制、節慾、純潔、服從。他們開始在大希臘（今義大利南部一帶）贏得了很高的聲譽，產生過相當大的影響，也因此引起了敵對派的嫉恨。

後來他們受到民主運動的衝擊，社團在克羅托內的活動場所遭到了嚴重的破壞。畢達哥拉斯被迫移居，後於西元前 500 年去世，享年 80 歲。

畢達哥拉斯學派認為「1」表示數的第一原則，萬物之母，也代表智慧。「2」表示對立和否定的原則，代表意見。「3」代表萬物的形體和形式。「4」代表正義，代表宇宙創造者的象徵。「5」表示奇數和偶數、雄性與雌性的結合，也代表婚姻。「6」表示神的生命，代表靈魂。「7」代表機會。「8」代表和諧，也代表愛情和友誼。「9」代表理性和強大。「10」包容了一切數目，代表完滿和美好。

畢達哥拉斯學派認為太陽、月亮、星辰的軌道和地球的距離之比，分別等於三種協和的音程，即八度音、五度音、四度音。

畢達哥拉斯學派認為從數量上看，夏天是熱占優勢，冬天是冷占優勢，春天是乾占優勢，秋天是溼占優勢，最美好的季節則是冷、熱、乾、溼等元素在數量上的和諧均衡分布。

畢達哥拉斯學派從數學的角度，即數量上的矛盾關係列舉出有限與無限、一與多、奇數與偶數、正方與長方、善與惡、明與暗、直與曲、左與右、陽與陰、動與靜 10 對對立的範疇，其中有限與無限、一與多的對立是最基本的對立，並認為世界上一切事物均可還原為這 10 對對立。

畢達哥拉斯學派是最早把數的概念提到突出地位的組織。他們很重視數學，企圖用數來解釋一切，宣稱數是宇宙萬物的本原，研究數學的

目的並不在於使用而是為了探索自然的奧祕。

　　畢達哥拉斯同時任意地把非物質的、抽象的數誇大為宇宙的本原，認為「萬物皆數」、「數是萬物的本質」，是「存在由之構成的原則」，而整個宇宙是數及其關係的和諧的體系。畢達哥拉斯將數神祕化，說數是眾神之母，是普遍的始原，是自然界中對立性和否定性的原則。

　　畢達哥拉斯定理提出後，其學派中的一個成員希帕索斯提出了一個問題：邊長為 1 的正方形其對角線長度是多少？他發現這一長度既不能用整數，也不能用分數表示，而只能用一個新的數來表示。希帕索斯的發現導致了數學史上第一個無理數 $\sqrt{2}$ 的誕生。

　　小小 $\sqrt{2}$ 出現，卻在當時的數學界掀起了一場強大風暴。它直接動搖了畢達哥拉斯學派的數學信仰，使畢達哥拉斯學派為之大為恐慌。實際上，這一偉大發現不但是對畢達哥拉斯學派的致命打擊，對於當時所有古希臘人的觀念也都是一個極大的衝擊，從而導致了西方數學史上一場大的風波，史稱「第一次數學危機」。

畢達哥拉斯定理（勾股定理）

　　畢達哥拉斯本人以發現畢達哥拉斯定理（或稱勾股定理）著稱於世。這個定理早已為巴比倫人所知（在中國古代西元前 2 世紀到西元前 1 世紀成書的數學著作《周髀算經》中假託商高與周公的一段對話。商高說：「……故折矩，以為勾廣三，股修四，經隅五。」商高這段話的意思就是說：當直角三角形的兩條直角邊分別為 3（短邊）和 4（長邊）時，徑隅（弦）則為 5。以後人們就簡單地把這個事實說成「勾三股四弦五」。這就是中國著名的勾股定理），不過最早的證明大概可歸功於畢達哥拉斯。他用演繹法證明了直角三角形斜邊平方等於兩直角邊平方之和，即畢達哥

拉斯定理（勾股定理）。

畢達哥拉斯對數論做了許多研究，將自然數分為奇數、偶數、質數、完全數、平方數、三角數和五角數等。在畢達哥拉斯學派看來，數為宇宙提供了一個概念模型，數量和形狀決定了一切自然物體的形式，數不但有量的多寡，還具有幾何形狀。在這個意義上，他們把數理解為自然物體的形式和形象，是一切事物的總根源。因為有了數，才有幾何學上的點，有了點才有線、面和立體，有了立體才有火、氣、水、土這四種元素，從而構成萬物，所以數在物之先。自然界的一切現象和規律都是由數決定的，都必須服從「數的和諧」，即服從數的關係。

畢達哥拉斯和他的學派在數學上有很多創造，尤其對整數的變化規律感興趣。例如，把（除其本身以外）全部因數之和等於本身的數稱為完全數（如 6、28、496 等），而將本身小於其因數之和的數稱為虧數，將大於其因數之和的數稱為盈數。在幾何學方面，畢達哥拉斯學派證明了「三角形內角之和等於兩個直角」的論斷；研究了黃金分割；發現了正五角形和相似多邊形的做法；還證明了正多面體只有 5 種 —— 正四面體、正六面體、正八面體、正十二面體和正二十面體。

在西元前 5 世紀，水星常被認為是兩顆不同的行星，這是因為它時常交替地出現在太陽的兩側。當它出現在傍晚時，被稱為墨丘利；當它出現在早晨時，被稱為阿波羅。據稱，畢達哥拉斯後來指出它們實際上是同一顆行星。

▌菲洛勞斯（Philolaus，約西元前 480 年－？）

古希臘哲學家，生於塔倫托姆或克羅托內（今義大利南部）。

菲洛勞斯是畢達哥拉斯學派繼畢達哥拉斯本人以後最傑出的代表，

他是第一個向公眾宣傳畢達哥拉斯觀點的人。在畢達哥拉斯學派在義大利南部遭受迫害時，他也遭遇了苦難，所以不得不逃避（至少暫時）到希臘的底比斯。

菲洛勞斯所做的一個機智猜測是認為地球不是宇宙的中心，而只是穿過空間運行。他認為地球、月亮、水星、金星、火星、木星、土星及其他星球都是圍繞著一個中心火團運行的球體，人們看見的太陽只不過是這火團的反射。這就是說，有 9 個球體圍繞運行，故菲洛勞斯虛構了第 10 個，就是在某個位置上有一個反地球，它永遠藏在太陽的另一面、我們看不到的地方。整個天象圖構思只是利用數字 10 的魔力（其所以具有魔力，就因為 10 是 1、2、3 及 4 的總和）。然而，不論其動機如何，這是一個為大家所知的關於地球透過空間運行的推測。2,000 年後，哥白尼發展了他的宇宙理論，在該理論中哥白尼想像地球和行星都圍繞太陽運行。

4
老子（西元前 571 年－西元前 471 年）

道生一，一生二，二生三，三生萬物。

老子，姓李名耳，字聃，出生於春秋時期陳國苦縣（古縣名，史學界普遍認為在今河南省鹿邑縣），中國古代思想家、哲學家、文學家和史學家，道家學派創始人和主要代表人物。

老子的思想對中國哲學的發展具有深刻的影響，所著《道德經》是全球出版發行量最大的著作之一。1980 年代，據聯合國教科文組織統計，在世界文化名著中，譯成外國文字出版發行量最大的是《聖經》，其次就是《道德經》。

在政治上，老子主張無為而治、不言之教。在權術上，老子講究物極必反。在修身方面，老子是道家性命雙修的始祖，講究虛心實腹、不與人爭的修持。

老子做過周朝守藏室之史（管理圖書的史官），孔子曾向他問禮，後退隱。

老子在出函谷關前著有《老子》一書，又名《道德經》或《道德真經》。《道德經》、《易經》、《論語》被認為是對中國人影響最深遠的三部思想鉅著。《道德經》分為上、下兩冊，共 81 章，前 37 章為上篇《道經》，第 38 章以後屬下篇《德經》。全書的思想結構是：道是德的「體」，

德是道的「用」。全書共計 5,000 字左右。

《道德經》以「道」解釋宇宙萬物的演變，以「道生一，一生二，二生三，三生萬物」，「道」乃「夫莫之命（命令）而常自然」，因而「人法地，地法天，天法道，道法自然」。除了樸素的唯物主義觀點，《道德經》一書中還包括大量樸素的辯證法觀點，如認為一切事物均具有正反兩面，「反者道之動」，並能由對立而轉化。此外，書中也有大量的民本思想：「天之道，損有餘而補不足。人之道則不然，損不足以奉有餘」、「民之飢，以其上食稅之多」、「民之輕死，以其上求生之厚」、「民不畏死，奈何以死懼之」。其學說對中國的哲學發展具有深遠影響。

老子試圖建立一個囊括宇宙萬物的理論。老子認為一切事物都遵循這樣的規律（道）：事物本身的內部不是單一的、靜止的，而是相對複雜和變化的。事物本身即陰陽的統一體。相互對立的事物會相互轉化，即陰陽轉化。方法（德）來源於事物的規律（道）。

老子的「無為」並不是以「無為」為目的，而是以「有為」為目的。因為之前提到的「道」和「無為」會轉化為「有為」。這種思想的高明之處在於，雖然主觀上不以獲得利益為目的，客觀上卻可以更好地實現利益。從「天地無人推而自行，日月無人燃而自明，星辰無人列而自序，禽獸無人造而自生，此乃自然為之也，何勞人為乎？」可見老子所說的「自然」不是類似於神的概念，而是萬物的規律（道）由自然來指定，即「道法自然」。

關於老子的宇宙觀，根據「道」，「無」與「有」（萬物存在即是「有」）會相互轉化。因此老子認為宇宙萬物來自虛無，也走向虛無。

道，可道，非常（恆）道。名，可名，非常（恆）名。無名，天地之始；有名，萬物之母。故，常（恆）無，欲以觀其妙；常（恆）有，欲以觀其徼。此兩者，同出而異名，同謂之玄。玄之又玄，眾妙之門。

▍傳說：再授孔丘（源自網路，佚名）

　　話說孔丘與老子相別，轉眼便是十七八年，至五十一歲，仍未學得大道。聞老子回歸宋國沛地隱居，特攜弟子拜訪老子。

　　老子見孔丘來訪，讓於正房之中，問道：「一別十數載，聞說你已成北方大賢才。此次光臨，有何指教？」孔丘拜道：「弟子不才，雖精思勤習，然空遊十數載，未入大道之門。故特來求教。」老子曰：「欲觀大道，須先遊心於物之初。天地之內，環宇之外。天地人物，日月山河，形性不同。所同者，皆順自然而生滅也，皆隨自然而行止也。知其不同，是見其表也；知其皆同，是知其本也。捨不同而觀其同，則可遊心於物之初也。物之初，混而為一，無形無性，無異也。」孔丘問：「觀其同，有何樂哉？」老子道：「觀其同，則齊萬物也。齊物我也，齊是非也。故可視生死為晝夜，禍與福同，吉與凶等，無貴無賤，無榮無辱，心如古井，我行我素，自得其樂，何處而不樂哉？」

　　孔丘聞之，觀己形體似無用物，察己榮名類同糞土。想己來世之前，有何形體？有何榮名？思己去世之後，有何肌膚？有何貴賤？於是乎求仁義、傳禮儀之心頓消，如釋重負，無憂無慮，悠閒自在。老子接著說：「道深沉矣似海，高大矣似山，遍布環宇矣而無處不在，周流不息矣而無物不至，求之而不可得，論之而不可及也！道者，生育天地而不衰敗，資助萬物而不匱乏者也；天得之而高，地得之而厚，日月得之而行，四時得之而序，萬物得之而形。」孔丘聞之，如騰雲中，如潛海底，如入山林，如沁物體，天我合為一體，己皆萬物，萬物皆己，心曠而神怡，不禁讚嘆道：「闊矣！廣矣！無邊無際！吾在世五十一載，只知仁義禮儀。豈知寰宇如此空曠廣大矣！好生暢快，再講！再講！」老子見孔丘已入大道之門，侃侃而談道：「聖人處世，遇事而不背，事遷而不守，

順物流轉，任事自然。調和而順應者，有德之人也；隨勢而順應者，得道之人也。」孔丘聞之，若雲飄動，隨風而行；若水流轉，就勢而遷。喜道：「悠哉！閒哉！乘舟而漂於海，乘車而行於陸矣。進則同進，止則同止，何須以己之力而代舟車哉？君子性非異也，善假於物也！妙哉！妙哉！再講！再講！」老子又道：「由宇宙本始觀之，萬物皆氣化而成、氣化而滅也。人之生也，氣之聚也；人之死也，氣之散也。人生於天地間，如白駒過隙，忽然而已矣。萬物之生，蓬蓬勃勃，未有不由無而至於有者；眾類繁衍，變化萬千，未始不由有而歸於無者也。物之生，由無化而為有也；物之死，由有又化而為無也。有，氣聚而可見；無，氣散而不可見。有亦是氣，無亦是氣，有無皆是氣，故生死一氣也。生者未有不死者，而人見生則喜，見死則悲，不亦怪乎？人之死也，猶如解形體之束縛，脫性情之裏挾，由暫宿之世界歸於原本之境地。人遠離原本，如遊子遠走他鄉；人死乃回歸原本，如遊子回歸故鄉，故生不以為喜，死不以為悲。得道之人，視生死為一條，生為安樂，死為安息；視是非為同一，是亦不是，非亦不非；視貴賤為一體，賤亦不賤，貴亦不貴；視榮辱為等齊，榮亦不榮，辱亦不辱。何故哉？立於大道，觀物根本，生死、是非、貴賤、榮辱，皆人為之價值觀，亦瞬時變動之狀態也。究其根本，同一而無別也。知此大道也，則順其變動而不縈於心，日月交替，天地震動、風吼海嘯、雷鳴電擊而泰然處之。」

孔丘聞之，覺己為鵲，飛於枝頭；覺己為魚，游於江湖；覺己為蜂，採蜜花叢；覺己為人，求道於老聃。不禁心曠神達，說：「吾三十而立，四十而不惑，今五十一方知造化為何物矣！造我為鵲則順鵲性而化，造我為魚則順魚性而化，造我為蜂則順蜂性而化，造我為人則順人性而化。鵲、魚、蜂、人不同，然順自然本性變化卻相同；順本性而變化，即順道而行也；立身於不同之中，遊神於大同之境，則合於大道也。我

日日求道，不知道即在吾身！」言罷，起身辭別。

　　孔子評價老子：「鳥，吾知其能飛；魚，吾知其能游；獸，吾知其能走。走者可以為罔，游者可以為綸，飛者可以為矰。至於龍，吾不能知，其乘風雲而上天。吾今日見老子，其猶龍邪！」（大意為：鳥，我知道牠能飛；魚，我知道牠能游；獸，我知道牠能跑。會跑的可以織網捕獲牠，會游的可製成絲線去釣牠，會飛的可以用箭去射牠。至於龍，我就不知道該怎麼辦了，牠是駕著風而飛騰昇天的。我今天見到的老子，大概就是龍吧！《史記‧老子韓非子列傳》）

　　康德（Immanuel Kant）評價老子：「老子所稱道的上善在於無，這種說教以『無』為『上善』，也就是一種透過與神格相融合，從而透過消滅人格而獲得自我感覺消融於神格深淵之中的意識。」、「史賓諾沙（Spinoza）的泛神論和親近自然的思想與中國的老子思想有關。」

5
孔子（西元前 551 年－西元前 479 年）

逝者如斯夫，不捨晝夜。

> 孔子，子姓，孔氏，名丘，字仲尼，春秋末期魯國陬邑人，祖籍宋國慄邑，中國古代思想家、教育家，儒家學派創始人。他開創了私人講學的風氣，倡導仁、義、禮、智、信。

孔子曾帶領部分弟子周遊列國前後達十四年，晚年修訂六經，即《詩》、《書》、《禮》、《樂》、《易》、《春秋》。相傳孔子曾問禮於老子，有弟子三千，其中會六藝者七十二。孔子去世後，其弟子及其再傳弟子把孔子及其弟子的言行語錄和思想記錄下來，整理成儒家經典《論語》。

孔子在古代被尊奉為「天縱之聖」、「天之木鐸」，是當時社會上最博學者之一，被後世統治者尊稱為孔聖人、至聖、至聖先師、大成至聖文宣王先師、萬世師表。其思想對中國和世界都產生了深遠的影響，其被列為「世界十大文化名人」之首。隨著孔子影響力的擴大，祭祀孔子的「祭孔大典」也一度成為與中國祖先神佛祭祀同級別的「大祀」。

▋孔子開創了全新的教育理念

（1）有教無類

西周時期，設國學和鄉學兩類。國學又分大學和小學兩級，而鄉學則多稱為校（夏）、序（商）、庠（西周）、塾等。《禮記・王制》記載：「小學在公宮南之左，大學在郊，天子曰辟雍，諸侯曰泮宮。」西周前期，因戰事頻仍，學校教育以武事為主；而西周後期政權穩定，開始注重文化教育。當時大學學習以禮、樂、射、御、書、數為主，小學則多學六藝基礎知識。此時的教育依然以貴族教育為主，平民是很難進入官辦學校學習的。

到了東周，戰亂頻仍，禮崩樂壞。周王朝已失去了對全國的控制，諸侯開始為政一方。為了培養本國人才，諸侯紛紛設立自己的官學，稱為「庠宮」或「學宮」。這時候教育對象不再局限於貴族了，一些有能力的平民也被官學吸收培養。

到了孔子的時代，社會的政治經濟和文化教育都在下移，為私人辦學提供了機會。此時孔子開始了其創辦私學的職業生涯，希望透過興辦教育來培養賢才和能吏，以實現其政治思想。在教育對象問題上，孔子明確提出了「有教無類」的思想。「有教無類」的意思是不分貴族與平民，不分國界與華夷，只要有心向學，都可以入學受教。孔子弟子三千來自魯、齊、晉、宋、陳、蔡、秦、楚等不同國度，這不僅打破了當時的國界，也打破了當時的夷夏之分。孔子吸收了被中原人視為「蠻夷之邦」的楚國人公孫龍和秦商入學，還欲居「九夷」施教，充分展現了孔子的教育主張。孔子弟子有來自貴族階層的，如南宮敬叔、司馬牛、孟懿子；也有很多是來自平民家庭，如顏回、曾參、閔子騫、仲弓、子路、子張、

子夏、公冶長、子貢等。而平民教育更能展現孔子「有教無類」的精神實質。

(2) 因材施教

子路問孔子：「聽到一件合於義理的事，立刻就去做嗎？」孔子說：「父親和兄長還活著，怎麼可以（不先請教他們）聽到了就去做呢？」冉有問道：「聽到一件合於義理的事，立刻就去做嗎？」孔子說：「聽到了應該立刻就去做。」公西華說：「仲由問『聽到一件合於義理的事，立刻就去做嗎』時，您回答『還有父兄在，怎麼可以聽到了立刻就去做？』冉有問『聽到一件合於義理的事，立刻就去做嗎』時，您回答『聽到了應該立刻就去做』。我感到迷惑，我大膽地請問這是什麼緣故呢？」孔子說：「冉有畏縮不前，所以我鼓勵他進取；仲由好勇過人，所以我提醒他退讓些。」（子路問：「聞斯行諸？」子曰：「有父兄在，如之何其聞斯行之？」冉有問：「聞斯行諸？」，子曰：「聞斯行之。」公西華曰：「由也問『聞斯行諸』，子曰『有父兄在』；求也問『聞斯行諸』，子曰『聞斯行之』。赤也惑，敢問。」子曰：「求也退，故進之；由也兼人，故退之。」《論語‧先進》）

(3) 溫故而知新

孔子認為，不斷溫習所學過的知識，從而可以獲得新知識。這一學習方法不僅過去有其價值，在今天也有不可否認的適用性。人們的新知識、新學問往往都是在過去所學知識的基礎上發展而來的。

他的處世哲學：己所不欲，勿施於人。

孔子很早就被稱為聖人，精通六藝。太宰問子貢說：「孔夫子是位聖人吧？為什麼這樣多才多藝呢？」子貢說：「這本是上天讓他成為聖人，而且使他多才多藝。」孔子聽到後說：「太宰怎麼會了解我呢？我因為少

年時地位低賤，所以會許多卑賤的技藝。君子會掌握這麼多的技藝嗎？不會。」（太宰問於子貢曰：「夫子聖者與？何其多能也？」子貢曰：「固天縱之將聖，又多能也。」子聞之，曰：「太宰知我乎？吾少也賤，故多能鄙事。君子多乎哉？不多也。」《論語·子罕》）

　　西元前 496 年（魯定公十四年），孔子乘牛車，帶領弟子離開魯國，在衛國被衛靈公夫人南子召見。孔子的弟子子路對孔子見南子這件事極有意見，批評了孔子。鄭國的子產[001]去世，孔子聽到消息後，十分難過，稱讚子產是從古代流傳下來的慈惠的人。孔子與弟子過匡城時被困五日，弟子們十分著急，孔子卻撫琴放歌，說了一段氣吞山河的話：「周文王死後，周禮不都展現在我身上嗎？上天如要滅周禮，那我就不可能掌握周禮；上天如不滅周禮，那匡人能奈何我？」（文王既沒，文不在茲乎？天之將喪斯文也，後死者不得與於斯文也；天之未喪斯文也，匡人其如予何？《論語·子罕》）子路問他怎有如此雅興，孔子說：「臨大難而不懼者，聖人之勇也。」這就是成語「臨危不懼」的由來。

　　西元前 495 年（魯定公十五年），孔子離開衛國回到魯國。

　　西元前 494 年（魯哀西元年），吳國使人聘魯國，就「骨節專車」一事問於孔子。

　　西元前 493 年（魯哀公二年），孔子由魯國來到衛國。衛靈公問陣於孔子，孔子婉言拒絕了衛靈公。孔子在衛國住不下去，離開衛國西行。途經蒲邑，遇到衛國大夫公孫氏反叛占據蒲邑，蒲邑人扣留了孔子。有

---

(001) 子產（？—西元前 522 年），春秋時期著名政治家、思想家。姬姓，公孫氏，名僑，字子產。他是鄭穆公之孫，西元前 554 年為卿，西元前 543 年執政，先後輔佐鄭簡公、鄭定公。子產在執政期間，既維護公室利益，又限制貴族特權，進行了自上而下的改革：為田洫，劃定公卿士庶的土地疆界，將農戶按什伍加以編制，對私田按地畝課稅；作丘賦，依土地人口數量交納軍賦；鑄刑書，修訂並公布了成文法；實行學而後入政、擇能而使之的用人制度；不毀鄉校，願聞庶人議政，有控制地開放言路。其政治經濟改革，在一定程度上推動了當時社會的轉型。鄭國在子產的推動下呈現出中興局面。

個叫公良孺的弟子，帶著五輛私車隨從孔子。這人高大賢能，又神勇有力，對孔子說：「我昔日跟著您在匡遭遇危難，如今又在這裡遭遇危難，這是命啊。我與您再次蒙難，寧可搏鬥而死。」搏鬥非常激烈。蒲邑人恐懼，對孔子說：「如果你不去衛都，我們就放了你。」孔子和他們立了盟誓，蒲邑人將孔子放出東門。孔子接著前往衛都。子貢不解地問：「盟誓難道可以背棄嗎？」孔子說：「這是在要挾下訂立的盟誓，神是不會理睬的。」（過蒲，會公叔氏以蒲畔，蒲人止孔子。弟子有公良孺者，以私車五乘從孔子。其為人長賢，有勇力，謂曰：「吾昔從夫子遇難於匡，今又遇難於此，命也已。吾與夫子再罹難，寧鬥而死。」鬥甚疾。蒲人懼，謂孔子曰：「苟毋適衛，吾出子。」與之盟，出孔子東門。孔子遂適衛。子貢曰：「盟可負邪？」孔子曰：「要盟也，神不聽。」《史記·孔子世家》）

孔子離開衛國經曹國、宋國、鄭國至陳國，陳國於是派服勞役的人將孔子師徒圍困在半路，前不著村，後不著店，所帶糧食吃完，絕糧七日，最後還是子貢找到楚人，楚國派兵迎孔子，孔子師徒才免於一死。

西元前 492 年（魯哀公三年），孔子 59 歲，他稱自己這時候，能正確對待各種言論，不覺得不順。孔子到鄭國與弟子走散，在城東門發呆。鄭國有人對子貢說：「東門有個人，前額像堯，脖子像皋陶[002]，肩部像子產，不過腰部以下和大禹差三寸。困頓的樣子像一條喪家之犬。」孔子聽說後坦然笑著說：「外形相貌，細枝末節。不過喪家之犬，真像啊！真像！」（孔子適鄭，與弟子相失，孔子獨立於郭東門。鄭人或謂子貢曰：「東門有人，其顙似堯，其項類皋陶，其肩類子產，然自腰以下不及禹三寸。纍纍若喪家之犬。」子貢以實告孔子，孔子欣然笑曰：「形狀，末也。而謂似喪家之犬，然哉！然哉！」《史記·孔子世家》）這就是成語「喪家

---

(002) 皋陶（西元前 2219 年－西元前 2113 年），偃姓，皋氏，名繇，字庭堅，少昊之墟人。上古時期東夷部落首領，偉大的政治家、思想家、教育家，上古四聖（堯、舜、禹、皋陶）之一，後世尊為「中國司法始祖」。

之犬」的出處。

西元前 491 年（魯哀公四年），孔子離開陳國，來到蔡國。

西元前 490 年（魯哀公五年），孔子從蔡國來到葉國。葉國君主葉公向孔子問政，並與孔子討論關於正直的道德問題。在離開葉國返回蔡國的途中，孔子遇到一位隱者。

西元前 489 年（魯哀公六年），孔子與弟子在陳國、蔡國之間被困絕糧，許多弟子因困餓而病，但孔子仍講習誦讀，演奏歌唱，傳授詩書禮樂毫不間斷。子路生氣，來見孔子說：「君子也有困厄嗎？」孔子說：「君子能固守困厄而不動搖，小人困厄就胡作非為了。」子貢怒氣發作。孔子說：「賜啊，你以為我是個博學強識的人嗎？」子貢說：「是。難道不是嗎？」孔子說：「不是啊。我只是用一個思想貫穿於全部學說。」（孔子講誦絃歌不衰。子路慍見曰：「君子亦有窮乎？」孔子曰：「君子固窮，小人窮斯濫矣。」子貢色作。孔子曰：「賜，爾以予為多學而識之者與？」曰：「然。非與？」孔子曰：「非也。予一以貫之。」《史記·孔子世家》）後被楚國人相救。由楚國返回衛國，途中又遇隱者。

西元前 488 年（魯哀公七年），孔子又回到衛國，主張在衛國為政先要正名。

西元前 487 年（魯哀公八年），吳國討伐魯國，吳國戰敗。孔子的弟子有若參戰有功。

西元前 485 年（魯哀公十年），孔子在衛國，孔子的夫人亓官氏去世。

西元前 484 年（魯哀公十一年），齊國討伐魯國，孔子弟子冉有率魯師與齊戰，獲勝。季康子問冉有指揮才能從何而來，冉有說是向孔子學來的。

晉國佛肸任中牟邑宰。趙簡子領兵攻打范氏、中行氏，進攻中牟。佛肸反叛趙簡子，派人召請孔子。子路說：「我聽您說過這樣的話：『那個人本身在做不好的事，君子是不會去加入的。』如今佛肸自己占據中牟反叛，您卻打算前往，怎麼解釋呢？」孔子說：「我是說過這句話。但不是說堅硬的東西，再磨礪也不會變薄；不是說潔白的物品，再汙染也不會變黑。我哪能是匏瓜呢，怎麼可以掛在那裡而不能食用？」（佛肸為中牟宰。趙簡子攻范、中行，伐中牟。佛肸畔，使人召孔子。孔子欲往。子路曰：「由聞諸夫子，『其身親為不善者，君子不入也』。今佛肸親以中牟畔，子欲往，如之何？」孔子曰：「有是言也。不曰堅乎，磨而不磷；不曰白乎，涅而不淄。我豈匏瓜也哉，焉能繫而不食？」《史記·孔子世家》）

68 歲的孔子在其弟子冉有的努力下，季康子派人迎孔子歸魯國。孔子周遊列國 14 年，至此結束。孔子仍有心從政，但仍是被敬而不用。季康子欲施行田賦，孔子反對。對冉有說判斷一個人的行為是不是君子的行為，應該用他的禮數來判斷：施捨的時候，會從重付出；做事的時候，會中庸而行；死的時候，會對自己薄葬。

孔子周遊列國，大致走了衛國、曹國、宋國、齊國、鄭國、晉國、陳國、蔡國、楚國等地。楚國算是大國，但孔子只到了楚國的邊境。孔子還打算西去晉國，但由於時局不好，結果在黃河邊上感慨了一番：「美哉！水洋洋乎，丘之不濟，命也夫！」按今天的地名大致路線為曲阜 —— 菏澤 —— 長垣 —— 商丘 —— 夏邑 —— 淮陽 —— 周口 —— 上蔡 —— 羅山，然後原路返回。

作為聖人的孔夫子，有時候也會發火。宰予大白天睡覺，古人認為一寸光陰一寸金。因此孔子說：「腐爛的木頭不可以雕刻，用髒土壘砌的牆面不堪塗抹！對於宰予這樣的人，還有什麼好責備的呢？」又說：「起

初我對於人，聽了他說的話就相信他的行為；現在我對於人，聽了他說的話卻還要觀察他的行為。這是由於宰予的事而改變。」（宰予晝寢，子曰：「朽木不可雕也，糞土之牆不可杇也！於予與何誅？」子曰：「始吾於人也，聽其言而信其行；今吾於人也，聽其言而觀其行。於予與改是。」《論語·公冶長》）

　　魯國有一條法律：如果魯國人在國外見到同胞遭遇不幸，淪落為奴隸，只要能夠把這些人贖回來幫助他們恢復自由，就可以從國家獲得補償和獎勵。孔子的學生子貢，把魯國人從外國贖回來，但拒絕了國家的補償。他將此事告訴孔子，本以為會得到讚賞，孔子說：「賜（端木賜，即子貢），你錯了！向國家領取補償金，不會損傷到你的品行；但不領取補償金，（這條法令就可能失效）魯國就沒有人再去贖回自己遇難的同胞了。」後來子路救起一名溺水者，那人感謝他送了一頭牛，子路收下了。孔子高興地說：「魯國人從此一定會勇於救落水者了。」（魯國之法，魯人為人臣妾於諸侯，有能贖之者，取其金於府。子貢贖魯人於諸侯，來而讓，不取其金。孔子曰：「賜失之矣。自今以往，魯人不贖人矣。取其金則無損於行，不取其金則不復贖人矣。」子路拯溺者，其人拜之以牛，子路受之。孔子曰：「魯人必拯溺者矣。」孔子見之以細，觀化遠也。《呂氏春秋·先識覽·察微篇》）。這是成語「子貢贖人」和「子路受牛」的由來。

　　西元前 483 年（魯哀公十二年），孔子繼續從事教育及整理文獻。這一年冬天，孔子的兒子孔鯉去世了。孔子兒子出生時，魯國國君送來鯉魚祝賀，孔子因此取子名鯉。對孔鯉的教育，孔子一直很用心。有一次孔子獨自站在堂上，孔鯉快步從庭裡走過，孔子看到後馬上就問：「學《詩經》了嗎？」「沒有。」孔子說：「不學《詩經》，就不懂得怎麼說話。」

孔鯉就回去學《詩經》。又有一日，他又獨自站在堂上，孔鯉快步從庭裡走過，他又問：「學禮了嗎？」孔鯉回答說：「沒有。」他說：「不學禮就不懂得怎樣立身。」（嘗獨立，鯉趨而過庭。曰：「學詩乎？」對曰：「未也。」「不學詩，無以言。」鯉退而學詩。他日又獨立，鯉趨而過庭。曰：「學禮乎？」對曰：「未也。」「不學禮，無以立。」鯉退而學禮。《論語．季氏》）這就是成語「孔鯉過庭」的由來。

西元前 482 年（魯哀公十三年），孔子已經虛歲 70 歲了，稱自己這時候隨心行事也可以不踰越規矩了。這一年，顏回先他而去，孔子十分悲傷，感慨昔日曾跟隨自己從陳國到蔡國去的學生，此時卻都不在身邊受教了。孔子弟子三千，賢人七十二。而顏回是他最得意的學生，常常讚譽有加：「一簞食，一瓢飲，在陋巷，人不堪其憂，回也不改其樂。賢哉，回也！」（《論語．雍也》）意思是，顏回用竹器盛飯吃，用木瓢舀水喝，住在簡陋的小巷，這是別人忍受不了的困苦生活，但顏回依舊快樂，美哉，顏回！窘困如斯，仍守貧樂道。

西元前 481 年（魯哀公十四年）春天，西狩獲麟。孔子認為這不是好徵兆，說吾道窮矣，於是停止修《春秋》。孔子說：「後世知丘者以春秋，而罪丘者亦以春秋。」

西元前 480 年（魯哀公十五年），孔子另一得意門生子路死於衛國內亂，而且還被剁成肉醬。經過這一連串打擊後，孔子知道自己已時日不多。

西元前 479 年 4 月 4 日（魯哀公十六年二月初四），子貢來見孔子，孔子拄杖倚於門前遙遙相望。他責問子貢為何那麼晚才來見自己，爾後嘆息而放歌：泰山將要坍塌了，梁柱將要腐朽折斷了，哲人將要如同草木一樣枯萎腐爛了。孔子流下了眼淚，講到天下無道已經很久很久了，

沒有人肯採納自己的主張，自己的主張不可能實現了。夏朝的人死時在東階殯殮，周朝的人死時在西階殯殮，殷商的人死時在兩個楹柱之間。昨天黃昏夢見自己坐在兩楹之間祭奠，自己的祖先就是殷商人啊。（孔子病，子貢請見。孔子方負杖逍遙於門，曰：「賜，汝來何其晚也？」孔子因嘆，歌曰：「太山壞乎！梁柱摧乎！哲人萎乎！」因以涕下，謂子貢曰：「天下無道久矣，莫能宗予。夏人殯於東階，周人於西階，殷人兩柱間。昨暮予夢坐奠兩柱之間，予始殷人也。」《史記·孔子世家》）

7 日後，西元前 479 年 4 月 11 日（魯哀公十六年二月十一日），孔子患病不癒而卒，終年 73 歲（虛歲），葬於魯城北泗水岸邊。不少弟子為之守墓三年，唯獨子貢為孔子守墓六年。弟子及魯國人從墓而家者上百，得名孔里。孔子的故居改為廟堂，孔子受到人們的奉祀。

《詩》有之：「高山仰止，景行行止。」雖不能至，然心嚮往之。

6
赫拉克利特（西元前 535 年－西元前 475 年）

人不能兩次走進同一條河流。

> 赫拉克利特（Heraclitus），一位富有傳奇色彩的哲學家，是愛菲斯學派的代表人物。他出生在愛奧尼亞地區愛菲斯城邦的王族家庭裡。他本來應該繼承王位，但將王位讓給了他的兄弟，自己跑到女神阿蒂蜜絲廟附近隱居起來。著有《論自然》(*On Nature*) 一書，現有殘篇留存。據說，波斯國王大流士（Darius the Great）曾經寫信邀請他去波斯宮廷教導古希臘文化。

赫拉克利特的理論以畢達哥拉斯的學說為基礎。他借用畢達哥拉斯「和諧」的概念，認為在對立與衝突的背後有某種程度的和諧，而協調本身並不是引人注目的。他認為衝突使世界充滿生氣。

▌主要思想

(1) 永恆的活火

「這個有秩序的宇宙（cosmos）對萬物都是相同的，它既不是神也不是人創造的，它過去、現在和將來永遠是一團永恆的活火，按一定尺度燃燒，一定尺度熄滅。」

赫拉克利特認為萬物的本原是火，宇宙是永恆的活火，他的基本出

發點是：這個有秩序的宇宙既不是神也不是人所創造的。宇宙本身是它自己的創造者，宇宙的秩序都是由它自身的邏各斯所規定的。這是赫拉克利特學說的本質，它是米利都學派古代樸素唯物主義思想的繼承和深入發展。

(2) 萬物皆流

赫拉克利特有一句名言：「人不能兩次走進同一條河流。」顯然，這句名言是有其特定意義的，並不是指這條河與那條河之間的區別。赫拉克利特主張「萬物皆動」、「萬物皆流」，這使他成為當時具有樸素辯證法思想的「流動派」的卓越代表。

赫拉克利特的這一名言，說明客觀事物是永恆運動的，變化和發展著的這樣一個真理。恩格斯 (Friedrich Engels) 曾評價說：「這個原始的、樸素的但實質上正確的世界觀是古希臘哲學的世界觀，而且是由赫拉克利特第一次明白地表述出來的：一切都存在，同時又不存在，因為一切都在流動，都在不斷地變化，不斷地產生和消失。」[003] 赫拉克利特還認為，事物都是相互轉化的。冷變熱，熱變冷，溼變乾，乾變溼。他還明確斷言：「我們走下而又沒有走下同一條河流。我們存在而又不存在。」

赫拉克利特的核心思想是「變」，「變」是永恆不變的。

(3) 對立統一

原始的統一是不斷地活動和變化的，永不停止。它的創造是毀滅，毀滅是創造。一種東西變成另外一種東西，比如火變成水，火就消失在新的存在形式中。每一種東西都這樣變成它的對立面，因此每一種東西都是對立性質的統一。沒有什麼東西的性質不變，沒有什麼東西具有永

---

(003)　弗里德里希・恩格斯，卡爾・馬克思《馬克思恩格斯全集》（第 19 卷）[M]. 中央編譯局譯. 北京：人民出版社，1963：219。

恆的性質。從這一意義來看，每一種東西既存在，又不存在。有這種對立，才能有世界。比如，音樂中的和諧就產生於高低音調的結合。

▍軼事

朋友 作為藐視人者，赫拉克利特沒有朋友。他在晚年隱居起來，只靠野菜和水維持生命，不和任何人往來。

敵人 赫拉克利特儘管出身高貴，有機會做高官，但他卻從未接受過職位。他是一個異類，當時的古希臘人帶著尊敬和驚奇的混合感情，把他看成是一隻「珍稀動物」。

女人 赫拉克利特身邊沒有女人，平日也完全避免和女人接觸。在他的作品中也只是提到，女人始終處於和男人的爭鬥之中，這是很多爭鬥中的一個。世界就是在這樣一些爭鬥中產生的。

自己 赫拉克利特曾說過：「我研究了我自己。」由於他成功排除了來自其他人的外部干擾，把自己封閉起來，他才有可能潛入到靈魂的深處。那裡個性的區別已不存在，人與人越來越相似，那是一個人的本性真正存在的地方。

據說，他在隱居時，以草根度日，得了水腫病。他到城裡找醫生，用啞謎的方式詢問醫生能否使陰雨天變得乾燥起來，醫生不懂他的意思。他跑到牛圈裡，想用牛糞的熱力把身體裡的水吸出，結果無濟於事，去世時大約 60 歲。

7
希帕索斯（約西元前 500 年－？）

無理數的發現者，引起數學危機。

希帕索斯（Hippasus），生卒年月不詳，畢達哥拉斯的得意門生。發現無理數的第一人，推翻了畢達哥拉斯「萬物皆數」理論。

西元前 5 世紀，畢達哥拉斯學派認為整數是最崇高、最神祕的 ——「數即萬物」，也就是說宇宙間各種關係都可以用整數或整數之比來表達。這個學派規定了一條紀律：誰都不准洩露存在 $\sqrt{2}$（即無理數）的祕密。

希帕索斯發現等腰直角三角形的直角邊與斜邊的比不是有理數。這就舉出了當時畢達哥拉斯學派「一切量都可用有理數表示」的一個反例。天真的希帕索斯無意中向別人談到了他的發現，結果被殺害（相傳當時畢達哥拉斯學派的人正在海上，因為這一發現而把希帕索斯拋入大海）。

但 $\sqrt{2}$ 很快就引起了數學思想的大革命。科學史上把這件事稱為「第一次數學危機」，也讓數學向前大大發展了一步。希帕索斯為 $\sqrt{2}$ 殉難留下的教訓是：科學是沒有止境的，誰為科學劃定禁區，誰就變成科學的敵人，最終被科學所埋葬。

▋數學危機

數學危機是數學在發展中種種矛盾的衝突。數學中有大大小小許多矛盾，比如正與負、加法與減法、微分與積分、有理數與無理數、實數與虛數等。整個數學發展過程中還有許多深刻的矛盾，例如有窮與無窮、連續與離散，乃至存在與構造、邏輯與直觀、具體對象與抽象對象、概念與計算等。在整個數學發展的歷史上，貫穿著矛盾的爭鬥與消解。而當矛盾激化到涉及整個數學的基礎時，就產生了數學危機。往往危機的解決，給數學帶來新的內容，新的進展，甚至引起革命性的變革。

歷史上曾發生過三次數學危機。

8
芝諾（西元前 490 年－西元前 425 年）

芝諾是提出悖論最多的人。

> 芝諾（Zeno），被亞里斯多德譽為辯證法的發明人。芝諾生活在古希臘的埃利亞城邦，埃利亞學派代表人物，他是埃利亞學派的著名哲學家巴門尼德（Parmenides）的學生和朋友。

柏拉圖在他的對話〈巴門尼德〉篇中，記敘了芝諾和巴門尼德於西元前 5 世紀中葉去雅典的一次訪問。其中說：「巴門尼德年事已高，約 65 歲；頭髮很白，但儀表堂堂。那時芝諾約 40 歲，身材魁梧而美觀，人家說他已變成巴門尼德所鍾愛的了。」按照後來古希臘著作家們的意見，這次訪問是柏拉圖虛構的，然而柏拉圖在書中記述的芝諾的觀點，卻被普遍認為是相當準確的。

據信芝諾為巴門尼德的「存在論」辯護，但是不像他的老師那樣企圖從正面去證明存在是「一」不是「多」，是「靜」不是「動」，他常常用歸謬法從反面去證明：「如果事物是多數的，將要比是『一』的假設得出更可笑的結果。」他用同樣的方法，巧妙地構想出一些關於運動的論點。他的這些議論，就是所謂「芝諾悖論」。芝諾有一本著作《論自然》（*On Nature*）。

在柏拉圖的〈巴門尼德〉篇中，當芝諾談到自己的著作時說：「由於

青年時的好勝著成此篇，著成後，人即將它竊去，以致我不能決斷，是否應當讓它問世。」

西元 5 世紀的評論家普羅克洛（Proclus）在替這段話寫的評注中說，芝諾從「多」和運動的假設出發，一共推出了 40 個各不相同的悖論。芝諾的著作久已失傳，亞里斯多德的《物理學》（Physics）和辛普利修斯（Simplicius）為《物理學》作的注釋是了解芝諾悖論的主要依據，此外還有少量零星殘篇可提供佐證。現存的芝諾悖論至少有 8 個，其中關於運動的 4 個悖論尤為著名。

芝諾關於運動的悖論不是簡單地否認運動，這些悖論後面有著更深的內涵。亞里斯多德的著作保存了芝諾悖論的大意，從這個意義上來說，亞里斯多德功不可沒，但他對芝諾悖論的分析和批評是否成功，還不可以下定論。

芝諾因其悖論而著名，並因此在數學和哲學兩方面享有不朽的聲譽。這些悖論由於被記錄在亞里斯多德的《物理學》中而為後人所知。芝諾提出這些悖論是為了支持他老師巴門尼德關於「存在」不動、是「一」的學說。這些悖論中最著名的兩個是：「阿基里斯跑不過烏龜」和「飛矢不動」。這些方法可以用微積分（無限）的概念解釋，但還是無法用微積分解決，因為微積分原理存在的前提是存在廣延（如有廣延的線段經過無限分割，還是由有廣延的線段組成，而不是由無廣延的點組成），而芝諾悖論中既承認廣延，又強調無廣延的點。這些悖論之所以難以解決，是因為它集中強調後來笛卡兒和伽桑狄（Pierre Gassendi）為代表的機械論的分歧點。

芝諾認為：「一個人從 A 點走到 B 點，要先走完路程的 2 分之 1，再走完剩下總路程的 2 分之 1，再走完剩下的 2 分之 1，……」如此循環下

去，永遠不能到終點。假設此人速度不變，走一段的時間每次除以 2，時間為實際需要時間的 1/2 ＋ 1/4 ＋ 1/8 ＋……，則時間限制在實際需要的時間以內，即此人與目的地距離可以為任意小，但卻永遠到不了。實際上是這個悖論本身限定了時間，當然到達不了。《莊子・天下篇》中也提到：「一尺之棰，日取其半，萬世不竭。」芝諾與莊子悖論的區別在於，芝諾悖論認為一定時間內行走的距離不變（即速度不變），而莊子認為時間不變，這段時間裡的工作卻越來越少（速度越來越慢），可以看出芝諾限制了時間，而莊子的理論可以使時間為無窮大。

後來，物理學有四大神獸之說：芝諾的龜、拉普拉斯的獸、馬克士威的妖、薛丁格的貓。

9
墨子（約西元前 476 年－西元前 390 年）

「墨」一定守成規嗎？

> 墨子，名翟，春秋末期、戰國初期宋國人，是宋國貴族目夷的後代。他是墨家學派的創始人，也是戰國時期著名的思想家、教育家、科學家和軍事家。

墨子創立了墨家學說，墨家在先秦時期影響很大，與儒家並稱「顯學」，以兼愛為核心，以節用、尚賢為支點。墨子在戰國時期創立了以幾何學、物理學、光學為突出成就的一整套科學理論。其弟子根據墨子生平事蹟的史料，收集其語錄，完成了《墨子》一書。

墨子的先祖是殷商王室，他是宋國君主宋襄公的哥哥目夷的後代，目夷生前是宋襄公的大司馬，後來他的後代因故從貴族降為平民。後簡略為墨姓。

約西元前 476 年（春秋末年周敬王四十年），墨氏喜添貴子。雖然其先祖是貴族，但墨子卻是中國歷史上唯一一個農民出身的哲學家。

墨子穿著草鞋，步行天下，開始在各地遊學。墨子曾師從於儒者，學習孔子的儒學，稱道堯、舜、禹，學習《詩》、《書》、《春秋》等儒家典籍。但墨子批評儒者對待天帝、鬼神和命運的不正確態度，以及久喪厚葬和奢靡禮樂，認為儒家所講的都是些華而不實的廢話，「故背周道而行

夏政」。從墨子對儒家的攻訐中可以看出，兩者在愛的問題上似乎沒有什麼牴觸。而且墨子建構兼愛體系使用的術語或概念，基本上是儒者慣用的詞彙，如孝、慈、仁、義等，顯示墨子基本上認同、認可儒家的價值理念，只是在具體走向上以不同的詮釋建構起自己的理論體系。

墨子最終捨掉了儒學，另立新說，在各地講學，以激烈的言辭抨擊儒家和各諸侯國的暴政。大批的手工業者和下層士人開始追隨墨子，逐步形成了自己的墨家學派，成為儒家的主要反對派。墨家是一個宣揚仁政的學派。在代表新型地主階級利益的法家崛起以前，墨家是先秦時期和儒家相對立的最大的一個學派，並列為「顯學」。在當時的百家爭鳴中，有「非儒即墨」之稱。

在《墨子・魯問》中，墨子提出了墨家的十大主張，即「兼愛」、「非攻」、「尚賢」、「尚同」、「尊天」、「事鬼」、「非樂」、「非命」、「節用」、「節葬」。他認為，要根據不同國家的情況，有針對性地選擇十大主張中最適合的方案。如「國家昏亂」，就選用「尚賢」、「尚同」；國家貧弱，就選用「節用」、「節葬」等。

在墨子晚年，儒家、墨家齊名。墨子死後，墨家弟子仍「充滿天下」、「不可勝數」，故戰國時期雖有諸子百家，但「儒墨顯學」則是百家之首。墨子死後，墨家分裂為相芮氏之墨、相夫氏之墨和鄧陵氏之墨三個學派。《莊子・天下》所說的相里勤的弟子，鄧陵子的弟子苦獲、己齒，即這三派中的兩派都傳習《墨子》，但有所不同，互相都攻擊對方是「別墨」。在今存的《墨子》中，每篇都有上、中、下三篇，大約就是墨家分裂為三派的證據。墨家學派到秦惠王時，有集中於秦的趨勢。因此，從第四代矩子時起，墨學的中心已經轉移到了秦國。

墨子是中國歷史上第一個從理性高度對待數學問題的人，他給出了

一系列數學概念的命題和定義，這些命題和定義都具有高度的抽象性和嚴密性。

墨子所給出的數學概念主要有：

關於「倍」的定義。墨子說：「倍，為二也。」（《墨子·經上》）亦即原數加一次，或原數乘以二稱為「倍」。如二尺為一尺的「倍」。

關於「平」的定義。墨子說：「平，同高也。」（《墨子·經上》）也就是同樣的高度稱為「平」。這與歐幾里得幾何學定理「平行線間的公垂線相等」意思相同。

關於「同長」的定義。墨子說：「同長，以正相盡也。」（《墨子·經上》）就是說兩個物體的長度相互比較，正好一一對應，完全相等，稱為「同長」。

關於「中」的定義。墨子說：「中，同長也。」（《墨子·經上》）這裡的「中」指物體的對稱中心，也就是物體的中心為與物體表面距離都相等的點。

關於「圓」的定義。墨子說：「圓，一中同長也。」（《墨子·經上》）這裡的「圜」即圓，墨子指出圓可用圓規劃出，也可用圓規進行檢驗。圓規在墨子之前早已得到廣泛應用，但給予圓精確的定義，則是墨子的貢獻。墨子關於圓的定義與歐幾里得幾何學中圓的定義完全一致。

關於正方形的定義。墨子說，四個角都為直角、四條邊長度相等的四邊形即正方形，正方形可用直角曲尺「矩」來畫圖和檢驗。這與歐幾里得幾何學中的正方形定義也是一致的。

關於直線的定義。墨子說，三點共線即為直線。三點共線為直線的定義，在後世測量物體的高度和距離方面得到廣泛的應用。晉代數學家劉徽在測量學專著《海島算經》中，就是應用三點共線來測高和測遠的。

漢以後弩機上的瞄準器「望山」也是據此發明的。

　　此外，墨子還對十進位值制進行了論述。中國早在商代就已經相當普遍地應用了十進位制記數法，墨子則是對位值制概念進行總結和闡述的第一人。他明確指出，在不同位數上的數位，其數值不同。例如，在相同的數位上，一小於五，而在不同的數位上，一可多於五。這是因為在同一數位上（個位、十位、百位、千位……），五包含了一，而當一處於較高的數位上時，則反過來一包含了五。十進位制的發明，是中國對於世界文明的一個重大貢獻。正如李約瑟（Noel Joseph Terence Montgomery Needham）在《中國之科學與文明・數學卷》（*Science and Civilization in China*）中所說：「商代的數字系統是比同時代古巴比倫和古埃及的更為先進、更為科學的」、「如果沒有這種十進位制，就幾乎不可能出現我們現在這個統一化的世界了」。

　　墨子關於物理學的研究涉及力學、光學、聲學等分支，給出了不少物理學概念的定義，並有不少重大的發現，總結出了一些重要的物理學定理。

　　首先，墨子給出了力的定義，說：「力，刑（形）之所以奮也。」（《墨子・經上》）也就是說，力是使物體運動的原因，即使物體運動的作用叫做力。對此，他舉例予以說明，好比把重物由下向上舉，就是由於有力的作用方能做到。同時，墨子指出物體在受力之時，也產生了反作用力。例如，兩質量相當的物體碰撞後，兩物體就會朝相反的方向運動。如果兩物體的質量相差甚大，碰撞後質量大的物體雖不會動，但反作用力仍存在。

　　接著，墨子又給出了「動」與「止」的定義。他認為「動」是由於力推送的緣故，更為重要的是，他提出了「止，以久也，無久之不止，當牛

非馬也」的觀點，意思是物體運動的停止來自於阻力阻抗的作用，如果沒有阻力，物體會永遠運動下去。這樣的觀點，被認為是牛頓慣性定律的先驅，比同時代全世界的思想超出了 1,000 多年，也是物理學誕生和發展的象徵。（亞里斯多德認為力是使物體運動的原因，沒有力物體就不會運動，而停止是物體的本性，這樣的觀點符合常人觀測的結果，卻是膚淺和錯誤的。）

關於槓桿定理，墨子也做出了精闢的表述。他指出，稱重物時秤桿之所以會平衡，原因是「本」短「標」長。用現代的科學語言來說，「本」即阻力臂，「標」即動力臂，寫成力學公式就是動力 × 動力臂（「標」）＝阻力 × 阻力臂（「本」）。

此外，墨子還對斜面、重心、滾動摩擦等力學問題進行了一系列的研究，這裡就不一一贅述。

在光學史上，墨子是第一個進行光學實驗，並對幾何光學進行系統研究的科學家。如果說墨子奠定了幾何光學的基礎，也不為過，至少在中國是這樣。正如李約瑟在《中國之科學與文明‧物理卷》中所說，墨子關於光學的研究，「比我們所知的希臘的為早」、「印度亦不能比擬」。

墨子首先探討了光與影的關係，他仔細地觀察了運動物體影像的變化規律，提出了「景不徙」的命題。也就是說，運動著的物體從表觀看它的影隨著物體在運動著，這其實是一種錯覺。因為當運動著的物體的位置移動後，它前一瞬間所形成的影像已經消失，其移位後所形成的影像已是新形成的，而不是原有的影像運動到新的位置。如果原有的影像不消失，那它就會永遠存在於原有的位置，這是不可能的。因此，人們所看到的影像的運動，只是新舊影像隨著物體運動而連續不間斷地生滅交替所形成的，並不是影像自身在運動。墨子的這一命題，後來為名家所

繼承，並由此提出了「飛鳥之影未嘗動」的命題。

隨後，墨子又探討了物體的本影和副影的問題。他指出，光源如果不是點光源，由於從各點發射的光線產生重複照射，物體就會產生本影和副影；如果光源是點光源，則只有本影出現。

接著，墨子又進行了小孔成像的實驗。他明確指出，光是直線傳播的，物體透過小孔所形成的像是倒像。這是因為光線經過物體再穿過小孔時，由於光的直線傳播，物體上部成像於下，物體下部成像於上，故所成的像為倒像。他還探討了影像的大小與物體的斜正、光源的遠近的關係，指出物斜或光源遠則影長細，物正或光源近則影短粗；如果是反射光，則影形成於物與光源之間。

特別可貴的是，墨子對平面鏡、凹面鏡、凸面鏡等進行了相當系統的研究，得出了幾何光學的一系列基本原理。他指出，平面鏡所形成的是大小相同、遠近對稱的像，但卻左右倒換。如果是兩個或多個平面鏡相向照射，則會出現重複反射，形成無數的像。凹面鏡的成像是在「中」之內形成正像，距「中」遠所成的像大，距「中」近所成的像小，在「中」處則像與物一樣大；在「中」之外，則形成的是倒像。凸面鏡則只形成正像，「近映像大，遠映像小」。這裡的「中」為球面鏡之球心，墨子雖尚未能區分球心與焦點的差別，把球心與焦點混淆在一起，但其結論與近現代球面鏡成像原理還是基本相符的。

墨子還對聲音的傳播進行過研究，他發現井和罌有放大聲音的作用，並加以巧妙地利用。他曾教導學生說，在守城時，為了預防敵人挖地道攻城，每隔三十尺（1 尺＝ 33.3 公分）挖一井，置大罌於井中，罌口繃上薄牛皮，讓聽力好的人伏在罌上進行偵聽，以監知敵方是否在挖地道，地道挖於何方，而做好禦敵的準備（令陶者為罌，容四十斗以

上，……置井中，使聰耳者伏罌而聽之，審知穴之所在，鑿穴迎之）。儘管當時墨子還不可能明白聲音共振的機理，但這個防敵方法卻蘊含豐富的科學原理。

墨子精通手工技藝，可與當時的巧匠公輸般相比。墨子擅長防守城池，在止楚攻宋時與公輸般進行的攻防演練中，充分展現了他在這方面的才能和造詣。他曾花費 3 年時間，精心研製出一種能夠飛行的木鳥（風箏），成為中國古代風箏的創始人。他還是一個製造車輛的能手，可以在不到一日的時間內造出載重 30 石（1 石 = 60 公斤）的車子。他所造的車子運行迅速又省力，且經久耐用，為當時的人們所讚賞。

墨家對中國產生了深遠的影響，但是到了漢代，墨家就完全消亡了。為什麼墨家消亡得如此之快？關於這個問題，答案分歧很大，還需要進一步研究。從墨家內部來分析其原因，在方法論上是可取的。墨家與儒、法、道等家不同之處在於，它是由墨者組成的帶有宗教色彩的集團，有嚴格的紀律，能赴湯蹈火，視死如歸。這些，作為一般人是難以辦到的。另外，是否還和「墨守成規」有關呢？

10
蘇格拉底（西元前 469 年－西元前 399 年）

人啊，你什麼都知道，你什麼都不知道。

> 蘇格拉底（Socrates），古希臘著名思想家、哲學家、教育家和公民陪審員。

蘇格拉底和他的學生柏拉圖，以及柏拉圖的學生亞里斯多德並稱為「古希臘三傑」，被後人廣泛地認為是西方古代哲學的奠基者。

蘇格拉底容貌平凡，語言樸實，卻具有神聖的思想。

蘇格拉底一生過著艱苦的生活。無論嚴寒酷暑，他都穿著一件普通的單衣，經常不穿鞋，對飲食也不講究。但他似乎並不注意這些，只是專心致志地做學問。生平事例，成就思想，均由其弟子記錄。

蘇格拉底把自己看作神賜給雅典人的一個禮物、一個使者，任務就是整天到處找人談話，討論問題，探求對人最有用的真理和智慧。因此他的一生大部分是在室外度過的，喜歡在市場、運動場、街頭等公眾場合與各方面的人談論各式各樣的問題，例如，什麼是虔誠，什麼是民主，什麼是美德，什麼是勇氣，什麼是真理，以及你的工作是什麼，你有什麼知識和技能，你是不是政治家，如果是，關於統治你學會了什麼，你是不是教師，在教育無知的人之前你怎樣征服自己的無知？

蘇格拉底說：「我的母親是個助產婆，我要追隨她的腳步，我是個精

神上的助產士，幫助別人產生他們自己的思想。」他還把自己比作一隻牛虻，是神賜給雅典的禮物。神把他賜給雅典的目的，是要用這隻牛虻來刺激這個國家，因為雅典好像一匹駿馬，但由於肥大懶惰變得遲鈍昏睡了，所以很需要有一隻牛虻緊緊地叮著牠，隨時隨地責備牠、勸說牠，使牠能從昏睡中驚醒而煥發出精神。

蘇格拉底把批評雅典看作神給他的神聖使命，這種使命感和由此而來的思考探索，便成為他生活與哲學實踐的宗旨。他知道自己這樣做會使許多人十分惱怒，要踩死他這隻牛虻，但神給自己的使命不可違，故冒死不辭。在此意義上，他自稱是針砭時弊的神聖牛虻。

他提倡人們了解做人的道理，過有道德的生活。他把哲學定義為「愛智慧」，他的一個重要觀點是：自己知道自己無知。許多有錢人家和窮人家的子弟常常聚集在他周圍，向他請教，蘇格拉底卻常說：「我只知道自己一無所知。」他總結說：「只有神才是智慧的，祂的答覆是要指明人的智慧是沒有什麼價值的或者全無價值的，神並不是在說蘇格拉底，祂僅僅是用我的名字作為說明，像是在說，人們啊，唯有像蘇格拉底那樣知道自己的智慧實際上是毫無價值的人，才是最有智慧的人。」他以自己的無知而自豪，並認為人人都應承認自己的無知。

在雅典恢復奴隸主民主制後，蘇格拉底被控以藐視傳統宗教、引進新神、敗壞年輕人和反對民主等罪名，並被判處死刑。他拒絕了朋友和學生要他乞求赦免和外出逃亡的建議，飲下毒酒而死，終年 70 歲。

根據當時雅典的法律規定，處死犯人的方法是賜以毒酒一杯，但在處死前關押的一個月中，法庭允許犯人的親友探監。當時有許多年輕人天天去監獄探望蘇格拉底，其中有位名叫克力同（Crito of Alopece）的年輕人問蘇格拉底有什麼遺言時，蘇格拉底回答說：「我別無他求，只有我

平時對你們說過的那些話，請你們要牢記在心。你們務必保持節操，如果你們不按我說的那樣去生活，那麼不論你們現在對我許下多少諾言，也無法告慰我的亡靈。」

西元前 399 年 6 月，在蘇格拉底即將赴死的那天晚上，只見他衣衫襤褸，散髮赤足，而面容卻鎮定自若。他把妻子和女兒打發開，而去與他的學生斐多（Phaedo of Elis）、西米亞斯（Simmias of Rhodes）、克力同等談論靈魂永生的問題。不久，獄卒走了進來，說：「每當我傳令要犯人服毒酒時，他們都怨恨詛咒我，但我必須執行上級命令。你是這裡的犯人中最高尚的人，所以我想你絕不會恨我，而只會去怨恨那些要處死你的人。我現在受命執行命令，願你少受些痛苦。別了，我的朋友。」獄卒說完淚流滿面，離開了牢房。蘇格拉底望著獄卒的背影說：「別了，朋友，我將按你說的去做。」然後他又掉轉頭來，和藹地對那些年輕人說：「真是個好人，自我入獄以來，他天天來看望我，有時還跟我談話，態度親切。現在他又為我流淚，多善良的人呀！克力同，你過來，如果毒酒已準備好，就馬上叫人去取來，否則請快點去調配。」克力同回答說：「據說有的犯人聽到要處決了，總千方百計拖延時間，為的是可以享受一頓豐盛的晚餐。請你別心急，還有時間呢！」這時蘇格拉底說：「誠然你說得對，那些人這樣做是無可非議的，因為在他們看來，延遲服毒酒就獲得了某些東西；但對我來說，推遲服毒酒並不能獲得什麼，相反，那樣吝惜生命而獲得一頓美餐的行為在我看來應當受到鄙視。去拿酒來吧，請尊重我的請求。」

到了這個時候，克力同只好用目光暗示在旁等候吩咐的小童，那個小孩就走到外面去了。一會，這個孩子又走了回來，並且領來一個人。這個進來的人手裡捧著一只杯子，裡面盛的就是毒藥。於是，隨時都可

飲鴆就刑了。蘇格拉底對這個手裡捧著毒藥杯的人問道：「請你告訴我，我該怎樣做？」那個人說：「你喝下這杯毒藥以後，只要不停地在這裡走，如果感到兩腳逐漸沉重起來，而且越來越重，你就躺下來。這就表示毒藥已經生效了。」蘇格拉底鎮定自若，面不改色，他把裝有毒酒的杯子舉到胸口，平靜地說：「分手的時候到了，我將死，他們活下來，是誰的選擇好，只有天知道。」接過酒杯一飲而盡。在場的人無不為將失去這樣一位好友而悲泣。蘇格拉底見狀大為不悅，他說：「你們怎麼可以這樣呢？我為了避免這種場面才打發走家裡的人，常言道：臨危不懼，視死如歸。請大家堅強點！」蘇格拉底接著在室內踱了一會，說自己兩腿發麻，便躺了下來。他的最後遺言是：「克力同，我欠了阿斯克勒庇俄斯（Asclepius，即醫神）一隻雞（意即要克力同代他祭奠醫神），記得替我還上這筆債。」說完，這位偉大的哲學家合上了雙眼，安靜地離開了人世。

在蘇格拉底一案中，一方是追求真理、捨生取義的偉大哲人，另一方則是以民主自由為標榜、被視為民主政治源頭的雅典城邦。孰是孰非，誰善誰惡，不那麼涇渭分明，感情上的取捨則成為一種痛苦的折磨，因而其悲劇色彩愈加彰顯。

蘇格拉底無論是生前還是死後，都有一大批狂熱的崇拜者和一大批激烈的反對者。他一生沒留下任何著作，他的行為和學說，主要是透過他的學生柏拉圖和色諾芬（Xenophon）著作中的記載流傳下來。

▋蘇格拉底語錄

(1) 未經審視的人生不值得度過。

(2) 閒暇是所有財富中最美好的。

(3) 教育不是灌輸，而是點燃火焰。

（4）最熱烈的戀愛，會有最冷漠的結局。

（5）是吃飯為了生存，還是為了生存而吃飯？

（6）好的婚姻僅為你帶來幸福，不好的婚姻則可使你成為一位哲學家。

11
恩諾皮德斯（約西元前 465 年－？）

最早提出「尺規作圖」原則的人。

> 恩諾皮德斯（Oenopides），古希臘天文學家、幾何學家，約西元前 465 年生於希俄斯，但大部分時間在雅典度過。

恩諾皮德斯在天文學上的主要成就是他計算出黃赤交角（天赤道與黃道平面之間的夾角，即地球轉軸的傾角）約為 24°。他的結果在其後的兩個世紀內一直是黃赤交角的標準，直到後來埃拉托斯特尼（Eratosthenes）測量計算得到更精確的結果。

恩諾皮德斯是最早提出「尺規作圖」原則的人，他認為平面幾何的對象只能透過兩種方法建立起來：其一，透過給定一點作給定直線的垂線。其二，以給定直線上一點為頂點作一角，大小等於一給定角。初等幾何中，所接觸到的問題主要有兩類：一類是先假設給出合乎一定條件的圖形，然後研究這個圖形有些什麼性質，證明題、計算題即屬於這一類。另一類是預先給出一些條件，要求作出具備這些條件的圖形，這便是作圖題。按照一定方法作出所求圖形的過程，叫做解作圖題。作圖的方法，自然是和作圖的工具有關的。古希臘以來，平面幾何中的作圖工具習慣上限用直尺和圓規兩種。其中，直尺假定直而且長，但上面無任何刻度，圓規則假定其兩腿足夠長並能開閉自如。作圖工具的這種限制，大概最先是恩諾皮德斯提出的，以後又經過柏拉圖大力提倡。柏拉圖非

常重視數學，強調學習幾何對訓練邏輯思維能力的特殊作用，主張對作圖工具要有限制，反對使用其他機械工具作圖。之後，歐幾里得又把它總結在《幾何原本》一書中。於是，限用尺規進行作圖就成為古希臘幾何學的金科玉律。

恩諾皮德斯有一種對尼羅河每年夏天氾濫的解釋。根據對深水井水溫的觀察，他錯誤地認為地下水在夏天比在冬天更涼。在冬天，當雨水降落到地上，透過蒸發帶走土地的熱量，而在夏天地裡的水更涼，因而蒸發更少，多餘的水分導致了尼羅河的泛濫。

恩諾皮德斯認為宇宙是一個有機體，而神是這個有機體的靈魂。他認為火和空氣是宇宙的原始物質。

12
希波克拉底（西元前 460 年－西元前 370 年）

讓西醫走上正道的人，讓醫生從醫前宣誓的人。

希波克拉底（Hippocrates），古希臘伯里克利時代的醫師，被西方尊為「醫學之父」，西方醫學奠基人。他提出「體液學說」，其醫學觀點對以後西方醫學的發展有重大影響。「希波克拉底誓言」是希波克拉底警誡人類的古希臘職業道德的聖典，是他向醫學界發出的行業道德倡議書，是從醫人員入學第一課要學的重要內容，也是全社會所有職業人員言行自律的要求。

希波克拉底出生於小亞細亞科斯島的一個醫生世家，父親是醫神阿斯克勒庇俄斯（Aesclapius）的後代，母親 Praxitela 是顯貴家族的女兒。在古希臘，醫生的職業是父子相傳的，所以希波克拉底從小就跟隨父親學醫。數年後，獨立行醫已不成問題，父親治病的 260 多種藥方，他已經能運用自如。父母去世後，他一面遊歷，一面行醫，為了豐富醫學知識，獲取眾家之長，希波克拉底拜請了許多當地的名醫為師，在接觸的許多病人中，他結識了許多著名的哲學家，這些哲學家的獨到見解對希波克拉底深有啟發，為他提出四體液論提供了哲學幫助。

西元前 430 年，雅典發生了可怕的瘟疫，許多人突然發熱、嘔吐、腹瀉、抽筋，身上長滿膿瘡，皮膚嚴重潰爛。患病的人接二連三地死去。沒過幾日，雅典城中便隨處可見來不及掩埋的屍首。對這種索命的

疾病，人們避之唯恐不及。但此時在希臘北邊馬其頓王國擔任御醫的希波克拉底卻冒著生命危險前往雅典救治。他一面調查疫情，一面探尋病因及解救方法。不久，他發現全城只有一種人沒有染上瘟疫，那就是每天和火打交道的鐵匠。他由此設想，或許火可以防疫，於是在全城各處燃起火堆來撲滅瘟疫，發揮了一定的效果。

希波克拉底指出的癲癇的病因被現代醫學認為是正確的，他提出的這個病名，也一直沿用至今。希波克拉底對骨折病人提出的治療方法，是合乎科學道理的。為紀念他，後人將用於牽引和其他矯形操作的臼床稱為「希波克拉底臼床」。

希波克拉底積極探索人的肌體特徵和疾病的成因，提出了著名的「體液學說」。四體液理論不僅是一種病理學說，而且是最早的氣質與體質理論。他認為複雜的人體是由血液、黏液、黃膽汁和黑膽汁這四種體液組成的，四種體液在人體內的比例不同，形成了人的不同氣質：性情急躁、動作迅速的為膽汁質；性情活躍、動作靈敏的為多血質；性情沉靜、動作遲緩的為黏液質；性情脆弱、動作遲鈍的為憂鬱質。每個人生理特點以哪一種液體為主，就對應哪一種氣質。先天性格會隨著後天的客觀環境變化而發生調整，性格也會隨之發生變化，為後世的醫學心理療法提供了一定的指導基礎。這種理論認為人之所以會得病，就是由於四種液體不平衡造成的。而液體失調又是外界因素影響的結果。希波克拉底專門寫了一本題為《論空氣、水和環境》(*On Airs, Waters and Places*) 的醫學著作，來論證自然環境對人體健康的影響。他指出醫生進入一個城市的時候，首先要注意這個城市的方位、土壤、氣候、風向、水源、水質、飲食習慣和生活方式等，因為這些都會對人體健康產生影響。

現在看來，希波克拉底對人的氣質成因的解釋並不正確，但他提出的氣質型別的名稱及劃分，卻一直沿用至今。那時，屍體解剖為宗教與

習俗所禁止，希波克拉底勇敢地衝破禁令，祕密進行人體解剖，獲得了許多關於人體結構的知識。在他最著名的外科著作《頭顱創傷》(*On Injuries of the Head*)中，詳細描繪了頭顱損傷和裂縫的病例，提出了施行手術的方法。其中關於手術的記載非常精細，所用語言也非常確切，足以證明這是他親身實踐的經驗總結。

▋希波克拉底誓言

「希波克拉底誓言」是希波克拉底警誡人類的古希臘職業道德的聖典，是約 2,400 年以前古希臘伯里克利時代，向醫學界發出的行業道德倡議書，是從醫人員入學第一課就要學的重要內容，也是全社會所有職業人員言行自律的要求，而且要求正式宣誓。

仰賴醫藥神阿波羅、阿斯克勒庇俄斯、阿克索及天地諸神為證，鄙人敬謹直誓，願以自身能力及判斷力所及，遵守此約。凡授我藝者，敬之如父母，作為終身同業伴侶，彼有急需，我接濟之。視彼兒女，猶我兄弟，如欲受業，當免費並無條件傳授之。凡我所知，無論口授書傳，俱傳之吾與吾師之子及發誓遵守此約之生徒，此外不傳與他人。

我願盡余之能力與判斷力所及，遵守為病家謀利益之信條，並檢束一切墮落和害人行為，我不得將危害藥品給予他人，並不作該項之指導，雖有人請求亦必不與之。尤不為婦人施墮胎手術。我願以此純潔與神聖之精神，終身執行我職務。凡患結石者，我不施手術，此則有待於專家為之。

無論至於何處，遇男或女，貴人及奴婢，我之唯一目的，為病家謀幸福，並檢點吾身，不作各種害人及惡劣行為，尤不作誘姦之事。凡我所見所聞，無論有無業務關係，我認為應守祕密者，我願保守祕密。尚使我嚴守上述誓言時，請求神祇讓我生命與醫術能得無上光榮，我苟違誓，天地鬼神實共殛之。

13
德謨克利特（西元前 460 年－西元前 370 年）

能讓蠢人學會一點東西的，並不是言辭，而是厄運。

德謨克利特（Democritus），出生在色雷斯海濱的阿布德拉的商業城市，古希臘偉大的唯物主義哲學家，原子唯物論學說的創始人之一（率先提出原子論：萬物由原子構成）。他在哲學、邏輯學、物理學、數學、天文學、動植物學、醫學、心理學、倫理學、教育學、修辭學、軍事、藝術等方面都有所建樹。他認為，萬物的本原是原子和虛空。原子是不可再分的物質微粒，虛空是原子運動的場所。人們的認識是從事物中流射出來的原子形成的「影像」作用於人們的感官與心靈而產生的。在倫理觀上，他強調幸福論，主張道德的標準就是快樂和幸福。

德謨克利特先在雅典學習哲學，後來又到埃及、巴比倫、印度等地遊歷，前後長達十幾年。他在埃及居住了五年，向那裡的數學家學了三年幾何。他曾在尼羅河的上游逗留，研究過那裡的灌溉系統。在巴比倫，他向僧侶學習如何觀察星辰，推算日食發生的時間。他漫遊了希臘各地，渡過地中海，到達埃及、紅海、巴比倫平原等國家和地區，往南一直到達衣索比亞，往東到達印度，還在波斯結識了眾多星相家。外出遊學花費了父親留給他的絕大部分財產。他又整天寫著「荒誕」的文章，在花園裡解剖動物的屍體，以致族中有人認為他發了瘋。他無所不學、

無所不問。

德謨克利特還提出了他的天體演化學說，即在一部分原子由於碰撞等原因形成的一個原始漩渦運動中，較大的原子被趕到漩渦的中心，較小的被趕到外圍。中心的大原子相互聚集形成球狀結合體，即地球，較小的水、氣、火原子則在空間作環繞地球的旋轉運動。地球外面的原子由於旋轉而變得乾燥，最後燃燒起來，變成各個天體。

德謨克利特發展了留基伯（Leucippus）的學說，他的原子論後來又被伊壁鳩魯和盧克萊修（Titus Lucretius Carus）所繼承，而後被道耳頓所發展，從而形成了近代的科學原子論。但是，他在繼承留基伯的原子說時，也延續了留基伯原子不可分的思想，從而留下了永久的遺憾。

在德謨克利特之前，哲學和美學大都建立在研究大自然之上（前蘇格拉底時代）。而他，卻轉向社會和人。他的原子理論雖然存在錯誤和不完善，但對後世物質理論的形成仍具有先導作用。即使在今天德謨克利特的學說仍在發揮作用，可以說沒有他就沒有現代自然科學。

德謨克利特提出了圓錐體、稜錐體、球體等體積的計算方法。他對邏輯學的發展也做出了重要的貢獻。德謨克利特的著作涉及自然哲學、邏輯學、認識論、倫理學、心理學、政治、法律、天文、地理、生物和醫學等許多方面，據說一共有 52 種之多，遺憾的是今天大多數已散失或只剩下零散的殘篇了。馬克思（Karl Marx）和恩格斯讚美他是古希臘人中「第一個百科全書式的學者」。著有《宇宙大系統》（*the Great World System*）、《宇宙小系統》（*the Little World System*）、《論荷馬》（*On Homer*）、《節奏與和諧》（*On the Rhythms and Harmony*）、《論音樂》（*On Song*）、《論詩的美》（*On the Beauty of Verses*）、《論繪畫》（*On Painting*）等。

▌德謨克利特語錄

(1) 別讓你的舌頭搶先於你的思考。

(2) 只願說而不願聽，是貪婪的一種形式。

(3) 不要企圖無所不知，否則你將一無所知。

(4) 醫學治好身體的毛病，哲學解除靈魂的煩惱。

(5) 能使愚蠢的人學會一點東西的，並不是言辭，而是厄運。

(6) 智慧有三果：一是思考周到，二是語言得當，三是行為公正。

(7) 身體的美，若不與聰明才智相結合，就是某種動物性的東西。

(8) 看上去像而事實上卻不是朋友，看上去不像的卻往往是朋友。

(9) 要留心，即使當你獨白一人時，也不要說壞話或做壞事，而要學得在你自己面前比在別人面前更知恥。

14
默冬（約西元前 450 年－？）

首設 19 年置 7 閏。

> 默冬（Meton），古希臘雅典人，天文學家。在西元前 432 年的古代奧林匹克運動會上宣布發現 19 年的週期。由採用 19 年置 7 閏，其太陰月是一個整數，所以這個週期可以很方便地用來調整曆法。

其實在當時美索不達米亞的居民已經知道這種週期，並且作為他們自己標準的曆法週期，但是這並沒有為古希臘人所採用。

蘇美的曆法以月亮的盈虧週期作為計時標準，屬於太陰曆。大約在西元前 2000 年蘇美的曆法中，一年被定為 354 天，12 個月。還分大小月，大月 30 天，小月 29 日，大小月相間。為了解決曆法和實際的天文觀測之間的誤差，也使用置閏的方法。古代最合理的置閏方法是默冬章，即 19 年置 7 閏的規則，是由古希臘天文學家默冬在西元前 432 年提出的。兩河流域在很長一段時間裡，沒有固定的置閏規律，往往是國王根據情況隨時決定，替安排生產帶來了極大的不便。到西元前 6 世紀末，他們摸索出了固定的置閏規則，起先是 8 年 3 閏，隨後是 27 年 10 閏，最後於西元前 383 年定為 19 年 7 閏，與默冬章一致。

15
柏拉圖（西元前 427 年－西元前 347 年）

不懂幾何者，不得入內。

> 柏拉圖（Plato），古希臘偉大的哲學家，也是全部西方哲學乃至整個西方文化最偉大的哲學家和思想家之一。

他和老師蘇格拉底、學生亞里斯多德並稱為「古希臘三傑」。另有其創造或發展的概念包括：柏拉圖思想、柏拉圖主義、柏拉圖式愛情等。柏拉圖的主要作品為對話錄，其中絕大部分對話都有蘇格拉底出場。

除了荷馬之外，柏拉圖也受到了許多之前的作家和思想家的影響，包括畢達哥拉斯提出的「和諧」的概念，以及阿那克薩哥拉（Anaxagoras）教導蘇格拉底應該將心靈或理性作為判斷任何事情的根據；巴門尼德提出的聯結所有事物的理論也可能影響了柏拉圖對於靈魂的概念。

柏拉圖的原名為亞里斯多克勒斯（Aristocles），意思是取名恰當的（well-named），後來因為他強壯的身軀而被稱為柏拉圖（在希臘語中，Platus 一詞是平坦、寬闊的意思）。後來，柏拉圖的名字就被沿用下來。

西元前 399 年，蘇格拉底受審並被判死刑，柏拉圖對現存的政體完全失望，於是開始遊遍義大利、西西里島、埃及、昔蘭尼加等地以尋求知識。

柏拉圖是西方客觀唯心主義的創始人，其哲學體系博大精深，對其

教學思想影響尤甚。

柏拉圖指出：世界由「理念世界」和「現象世界」組成。理念的世界是真實存在的，永恆不變。人類感官所接觸到的這個現實的世界，只不過是理念世界的微弱的影子，它由現象所組成，而每種現象是因時空等因素而表現出暫時變動等特徵。由此出發，柏拉圖提出了一種理念論和回憶說的認識論，並將它作為其教學理論的哲學基礎。

在柏拉圖的《理想國》（*The Republic*）中，有一個著名的洞穴比喻來解釋理念論：有一群囚犯在一個洞穴中，他們手腳都被捆綁，無法轉身，只能背對著洞口。他們面前有一堵白牆，身後燃燒著一堆火。在那面白牆上他們看到了自己以及身後到火堆之間事物的影子，由於他們看不到任何其他東西，這群囚犯會以為影子就是真實的東西。最後，一個人掙脫了枷鎖，並且摸索出了洞口。他第一次看到了真實的事物。他返回洞穴並試圖向其他人解釋，那些影子其實只是虛幻的事物，並向他們指明光明的道路。但是對於那些囚犯來說，那個人似乎比他逃出去之前更加愚蠢，並向他宣稱，除了牆上的影子之外，世界上沒有其他東西了。

柏拉圖企圖使天文學成為數學的一部分。他認為：「天文學和幾何學一樣，可以靠提出問題和解決問題來研究，而不用去管天上的星界。」柏拉圖認為宇宙最初是沒有區別的一片混沌，這片混沌的開闢是一個超自然的神活動的結果。

柏拉圖的宇宙觀基本上是一種數學的宇宙觀。他設想宇宙最初有兩種直角三角形，一種是正方形的一半，另一種是等邊三角形的一半。從這些三角形就合理地產生出四種正多面體，這就組成四種元素的微粒。火微粒是正四面體，氣微粒是正八面體，水微粒是正二十面體，土微粒是立方體。第五種正多面體是由正五邊形形成的十二面體，這是組成天

上物質的第五種元素，稱為以太。整個宇宙是一個圓球，因為圓球是對稱和完善的，球面上的任何一點都是一樣的。宇宙也是活的，運動的，有一個靈魂充溢全部空間。宇宙的運動是一種環行運動，因為圓周運動是最完善的，不需要手或腳來推動。四大元素中每一種元素在宇宙內的數量是這樣的：火對氣的比例等於氣對水的比例和水對土的比例。萬物都可以用一個數目來定名，這個數目就是表現它們所含元素的比例。

　　柏拉圖才思敏捷，研究廣泛，著述頗豐。以他的名義流傳下來的著作有 40 多篇，另有 13 封書信。柏拉圖的主要哲學思想都是透過對話的形式記載下來的。在柏拉圖的對話中，有很多是以蘇格拉底之名進行的談話，因此人們很難區分哪些是蘇格拉底的思想，哪些是柏拉圖的思想。經過後世一代代學者艱苦細膩的考證，其中有 24 篇著作和 4 封書信被確定為真品。

　　柏拉圖的著作中，人物性格鮮明，場景生動有趣，語言優美華麗，論證嚴密仔細，內容豐富深刻，達到了哲學與文學、邏輯與修辭的高度統一，不僅在哲學上而且在文學上亦具有極其重要的意義和價值。

▌柏拉圖語錄

　　(1) 美是一種自然優勢。

　　(2) 真理可能在少數人一邊。

　　(3) 開始是工作的最重要部分。

　　(4) 思想永遠是宇宙的統治者。

　　(5) 尊重人不應勝於尊重真理。

　　(6) 耐心是一切聰明才智的基礎。

（7）意志不純正，則學識足以為害。

（8）美具有引人向善的作用和力量。

（9）無論如何困難，不可求人憐憫！

（10）我們若憑信仰而戰鬥，就有雙重的武裝。

（11）我一息尚存而力所能及，總不會放棄愛智之學。

（12）凡勇敢、克制、公正，比諸真德皆唯依智慧而立。

▎柏拉圖學院

　　柏拉圖學院，又稱柏拉圖學園（Plato Academy）。西元前 399 年，蘇格拉底受審並被判死刑，柏拉圖逃往梅拉臘避難。後來他到各地遊歷，包括西西里島、義大利、埃及等地。西元前 387 年，柏拉圖回到雅典。在朋友的幫助下，柏拉圖在雅典西北郊外購置了一片土地，辦起了一所學校。學校坐落在美麗的克菲索河邊，兩岸林木茂密，婀娜多姿，學校的建築和雕塑就掩映在一叢叢綠色的林蔭深處。為紀念當地一名叫阿卡德摩斯（Akademos）的戰鬥英雄，學校命名為阿卡德摩斯學園，習慣上稱之為柏拉圖學院。由柏拉圖創辦於西元前 385 年左右，以後歷代相傳，至西元 529 年被查士丁尼一世（Justinianus I）封閉為止，前後延續了將近千年之久。柏拉圖學院的兩個根本點為開放性的研討學風和以數學為最重要的研究對象。柏拉圖學院中最傑出的學員當數亞里斯多德，但柏拉圖學院的繼任者為柏拉圖的姪兒斯珀西波斯（Speusippus）。

　　柏拉圖學院繼承了畢達哥拉斯的傳統，對於數學極為重視，因而學院研討也以數學為主。柏拉圖在學院的門楣上銘刻了「不習幾何者不得入內」這一警句。數學並不是柏拉圖本人之所長，也不是柏拉圖最感興

趣的理念哲學。但這並不是很嚴重的問題，重要的是柏拉圖樹立了公開研討的學風。

　　柏拉圖學院為學術研究奠定了一種風範，深刻地影響了後來的呂刻昂學園、亞歷山大學宮，以及智慧之家。這些後來者無論在理念上、制度上，還是學術重心上，都有意識地模仿了柏拉圖學院。就柏拉圖學院對於科學的影響而言，最重要的時間在於其最初的百年之間，也就是柏拉圖學院在數學上最為活躍的時期。

16
第歐根尼（西元前 412 年－西元前 323 年）

讓開，你擋住了我的陽光。

第歐根尼（Diogenēs），古希臘哲學家，出生於銀行家家庭，犬儒學派的代表人物。活躍於西元前 4 世紀，生於錫諾普（現屬土耳其），卒於科林斯。他的真實生平難以考據，但留下了大量關於他的傳聞軼事。

他認為除了自然的需求必須滿足外，其他的任何東西，包括社會生活和文化生活，都是不自然的、無足輕重的。他強調禁慾主義的自我滿足，鼓勵放棄舒適環境。作為一個苦行主義的身體力行者，他居住在一個木桶內，過著乞丐一樣的生活。每天白天他都會打著燈籠在街上「尋找誠實的人」。第歐根尼揭露大多數傳統的標準和信條的虛偽性，號召人們恢復簡樸自然的理想生活狀態。後來他師承蘇格拉底的弟子安提西尼（Antistene），以身作則發揚了老師的「犬儒哲學」，試圖顛覆一切傳統價值。他從不介意別人稱呼他為「狗」，他甚至高呼「像狗一樣活著」。人們把他們的哲學叫做「犬儒主義」（Cynicism）。他的哲學思想為古希臘崇尚簡樸的生活理想奠定了基礎。

西元前 4 世紀，其他偉大的哲學家如柏拉圖和亞里斯多德，他們主要是在自己的私塾裡教學。但對第歐根尼來說，實驗室和標本，大課堂和學生，這些都存在於芸芸眾生中間。因此他決定住在雅典或科林斯，

那裡來自地中海一帶的遊客絡繹不絕。他故意在大庭廣眾面前這樣做，目的是向世人展示什麼是真正的生活。

第歐根尼不是瘋子，他是一個哲學家，透過戲劇、詩歌和散文的創作來闡述他的學說；他向那些願意傾聽的人傳道；他擁有一批崇拜他的門徒。他言傳身教地進行簡單明瞭的教學。他說，所謂自然的就是正常的而不可能是罪惡的或可恥的。拋開那些造作虛偽的習俗，擺脫那些繁文縟節和奢侈享受：只有這樣，你才能過自由的生活。富有的人認為他占有寬敞的房子、華貴的衣服，還有馬匹、僕人和銀行存款。其實並非如此，他依賴它們，他得為這些東西操心，把一生的大部分精力都耗費在這上面。它們支配著他，他是它們的奴隸。為了攫取這些虛假浮華的東西，他出賣了自己的獨立性，這唯一真實長久的東西。

據說第歐根尼住在一個木桶裡，所擁有的所有財產包括這個木桶、一件斗篷、一支棍子和一個麵包袋。

他就這樣生活著 —— 像一隻狗，有些人這樣說，因為他全然不顧社會規範，而且還朝他所鄙視的人呲嘴叫喊。此刻他正躺在陽光下，心滿意足，樂也悠悠，比波斯國王還要快活（他常這樣自我吹噓）。

年輕的亞歷山大大帝（Alexander the Great）耳聞第歐根尼的種種傳說，決意拜訪第歐根尼。他知道他將有貴客來訪，但仍然無動於衷。

亞歷山大相貌英俊，眼光炯炯有神，一副強健的身軀，披著帶金的紫色斗篷，器宇軒昂，胸有成竹，他穿過兩邊閃開的人群走向「狗窩」。他走近的時候，所有的人都肅然起敬。第歐根尼只是一肘支著坐起來。

一陣沉默。亞歷山大先開口致以和藹的問候。打量著躺在地上的那個粗陋邋遢的形象，他說：「第歐根尼，我能幫你什麼忙嗎？」

「能，」第歐根尼說，「請讓開，你擋住了我的陽光。」

一陣驚愕的沉默。慢慢地，亞歷山大轉過身，他對著身邊的人平靜地說：「假如我不是亞歷山大，我一定做第歐根尼。」

17
歐多克索斯（西元前 408 年－西元前 355 年）

微積分的開山鼻祖。

> 歐多克索斯（Eudoxus），希臘古典時期僅次於阿基米德的偉大數學家，西元前 408 年出生於小亞細亞的尼多斯，曾到埃及留學，並在那裡學到一些天文學知識，然後在北小亞細亞的基齊庫斯建立學校。

大約在西元前 368 年，他和他的門人加入柏拉圖學派。幾午之後，他回到尼多斯，並於西元前 355 年逝於此。

他身兼天文學家、物理學家、幾何學家、地理學家和議員，最著名的是他確立了天文學上關於天體運行的第一個理論。而他對於數學的偉大貢獻，則是確立了關於比例的新理論。

由於無理數的發現越來越多，使得古希臘人被迫面對它們。當時只有在幾何學的討論中，無理數才會出現，而正整數及其比值在幾何學及一般關於量的討論中屢見不鮮，使得人們懷疑無理數是否為真正的數？尤其甚者，一些涉及長度、面積、體積為有理數的證明，要如何拓展到無理數呢？

歐多克索斯介紹了量的觀念，它並非數，卻能代表諸如線段、角、面積、體積、時間等這些能作連續變化的東西。其次，歐多克索斯定義

量的比及比例，這種比例是兩個比的一個等式，可以涵蓋可公度量（相當於有理量）和不可公度量（相當於無理量）之比；也不使用數字來表示這種比，比和比例的觀念緊密地與幾何連在一起。

　　歐多克索斯的成就在於盡量避免賦予數值予線段長、角大小、其他的量以及量的比，而迴避無理數。歐多克索斯這樣的理論，提供了無理數所必需的邏輯基礎，使得古希臘數學家們在幾何方面獲得突破性的進展。不過也因此使得數目和幾何學分家，因為只有幾何才能處理無理數。這樣的結果將數學家局限為幾何學家，使幾何學幾乎成為所有嚴密數學的基礎達 200 年之久。

　　除此之外，古希臘人利用現在的逼近法計算曲線形或曲面體的面積或體積的念頭也是由歐多克索斯引起的。憑藉逼近法，歐多克索斯證明了：兩圓面積之比等於半徑平方之比；球體的體積之比等於半徑的立方比；角錐、圓錐體積為同底等高柱體的 3 分之 1。另外我們要注意的是，逼近法乃是微積分的基石，因此也有人說他是微積分的開山祖師。

18
甘德（西元前 400 年－西元前 360 年）

可稱中國天文第一家。

甘德，戰國時齊國人（一說楚國或魯國），先秦時期著名的天文學家，是世界上最古老星表的編製者和木星、衛星的最早發現者。他著有《天文星占》8 卷、《歲星經》等。後人把他與石申夫（約西元前 4 世紀）各自寫出的天文學著作結合起來，稱為《甘石星經》，是現存世界上最早的天文學著作。這些著作的內容多已失傳，僅有部分文字為《唐開元占經》等典籍引錄，從中可以窺知甘德在恆星區劃命名、行星觀測與研究等方面的貢獻。

甘德和石申夫等都建立了各不相同的全天恆星區劃命名系統，其方法是依次給出某星官 [004] 的名稱與星數，再指出該星官與另一星官的相對位置，從而對全天恆星的分布、位置等予以定性的描述。三國時陳卓總結甘德、石申夫和巫咸三家星官，得到中國古代經典的 283 星官 1,464 星的星官系統，其中取用甘氏星官者 146 座（包括 28 宿在內），可見甘德對全天恆星區劃命名的工作對後世產生了很大的影響。有跡象顯示，甘德還曾對若干恆星的位置進行過定量的測量，可惜其結果大多淹沒不存。

---

[004] 星官，是古代中國神話和天文學結合的產物。古代中國天文學家為了便於認星和觀測，把若干顆恆星組成一組，每組用地上的一種事物命名（如紫微），這一組就稱為一個星官，簡稱一官。唐宋後也有稱之為一座的。但這種星座並不包含星空區劃的含義，與現今所說的星座概念有所不同。

甘德對行星運動也進行了長期的觀測和定量的研究。他發現了火星和金星的逆行現象，他指出「去而復還為勾」「再勾為巳」，把行星從順行到逆行、再到順行的視運動軌跡十分具象地描述為「巳」字形。甘德還建立了行星會合週期（接連兩次晨見東方的時間間距）的概念，並且測得木星、金星和水星會合週期值分別為 400 日（應為 398.9 日）、587.25 日（應為 583.9 日）和 136 日（應為 115.9 日）。他還給出了木星和水星在一個會合週期內見、伏的日數，更給出金星在一個會合週期內順行、逆行和伏的日數，而且指出在不同的會合週期中金星順行、逆行和伏的日數可能會在一定幅度內變化。雖然甘德的這些定量描述還相當粗疏，但它們卻為後世傳統的行星位置計算法奠定了基礎。依據唐朝《開元占經》引錄甘德論及木星時所說「若有小赤星附於其側」等語，有人認為甘德在伽利略之前近 2,000 年就已經用肉眼觀測到木星最亮的衛星：木衛二。若慮及甘德著有關於木星的專著《歲星經》，甘德確實是當時認真觀測木星和研究木星的名家，且木衛二在一定的條件下確有可能憑肉眼觀測到，則這一推測大約是可信的。甘德還以占星家聞名，是在當時和對後世都產生重大影響的甘氏占星流派的創始人，他的天文學貢獻與其占星活動是相輔相成的。

甘氏四七法

甘氏歲星法即甘氏四七法。為什麼叫「四七法」？「四七法」是天文學上歲星紀年法的一種，所謂「四七」，就是以二十八星宿來測量日月等天體運動方位的方法。《甘石四七法》所列的二十八宿由於原書散佚，只能從其他史籍所載去認識。據《開元占經・歲星占》、《史記・天官書》和《律書》記載，二十八宿的方位和星名是東方七宿：角、亢、氐、房、

心、尾、箕。北方七宿：斗、牛、女、虛、危、室、壁。西方七星：奎、婁、胃、昴、畢、觜、參。南方七星：井、鬼、柳、星、張、翼、軫。

恆星的觀測

據《玉海》引《贛象新書》說：「甘德中官星五十九座，共二百一星，平道至謁者；外官三十九座，共二百九星，天門至青上；紫微恆星二十座，共一百一星。共計一百一十八座，五百一十一星。」甘氏對恆星的發現，因為原著已佚，無法考證。不過，從這個數字看，甘德在沒有精密儀器可用，基本上僅憑肉眼觀測的情況下，有如此發現，已經是夠驚人的了。據說，甘德製作的恆星表是世界上最古老的。

行星運動研究

甘德對行星運動的研究也獲得了劃時代的成就。尤其對金、木、水、火、土五星的運行，有獨到發現。甘德推算出木星的回合週期為 400 天整，比準確數值 398.88 天僅差 1.12 天；還了解到木星運動有快有慢，經常偏離黃道南北，代表了戰國時期木星研究的先進水準。甘德推算出水星的回合週期是 136 日，比實際數值 115 日誤差了 21 日，這個誤差雖大，但甘氏初步認識了水星運動的狀態和見伏行程的四個階段，說明甘氏已基本掌握了水星的運行規律。

歲星紀年法

在曆法方面，甘氏的歲星紀年法獨樹一幟，尤其是以 12 年為週期的治、亂、豐、欠、水、旱等預報方法。甘氏歲星法的特點是不用太歲、

太陰和歲陰名稱，而用攝提格稱之。

　　甘氏說的攝提格既是其歲星紀年中的第一年歲名，又是用以紀歲的一種象徵物。在其歲星紀年中第一、第二年用「攝提格」，第三年以後則皆用「攝提」。其攝提格之名大概是由於攝提轉化而來。攝提格是星名，在大角星附近斗杓所指的延長線上。古人用它與斗杓配合以確定季節。「攝提格」的「格」，《史記集解》說是「至」的意思，「言攝提格隨月建至，故云也。」甘德的天文學貢獻，與其他各家相比，在戰國時期是最大的。

19
亞里斯多德（西元前 384 年－西元前 322 年）

最後聚在一起的，是羽毛相同的鳥。

> 　　亞里斯多德（Aristotle），出生於色雷斯的斯塔基拉，這座城市是希臘的一個殖民地，與正在興起的馬其頓相鄰。他的父親是馬其頓國王阿明塔斯二世（Amyntas II of Macedon）的宮廷御醫，從他的家庭情況看，他屬於奴隸主階級中的中產階層。17 歲時，他赴雅典在柏拉圖學院就讀達 20 年，直到柏拉圖去世後方才離開。也許是受父親的影響，亞里斯多德對生物學和實證科學饒有興趣；而在柏拉圖的影響下，他又對哲學推理發生了興趣。西元前 347 年，柏拉圖去世，亞里斯多德在雅典繼續待了兩年。由於學院的新領導者比較贊同柏拉圖哲學中的數學傾向，令亞里斯多德無法忍受，便離開了雅典。此後，他開始遊歷各地。

　　離開學院後，亞里斯多德先是接受了先前的學友赫米阿斯（Hermias of Atarneus）的邀請訪問小亞細亞。赫米阿斯當時是小亞細亞沿岸的密細亞統治者。亞里斯多德在那裡還娶了赫米阿斯的姪女為妻。但在西元前 344 年，赫米阿斯在一次暴動中被謀殺，亞里斯多德不得不離開小亞細亞，和家人一起到了米提利尼。

　　西元前 343 年，亞里斯多德又被馬其頓的國王腓力二世（Philip II of Macedon）召喚回故鄉，受國王腓力二世的聘請，擔任起當時年僅 13 歲

的亞歷山大的老師。當時，亞里斯多德 41 歲。根據古希臘著名傳記作家普魯塔克（Plutarch）的記載，亞里斯多德對這位未來的世界領袖灌輸了道德、政治以及哲學的教育。同時，亞里斯多德也運用自己的影響力，對亞歷山大大帝的思想產生了重要的影響。正是在亞里斯多德的影響下，亞歷山大大帝始終對科學事業非常關心，對知識十分尊重。

西元前 335 年腓力二世去世，亞里斯多德又回到雅典，並在那裡建立了自己的學校。學校的名字（Lyceum）以阿波羅神殿附近的殺狼者（呂刻俄斯）命名。在此期間，亞里斯多德邊講課，邊撰寫了多部哲學著作。亞里斯多德講課時有一個習慣，邊講課，邊漫步於走廊和花園，正因如此，學園的哲學被稱為「逍遙的哲學」或者是「漫步的哲學」。亞里斯多德在這期間也有很多著作，主要是關於自然科學和哲學，而使用的語言也要比柏拉圖的《對話錄》晦澀許多。他的作品很多是以講課的筆記為基礎，有些甚至是他學生的課堂筆記。因此有人將亞里斯多德看作是西方的第一個教科書作者。

西元前 322 年，亞里斯多德因身染重病離開人世，終年 62 歲。去世的原因可能是多年累積的疾病造成的，同時還存在他被毒死，或者由於無法解釋潮汐現象而跳海自殺致死的猜測。

亞里斯多德的著作論述過力學問題。他已經具有正交情況下合成力的平行四邊形的概念。他解釋槓桿理論說：距支點較遠的力更易移動重物，因為它畫出一個較大的圓。他把槓桿端點重物的運動分解為切向的（他稱為「合乎自然的」）運動和法向的（「違反自然的」）運動。亞里斯多德關於落體運動的觀點是：「體積相等的兩個物體，較重的下落得較快」，他甚至說，物體下落的快慢精確地與它們的重量成正比。這個錯誤觀點對後世影響頗大，後來伽利略不僅從理論上說明，而且用實驗證實了亞

里斯多德的錯誤。

亞里斯多德認為地球上的物質由土、水、氣、火四大元素組成，其中每種元素都代表四種基本特性（乾、溼、冷、熱）中兩種特性的組合：土＝乾＋冷，水＝溼＋冷，氣＝溼＋熱，火＝乾＋熱。而天體由第五種元素「以太」構成。

亞里斯多德的動力學思想：每個物體都有它的天然位置。自然運動是物體回歸自己天然位置的運動；強迫運動是物體離開自己天然位置的運動。力與運動的關係為物體的自然運動不需要外力；物體的強迫運動必須在外力作用下才能產生。在落體運動中，重物下落、輕物上升是自然運動，不需要外力。重物的天然位置在下方，當重物下落時，它奔向自己的天然位置，離地面越近，奔向自己天然位置的趨勢越強烈，因此越落越快。

直到 17 世紀，才被牛頓指出亞里斯多德關於運動的謬誤，指出「力不是保持物體運動的直接原因，力只能改變物體的運動狀態」。可以說，在牛頓經典力學體系的大廈沒有建造起來之前，整個西方世界都被亞里斯多德的物理學統治著。一直到伽利略，才開始建立正確的力學學說。另外，亞里斯多德又認為較重物體的下墜速度會比較輕物體的快，這個錯誤觀點直到 16 世紀，伽利略從比薩斜塔上擲下兩個不同重量圓球的實驗才被推翻。

在光學上，亞里斯多德認為白光是一種再純不過的光，而平常我們所見到的各種顏色的光是因為某種原因而發生變化的，是不純淨的，直到 17 世紀大家對這一結論仍堅信不疑。為了驗證這一觀點，牛頓把一個三稜鏡放在陽光下，陽光經過三稜鏡後形成了紅、橙、黃、綠、藍、靛、紫七種顏色組成的光帶照射在光屏上，牛頓得到了跟人們原先一直

認為正確的觀點完全相反的結論：白光是由這七種顏色的單色光組成的，這七種單色光才是純淨的。

亞里斯多德是百科全書式的，他幾乎對他所處時代的每個學科都作出了重大的貢獻，所從事的學術研究涉及邏輯學、修辭學、物理學、生物學、教育學、心理學、政治學、經濟學、美學、博物學等。亞里斯多德同時又是古希臘的一個轉捩點。在他以前，幾乎所有的大師都力求提出一個完整的世界體系來解釋自然現象，他是最後一個提出完整世界體系的人。在他以後的大師均放棄了提出完整體系的企圖，轉入研究具體問題。

▌亞里斯多德語錄

(1)幸福就是至善。

(2)幸福屬於滿足的人們。

(3)只有戰爭才能帶來和平。

(4)吾愛吾師，吾更愛真理。

(5)法律是沒有激情的理性。

(6)人類是天生社會性動物。

(7)羽毛相同的鳥，自會聚在一起。

(8)事業是理念和實踐的生動統一。

(9)謊言自有理由，真實則無緣無故。

(10)教育的根是苦的，但其果實是甜的。

20
孟子（西元前 372 年－西元前 289 年）

天將降大任於是人也，必先苦其心志，勞其筋骨，餓其體膚，空乏其身。

> 孟子，姬姓孟氏，名軻，字號不詳，戰國時期鄒國人。著名哲學家、思想家、政治家和教育家，儒家學派的代表人物之一，地位僅次於孔子，與孔子並稱「孔孟」。

據《史記》記載孟子有著述七篇傳世，宣揚「仁政」，最早提出「民為貴，社稷次之，君為輕」的思想，推崇「易子而教」的傳統教育方法。留有孟子受教、斷織喻學、殺豚不欺子、始作俑者、五十步笑百步、一曝十寒等軼事典故。

得道多助，失道寡助

天時不如地利，地利不如人和。三里之城，七里之郭，環而攻之而不勝。夫環而攻之，必有得天時者矣，然而不勝者，是天時不如地利也。城非不高也，池非不深也，兵革非不堅利也，米粟非不多也，委而去之，是地利不如人和也。故曰，域民不以封疆之界，固國不以山溪之險，威天下不以兵革之利。得道者多助，失道者寡助。寡助之至，親戚畔之。多助之至，天下順之。以天下之所順，攻親戚之所畔，故君子有不戰，戰必勝矣。

魚我所欲也

魚，我所欲也；熊掌，亦我所欲也。二者不可得兼，捨魚而取熊掌者也。生，亦我所欲也；義，亦我所欲也。二者不可得兼，捨生而取義者也。生亦我所欲，所欲有甚於生者，故不為苟得也；死亦我所惡，所惡有甚於死者，故患有所不辟也。如使人之所欲莫甚於生，則凡可以得生者何不用也？使人之所惡莫甚於死者，則凡可以辟患者何不為也？由是則生而有不用也，由是則可以辟患而有不為也。是故所欲有甚於生者，所惡有甚於死者。非獨賢者有是心也，人皆有之，賢者能勿喪耳。

一簞食，一豆羹

得之則生，弗得則死。呼爾而與之，行道之人弗受；蹴爾而與之，乞人不屑也。萬鍾則不辯禮義而受之，萬鍾於我何加焉！為宮室之美，妻妾之奉，所識窮乏者得我與？鄉為身死而不受，今為宮室之美為之；鄉為身死而不受，今為妻妾之奉為之；鄉為身死而不受，今為所識窮乏者得我而為之：是亦不可以已乎？此之謂失其本心。

王顧左右而言他

孟子謂齊宣王曰：「王之臣，有託其妻子於其友而之楚遊者。比其反也，則凍餒其妻子，則如之何？」王曰：「棄之。」曰：「士師不能治士，則如之何？」王曰：「已之。」曰：「四境之內不治，則如之何？」王顧左右而言他。

生於憂患，死於安樂

舜發於畎畝之中，傅說舉於版築之間，膠鬲舉於魚鹽之中，管夷吾舉於士，孫叔敖舉於海，百里奚舉於市。

故天將降大任於是人也，必先苦其心志，勞其筋骨，餓其體膚，空乏其身，行拂亂其所為，所以動心忍性，曾益其所不能。人恆過，然後能改；困於心，衡於慮，而後作；徵於色，發於聲，而後喻。入則無法家拂士，出則無敵國外患者，國恆亡。然後知生於憂患而死於安樂也。

孟子諫鄒穆公

鄒與魯鬨。穆公問曰：「吾有司死者三十三人，而民莫之死也。誅之，則不可勝誅；不誅，則疾視其長上之死而不救。如之何則可？」孟子對曰：「凶年饑歲，君之民，老弱轉乎溝壑，壯者散而之四方者，幾千人矣！而君之倉廩實，府庫充，有司莫以告，是上慢而殘下也。曾子曰：『戒之！戒之！出乎爾者，反乎爾者也。』夫民，今而後得反之也。君無尤焉！君行仁政，斯民親其上，死其長矣。」

▌孟子語錄

(1)仁者無敵。

(2)我善養吾浩然之氣。

(3)友也者，友其德也。

(4)人之患在好為人師。

(5)出於其類，拔乎其萃。

(6)出乎爾者，反乎爾者也。

(7)不以規矩，不能成方圓。

(8)當今之世，捨我其誰也？

(9)仰不愧於天，俯不怍於人。

(10)言人之不善，當如後患何？

(11)盡信《書》，則不如無《書》。

(12)窮則獨善其身，達則兼濟天下。

(13)得天下英才而教育之，三樂也。

(14)天時不如地利，地利不如人和。

▍中國古代四大賢母

　　孟母（孟母三遷）、陶母（陶母拒魚）、歐母（歐母畫荻）、岳母（岳母刺字）。

21
莊子（西元前 369 年－西元前 286 年）

漆園傲吏：天人合一，無為清靜、道法自然。判天地之美，析萬物之理。

莊子，姓莊，名周，字子休（亦說子沐），春秋時期宋國蒙人，先祖是宋國君主宋戴公。東周戰國中期著名的思想家、哲學家和文學家。創立了華夏重要的哲學學派 ── 莊學，是繼老子之後，戰國時期道家學派的代表人物。

在諸子百家中，很少有像莊子般超脫的。多數人都遊說各國國君採用自己的主張，謀個職位，以實現政治抱負。像孔子、孟子周遊列國，四處求職；惠子為魏相，孫子拜吳將，吳起甚至弒妻求將。然而莊子卻拒絕楚威王相位邀請，這在整個中國歷史上也不多見。

莊子因崇尚自由而不應楚威王之聘，生平只做過宋國地方的漆園吏，史稱「漆園傲吏」，被譽為地方官吏之楷模。莊子最早提出「內聖外王」的思想，對儒家影響深遠。莊子洞悉易理，深刻指出「《易》以道陰陽」；莊子「三籟」思想與《易經》三才之道相合。他的代表作品為《莊子》，其中的名篇有〈逍遙遊〉、〈齊物論〉等。其與老子齊名，稱為老莊。

莊子的想像力極為豐富，語言運用自如，靈活多變，能把一些微妙難言的哲理說得引人入勝。他的作品被人稱為「文學的哲學，哲學的文

學」。莊子的散文在先秦諸子中獨具風格，大量虛構並採用寓言故事，想像奇特，形象生動。此外，他還善於運用各種譬喻，活潑風趣，睿智深刻。其文章隨意流出，汪洋恣肆，奇趣橫生。整體來說，莊子散文極具浪漫主義風格，在古代散文中罕有其比，贏得無數文人學士的仰慕。

莊子一生著述十餘萬言，書名《莊子》。這部著作的出現，象徵著在戰國時代，中國的哲學思想和文學語言已經發展到非常玄遠、高深的水準，是中國古代典籍中的瑰寶。因此，莊子不但是中國哲學史上一位著名的思想家，同時也是中國文學史上一位傑出的文學家。無論在哲學思想方面，還是文學語言方面，他都給予了中國歷代的思想家和文學家深刻的、重大的影響，在中國思想史、文學史上都有極重要的地位。

莊子在哲學上繼承和發展了老子的思想，認為「道」是客觀真實的存在，把「道」視為宇宙萬物的本源。他說大道的真髓、精華用以修身，餘緒用以治理國家，糟粕用以教化天下。又說不要為了人工而毀滅天然，不要為了世故去毀滅性命，不要為了貪得去身殉名利，謹守天道而不離失，這就是返璞歸真。

他繼承和發展了老子「道法自然」的觀點，認為「道」是無限的、「自本子根」「無所不在」的，強調事物的自生自化，否認有神的主宰。提出「通天下一氣耳」和「人之生氣之聚也，聚則為生，散則為死」。他的思想包含著樸素辯證法因素。他認為「道」是「先天生地」的，從「道未始封」（即「道」是無界限差別的）。他看到一切事物都處在「無動而不變，無時而不移」中，卻忽視了物質的穩定性和差別性，認為「天下莫大於秋毫之末，而泰山為小；莫壽乎殤子，而彭祖為夭」。

莊子認為人活在世上須曠達、處之泰然，如「遊於羿之彀中，中央者，中地也；然而不中者，命也」（《內篇·德充符》）。羿，「古之善射

者，夫利害相攻則天下皆羿也」，縠指利害得失，「故免乎弓矢之害者，自以為巧，欣然多己，及至不免，則自恨其謬而志傷神辱，斯未能達命之情者也」，中與不中而「知不可奈何而安之若命，唯有德者能之」（《內篇・德充符》）。對於君主的殘暴，莊子一再強調「回聞衛君，其年壯，其行獨；輕用其國，而不見其過；輕用民死，死者以國量乎澤若蕉，民其無如矣」。所以莊子不願去做官，因為他認為伴君如伴虎，只能「順」。「汝不知夫養虎者乎！不敢以生物與之，為其殺之之怒也；不敢以全物與之，為其決之之怒；時其飢飽，達其怒心。虎之與人異類而媚養己者，順也；故其殺者，逆也。」還要防止馬屁拍到馬腳上，「夫愛馬者，以筐盛矢，以蜄盛溺。適有蚊虻僕緣，而拊之不時，則缺銜毀首碎胸。」（《內篇・人間世》）伴君之難，可見一斑。莊子認為人生應該追求自由。

《莊子・養生主》：「吾生也有涯，而知也無涯，以有涯隨無涯，殆（危險）已！」從而他主張「保身全生」。

莊子和儒家、墨家有一點很大的不同，後者推崇聖人，而道家則反對推崇聖賢。老子說：「不尚賢，使民不爭。不貴難得之貨，使民不為盜。」「絕聖棄智，民利百倍；絕仁棄義，民復孝慈；絕巧棄利，盜賊無有。」

莊子主張「天人合一」和「清靜無為」。他的學說涵蓋著當時社會生活的各個方面，但精神還是皈依於老子的哲學。莊子生活貧窮困頓，卻鄙棄榮華富貴、權勢名利，力圖在亂世保持獨立的人格，追求逍遙無恃的精神自由。

莊子將死，弟子欲厚葬之。莊子曰：「吾以天地為棺槨，以日月為聯璧，星辰為珠璣，萬物為齎送。吾葬具豈不備邪？何以加此！」弟子曰：「吾恐烏鳶之食夫子也。」莊子曰：「在上為烏鳶食，在下為螻蟻食，奪彼與此，何其偏也。」（《雜篇・列禦寇》）

　　達觀與瀟灑的莊子為後世留下濠梁之辯、鵷得腐鼠、材與非材、莊周夢蝶、鼓盆而歌、東施效顰、邯鄲學步等成語。

《逍遙遊》

　　北冥有魚，其名為鯤。鯤之大，不知其幾千里也；化而為鳥，其名為鵬。鵬之背，不知其幾千里也；怒而飛，其翼若垂天之雲。是鳥也，海運則將徙於南冥。南冥者，天池也。《齊諧》者，志怪者也。《諧》之言曰：「鵬之徙於南冥也，水擊三千里，摶扶搖而上者九萬里，去以六月息者也。」野馬也，塵埃也，生物之以息相吹也……

《天地》

　　子貢南遊於楚，反於晉，過漢陰。見一丈人方將為圃畦，鑿隧而入井，抱甕而出灌，搰搰然用力甚多而見功寡。子貢曰：「有械於此，一日浸百畦，用力甚寡而見功多，夫子不欲乎？」為圃者仰而視之曰：「奈何？」曰：「鑿木為機，後重前輕，挈水若抽，數如泆湯，其名為槔。」為圃者忿然作色而笑曰：「吾聞之吾師，有機械者必有機事，有機事者必有機心。機心存於胸中則純白不備。純白不備則神生不定，神生不定者，道之所不載也。吾非不知，羞而不為也。」子貢瞞然慚，俯而不對……

22
色諾克拉底（約西元前365年－西元前314年）

物質是由不可分割的單位構成的。

> 色諾克拉底（Xenocrates），古希臘哲學家，柏拉圖的學生。繼斯珀西波斯任柏拉圖學院主持人（學院為柏拉圖於西元前385年左右創辦）。柏拉圖去世後，他和亞里斯多德一道離開雅典。西元前339年他當選為學院主持人時才返回，從此終生留在學院。

　　他的著作除若干片段外，均已無存。據亞里斯多德稱，他的學說與柏拉圖的學說相似，其中有一條是：一切現實事物都是從兩個對立原則「1」和無限定的「2」之間的互動作用「衍生」而來的。「多樣性」、罪惡和運動都是由「2」產生的，而統一、善和安定則來自於「1」。數和幾何學的量值被視為這種衍生的首要成果。他把全部現實分為三類：①可以感覺到的客體。②可以用真正的知識認識到的對象，比如柏拉圖的「理念」。③介乎上述兩類之間的天體，因而它們只是「判斷」的對象。這種三分法可以說明學院傾向的特點，即他們想在兩種傳統的認識方式（感性經驗的方式和透過智力的方式）之間搭上一座彌補空隙的橋梁。

　　他思想中的第二個三分法是神、人和「精靈」。精靈是半人半神，其中有的性善，有的性惡。他認為這些精靈具有一般民間宗教裡神的許多特點，而人們制定的祕儀就是為了撫慰邪惡的精靈。他的精靈論特別對早期的基督教作家有很大影響，這些作家把異教徒的神與邪惡的精靈

等同起來。有些人認為區別精神、軀體和靈魂的古典方法來自色諾克拉底，另一些人則認為來自斯多葛派哲學家波希多尼（Posidonius）。

色諾克拉底還被看成是原子學家，因為他認為物質是由不可分割的單位構成的。他認為強調數目在哲學中重要性的畢達哥拉斯是聲學中原子論觀點的創始人。他對哲學的一般看法也是三分法，將哲學分為邏輯學、物理學和倫理學。他聲稱哲學的產生是由於人們想解決自己的焦慮；認為幸福只是圓滿境界的獲得，而這種境界只有人才能達到。因此人只有與自己感到很自然的事物接觸，才有歡樂。

23
伊壁鳩魯（西元前 341 年－西元前 270 年）

西方第一個無神論哲學家。

> 伊壁鳩魯（Epicurus），古希臘哲學家、無神論者（被認為是西方第一個無神論哲學家），伊壁鳩魯學派的創始人。

伊壁鳩魯出生於薩摩斯，但父母都是雅典人。他在 18 歲時搬到雅典，之後曾去過小亞細亞，並在那裡受到德謨克利特哲學的影響。西元前 307 年開始在雅典建立了一個學派，這個學派在他去世之前一直在雅典活動。

傳說中該學派居於他的住房和庭院內，與外部世界完全隔絕，因此被人稱為「花園哲學家」。據說在庭院的入口處有一塊告示牌寫著：「陌生人，你將在此過著舒適的生活。在這裡享樂乃是至善之事。」

伊壁鳩魯的著作很多，但大都失傳，現僅留存下來三封信和一些殘稿。他繼承和發展了德謨克利特的原子論，既承認必然性又承認偶然性。伊壁鳩魯派宣揚無神論，認為人死魂滅，這是人類思想史上的一大進步，同時提倡尋求快樂和幸福。但他所主張的快樂絕非肉慾物質享受之樂，而是排除情感困擾後的心靈寧靜之樂。伊壁鳩魯衍生活簡樸而又節制，目的就是要抵制奢侈生活對一個人身心的侵蝕。

伊壁鳩魯認為快樂分積極的與消極的快樂，或動態的與靜態的快樂。動態的快樂在於獲得一種所願望的目的，而在這以前的願望是伴隨著痛苦的。靜態的快樂在於一種平衡狀態，它是那樣一種事物狀態存在的結果。當對飢餓的滿足在進行的時候，它就是一種動態的快樂；但是當飢餓已經完全滿足之後而出現的那種寂靜狀態就是一種靜態的快樂。

在這兩種快樂之中，伊壁鳩魯認為還是追求第二種更為審慎一些。因為它沒有摻雜別的東西，而且也不必依靠痛苦的存在作為對願望的一種刺激。當身體處於平衡狀態的時候，就沒有痛苦；所以我們應該追求平衡，追求安寧的快樂而不追求激烈的歡樂。看起來如果可能的話，伊壁鳩魯更願意永遠處於飲食有節的狀態，而不願處於大吃大喝的狀態。

他所理解的哲學乃是一種刻意追求幸福生活的實踐的體系，它只需要常識而不需要邏輯或數學或任何柏拉圖所擬定的精細的訓練。他極力規勸他一位年輕的弟子兼朋友「要逃避任何一種教化的形式」。所以他勸人躲避公共生活便是他這些原則的自然結果，因為與一個人所獲得的權勢成比例，嫉妒他因而想要傷害他的人數也就隨之增加。縱使他躲避了外來的災難，但內心的平靜在這種情況下也是不可能的。有智慧的人必定努力使生活默默無聞，這樣才能沒有敵人。

性愛，作為最「動態」的快樂之一，自然是被禁止的。這位哲學家宣稱：「性交從來不曾對人有過好處；如果它不曾傷害人的話，那就算是幸運了。」他很喜歡（別人的）孩子，但是要滿足這種趣味他似乎就得有賴於別人不聽他的勸告了。事實上他似乎是非常喜歡孩子，竟至違反了自己的初衷；因為他認為婚姻和子女是會使人脫離更嚴肅的目標的。盧克萊修是追隨著他貶斥愛情的，但是並不認為性交有害，只要它不與激情結合在一起。他認為我們在考量一個行動是否有樂趣性時，必須權衡它

的副作用。慾望須加以節制，不能放縱。

　　他告訴我們，心靈的快樂就是對肉體快樂的觀賞。心靈的快樂之唯一高出於肉體快樂的地方，就是我們可以學會觀賞快樂而不觀賞痛苦；因此比起身體的快樂來，我們就更能夠控制心靈的快樂。「德行」除非是指「追求快樂時的審慎權衡」，否則它便是一個空洞的名字。例如，正義就在於你的行為不至於害怕引起別人的憤恨 —— 這種觀點就引到了一種非常類似於「社會契約論」的社會起源學說。

　　伊壁鳩魯的學說被他的歷代弟子奉為必須遵守的信條。伊壁鳩魯的著名學生有邁特羅多魯斯（Metrodorus）、克羅特斯（Colotes）和繼承伊壁鳩魯學院領袖的赫馬庫斯（Hermarchus）。伊壁鳩魯的學說廣泛傳播於希臘 —— 羅馬世界。伊壁鳩魯學派作為最有影響的學派之一延續了 4 個世紀。著名代表有菲洛德穆（Philodemus）和盧克萊修。盧克萊修寫的哲學長詩《物性論》，有系統地宣傳和保存了伊壁鳩魯的學說。

　　西元 3 世紀以後，伊壁鳩魯的學說成了基督教的勁敵。在中世紀，伊壁鳩魯成了不信上帝、不信天命、不信靈魂不死的同義語。文藝復興時期，由於盧克萊修《物性論》的出版，擴大了伊壁鳩魯學說對早期啟蒙思想家的影響。

24
歐幾里得（西元前 330 年－西元前 275 年）

幾何學集大成者。

> 歐幾里得（Euclid），古希臘著名數學家、歐氏幾何學開創者。他活躍於托勒密一世（Ptolemy I，西元前 364 年－西元前 283 年）時期的亞歷山卓，被稱為「幾何之父」，最著名的著作《幾何原本》（Stoicheia）是歐洲數學的基礎，書中提出了五大公設、歐幾里得幾何，被廣泛認為是歷史上最成功的教科書。歐幾里得也寫了一些關於透視、圓錐曲線、球面幾何學及數論的作品。

歐幾里得出生於雅典，雅典當時是古希臘文明的中心。濃郁的文化氣氛深深地感染了歐幾里得，當他還是個十幾歲的少年時，就迫不及待地想進入柏拉圖學院學習。

可惜歐幾里得的身世我們知道得很少。他是亞歷山大大學的一名教授，他的《幾何原本》大概是當時的課本。亞歷山大大學是古希臘文化最後集中的地方，因為亞歷山大自己到過亞歷山大，因此就建立了當時北非的大城，靠近地中海。但是亞歷山大遠征亞洲之後，我們知道他很快就死了。之後，他的大將托勒密管理當時的埃及區域。托勒密很重視學問，就成立了一個大學。這個大學就在他的王宮旁邊，是當時全世界最優秀的大學，裝置非常好，有許多書。很可惜由於宗教的原因以及其他眾多的原因，當時的基督教不喜歡這個學校，阿拉伯人占領北非之後又大規模地破

壞並焚燒圖書館的圖書。所以這個學校後來就完全不存在了。

　　幾何學興起於西元前 7 世紀的古埃及，後經古希臘人傳到古希臘的都城，又藉畢達哥拉斯學派流傳。在歐幾里得以前，人們已經累積了許多幾何學的知識，然而這些知識當中，存在一個很大的缺點和不足，就是缺乏系統性，大多數是片段、零碎的知識，公理與公理之間、證明與證明之間並沒有很強的關聯性，更不要說對公式和定理進行嚴格的邏輯論證和說明。

　　歐幾里得透過早期對柏拉圖數學思想，尤其是幾何學理論系統而周詳的研究，已敏銳地察覺到了幾何學理論的發展趨勢。

　　西元前 300 年幾經易稿而最終定型的《幾何原本》是一部傳世之作，幾何學正是有了它，不僅第一次實現了系統化、條理化，而且又孕育出一個全新的研究領域 —— 歐幾里得幾何學，簡稱歐氏幾何。《幾何原本》全書 13 卷，卷 1 提出 5 條公理、5 條公設作為出發點。書中一共給出 119 個定義和 465 條命題及證明，構成了歷史上第一個數學公理體系。直到今天，他所創作的《幾何原本》仍然是世界各國學校裡的必修課教材，從小學到國高中、大學、再到現代高等學科都有他所創作的定律、理論和公式應用。《幾何原本》對於幾何學、數學和科學的未來發展，對於西方人的整個思考方法都有極大的影響。《幾何原本》是古希臘數學發展的頂峰。歐幾里得將西元前 7 世紀以來希臘幾何累積起來的豐富成果，整理在嚴密的邏輯系統運算之中，使幾何學成為一門獨立的、演繹的科學。

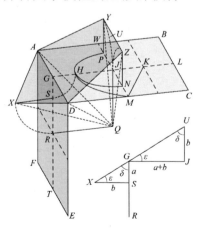

歐幾里得製作的正十二面體

俄克喜林庫斯 29 號草紙《幾何原本》殘頁之一，其年代約為西元前 100 年

25
阿里斯塔克斯（西元前315年－西元前230年）

最早提出日心說的人，比哥白尼早1800年。

阿里斯塔克斯（Aristarchus），薩摩斯人（愛琴海薩摩斯島），古希臘第一位著名的天文學家。阿里斯塔克斯曾就學於雅典學園。他曾經提出了亞歷山大時期最有獨創性的科學假說。他是歷史上最早提出日心說的人，也是最早測定太陽和月球對地球距離的近似比值的人。阿里斯塔克斯認為，地球每天在自己的軸上自轉，每年沿圓周軌道繞日一周，太陽和恆星都是不動的，而行星則以太陽為中心沿圓周運轉。這是古代最早的樸素日心說思想。著作《論日月的大小和距離》中，求得日地距離為月地距離的18～20倍，太陽直徑為月球直徑的18～20倍，以及為地球直徑的6～7倍。儘管這些結果與實際值相差甚遠，但他是第一個了解到太陽遠比地球大得多的人。他很可能因此邏輯地推論大的東西不能繞小的東西轉動，從而提出了古代的日心說，因此，被稱為「希臘的哥白尼」。他還提出過一種方法，測定月食時月球視直徑和地影直徑的比例，以確定月地距離。這個方法後為喜帕恰斯所採用。此外，他還開創了三角計算，匯出了不等式。

阿里斯塔克斯的日心說經阿基米德的介紹，當時曾有一定的影響，但遭到了宗教勢力的反對。日心說思想在當時沒有為人們所接受。但是對於太陽和月亮的大小以及它們與地球間距離的測量工作，卻始終有人進行著。為了進行上述的測量，首先要測量地球的大小。這項工作最早是由昔蘭尼人埃拉托斯特尼進行的。尼西亞人希帕克（Hipparchus）也繼承了阿里斯塔克斯的測量工作，他所測得的結果要精確得多，和現代計算結果已很相近。

阿里斯塔克斯一生中，以數學家而不是天文學家的身分聞名於世。但後人對他知之甚少，只知道他曾求學於亞歷山卓的呂刻昂學府 —— 古希臘哲學家亞里斯多德曾在這裡執教。他後來曾被古羅馬建築師和作家維特魯威（Marcus Vitruvius Pollio）稱為「在所有科學領域知識都非常淵博的人」。他還發明過半球形的日晷。阿里斯塔克斯的見解雖富於革命性，但走在時代的前面太遠了，以致無法得到一般人的認可。在他的時代，他的學說並沒有多少支持者。

他只有一本著作流傳下來：《論日月的大小和距離》。可這本書沒有提及他的太陽中心論。後人之所以知道該理論，是來自於阿基米德著作中的一則評論。哥白尼也知道阿里斯塔克斯，他在劃時代的著作《天體運行論》（*De revolutionibus orbium coelestium*）的手稿中稱讚了阿里斯塔克斯。然而，當這本書於西元 1514 年正式出版時，所有關於這位有遠見的希臘人的論述都被刪掉了。

阿里斯塔克斯提出了可能是亞歷山大時期最有獨創性的科學假說。他的學說在當時很有名，根據普魯塔克的記載，斯多葛派哲學的領袖克里安西斯（Cleanthes）曾經說過應當控訴阿里斯塔克斯褻瀆神聖之罪。為紀念阿里斯塔克斯的功績，一座月面環行山以他的名字命名。

阿里斯塔克斯在極度的困難當中，一直都沒有放棄自己對日心說的堅持。伽利略曾特別地讚揚阿里斯塔克斯的這種精神。並且，正是由於阿里斯塔克斯這種大膽的推測和研究，才為日後哥白尼的革命打下了基礎。

26
荀子（西元前 313 年－西元前 238 年）

鍥而捨之，朽木不折；鍥而不捨，金石可鏤。

> 荀子，名況，字卿，華夏族（漢族），戰國末期趙國人。著名思想家、文學家、政治家，時人尊稱「荀卿」。曾三次出任齊國稷下學宮的祭酒，後為楚蘭陵令。

荀子對儒家思想有所發展，在人性問題上，提倡性惡論，主張人性有惡，否認天賦的道德觀念，強調後天環境和教育對人的影響。其學說常被後人拿來跟孟子的「性善論」比較，荀子對重新整理儒家典籍也有相當顯著的貢獻。

▌荀子語錄

(1) 君子役物，小人役於物。

(2) 掛於患而欲謹，則無益矣。

(3) 為善不積邪，安有不聞者乎？

(4) 大巧在所不為，大智在所不慮。

(5) 神莫大於化道，福莫大於無禍。

(6) 志意修則驕富貴，道義重則輕王公。

(7) 誠者，君子之所守業，而政事之本也。

(8) 道雖邇，不行不至；事雖小，不為不成。

(9) 學不可以已。青，取之於藍，而青於藍。

(10) 陋也者，天下之公患也，人之大殃大害也。

(11) 物類之起，必有所始；榮辱之來，必像其德。

(12) 肉腐出蟲，魚枯生蠹。怠慢忘身，禍災乃作。

(13) 言有召禍也，行有招辱也。君子慎其所立乎！

(14) 鍥而捨之，朽木不折；鍥而不捨，金石可鏤。

(15) 不積跬步，無以至千里；不積小流，無以成江海。

(16) 跬步而不休，跛鱉千里；累土而不輟，丘山崇成。

(17) 君子之學也，以美其身；小人之學也，以為禽犢。

(18) 人無禮則不生，事無禮則不成，國家無禮則不寧。

(19) 君子居必擇鄉，遊必就士，所以防邪僻而近中正也。

27
阿基米德（西元前 287 年－西元前 212 年）

別弄壞了我的圓！

> 阿基米德（Archimedes），偉大的古希臘哲學家、百科全書式科學家、數學家、物理學家、力學家，靜態力學和流體靜力學的奠基人，享有「力學之父」的美稱。阿基米德和牛頓、高斯並列為世界三大數學家。阿基米德曾說過：「給我一個支點，我就能撬起整個地球。」

　　西元前 287 年，阿基米德誕生於古希臘西西里島敘拉古附近的一個小村莊，他出身於貴族，與敘拉古的赫農王（King Hieron）有親戚關係，家庭十分富有。阿基米德的父親是位天文學家兼數學家，學識淵博，為人謙遜。阿基米德受家庭的影響，從小就對數學、天文學特別是古希臘的幾何學產生了濃厚的興趣。

　　阿基米德出生時，古希臘的輝煌文化已經逐漸衰退，經濟、文化中心逐漸轉移到埃及的亞歷山大城；但是另一方面，義大利半島上新興的羅馬共和國也正不斷擴張勢力；北非也有新的國家迦太基興起。阿基米德就是生長在這種新舊勢力交替的時代，而敘拉古城也就成為許多勢力的角鬥場所。

　　11 歲時，阿基米德被父親送到埃及的亞歷山大城跟隨歐幾里得的學

生埃拉托斯特尼和科農（Conon of Samos）學習。亞歷山大城位於尼羅河口，是當時世界的知識、文化貿易中心，學者雲集，人才薈萃，被世人譽為「智慧之都」，舉凡文學、數學、天文學、醫學的研究都很發達。

　　阿基米德確立了靜力學和流體靜力學的基本原理。給出許多求幾何圖形重心，包括由一拋物線和其平行弦線所圍成圖形的重心的方法。阿基米德證明物體在液體中所受的浮力等於它所排開液體的重量，這一結果後被稱為阿基米德原理。他還給出正拋物旋轉體浮在液體中平衡穩定的判據。阿基米德發明的機械有引水用的水螺旋，能牽動滿載大船的槓桿滑輪機械，能說明日食、月食現象的地球 ── 月球 ── 太陽運行模型。但他認為機械發明比純數學低階，因而沒寫這方面的著作。阿基米德還採用不斷分割法求橢球體、旋轉拋物體等的體積，這種方法已具有積分計算的雛形。

　　戰爭中，羅馬士兵闖入阿基米德的住宅，看見一位老人正在自家宅前的地上畫圖研究幾何問題，阿基米德說：「走開，別弄壞了我的圓！」士兵一聽十分生氣，於是拔出刀來，朝阿基米德刺去。羅馬軍隊的統帥馬克盧斯（Marcus Claudius Marcellus）知道後非常惋惜，馬克盧斯將殺死阿基米德的士兵當作殺人犯予以處決。他為阿基米德舉行了隆重的葬禮，並為阿基米德修建了一座陵墓，在墓碑上根據阿基米德生前的遺願，刻上了「圓柱內切球」這一幾何圖形。

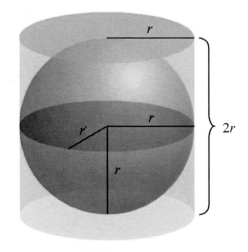

圓柱體內切球的體積等於圓柱體體積的 2/3

28
韓非（西元前 280 年－西元前 233 年）

遠水救不了近火。

韓非，戰國時期韓國都城新鄭人，法家代表人物，傑出的思想家、哲學家和散文家。韓王之子，荀子的學生，李斯的同門師兄。

韓非創立的法家學說，為中國第一個統一專制的中央集權制國家的誕生提供了理論依據。

韓非深愛自己的國家，但他並不被韓王所重視，而秦王卻為了得到韓非而出兵攻打韓國。韓非入秦後陳書秦王弱秦保韓之策，終不能為秦王所用。韓非因彈劾上卿姚賈，而招致姚賈報復，遂入獄。後李斯入獄毒死了他。韓非人雖死，但是其法家思想卻被秦王贏政所重用，奉《韓非子》為秦國治國經要，幫助秦國富國強兵，最終統一六國。韓非的思想深邃而又超前，對後世影響深遠。

韓非將商鞅的「法」、申不害的「術」和慎到的「勢」集於一身，是法家思想的集大成者；韓非將老子的辯證法、樸素唯物主義與法融為一體。著有《韓非子》，共五十五篇，十萬餘字。在先秦諸子散文中獨樹一幟，呈現出韓非極為重視唯物主義與效益主義的思想，積極倡導君主專制理論，目的是為專制君主提供富國強兵的思想。

▌韓非語錄

(1)遠水不救近火。

(2)人處疾則貴醫。

(3)巧詐不如拙誠。

(4)小信誠則大信立。

(5)凡治天下必因人情。

(6)不明察，不能燭私。

(7)不勁直，不能矯奸。

(8)事以密成，語以洩敗。

(9)不躓於山，而躓於垤。

(10)以子之矛，陷子之盾。

(11)法不阿貴，繩不撓曲。

(12)治民無常，唯法為治。

(13)治民者，禁奸於未萌。

(14)戰陣之間，不厭詐偽。

(15)長袖善舞，多錢善賈。

(16)不期修古，不法常可。

(17)事在四方，要在中央。

(18)矜偽不長，蓋虛不久。

(19)一家二貴，事乃無功。

(20)時移而治，不易者亂。

(21) 內外相應，言行相稱。

(22) 明主之道，明於公私。

(23) 家有常業，雖飢不餓。

(24) 治強生於法，弱亂生於阿。

(25) 世異則事異，事異則備變。

(26) 存亡在虛實，不在於眾寡。

(27) 懸衡而知平，設規而知圓。

(28) 仁者謂其中心欣然愛人也。

(29) 夫嚴家無悍虜，而慈母有敗子。

(30) 刑過不避大臣，賞善不遺匹夫。

(31) 寄治亂於法術，託是非於賞罰。

(32) 志之難也，不在勝人，在自勝。

(33) 右手畫圓，左手畫方，不能兩成。

(34) 小知不可使謀事，小忠不可使主法。

(35) 冰炭不同器而久，寒暑不兼時而至。

(36) 宰相必起於州部，猛將必發於卒伍。

(37) 狡兔盡則良犬烹，敵國滅則謀臣亡。

(38) 不吹毛而求小疵，不洗垢而察難知。

(39) 搖鏡則不得為明，搖衡則不得為正。

(40) 明法制，去私恩。夫令必行，禁必止。

(41) 火形嚴，故人鮮灼；水形懦，故人多溺。

29
埃拉托斯特尼（西元前276年－西元前194年）

設計出經緯系統，計算出地球的直徑。

> 埃拉托斯特尼（Eratosthenes），又譯厄拉多塞、埃拉托色尼，古希臘數學家、地理學家、歷史學家、詩人、天文學家。出生於昔蘭尼，即現利比亞的夏哈特，逝世於托勒密王朝的亞歷山大港。埃拉托斯特尼的貢獻主要是設計出經緯度系統，計算出地球的直徑。

他是世界上最早有文字記載的、測量出地球周長的人。

約西元前255年，埃拉托斯特尼發明了渾儀，一直用到西元17世紀。約西元前240年，他根據亞歷山大港與賽印城（今埃及的阿斯旺）之間不同的正午時分的太陽高線及三角學計算出地球的直徑。當然，他的這種計算是基於太陽足夠遠而將其光線看成平行光的假設為依據的。

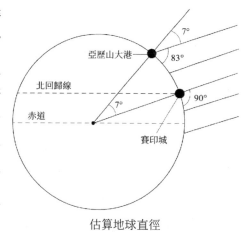

估算地球直徑

　　他知道在夏至日正午時分從北回歸線上看，太陽正好在天頂的位置。他還測量出在他的家鄉亞歷山大港，這個時候太陽應該在天頂以南 7°，這個角度是 360 分之 7 個整圓。假設亞歷山大港在阿斯旺的正北 —— 實際上亞歷山大港在阿斯旺偏西一個經度 —— 他推斷出亞歷山大港到阿斯旺的距離一定是整個地球圓周的 360 分之 7。從商隊那裡可以知道兩個城市間的實際距離大概是 5,000 斯塔蒂亞（stadia），他最終確立了 700 斯塔蒂亞為一度。他算出來的數值為 252,000 斯塔蒂亞。斯塔蒂亞是古希臘的長度單位，其長度各地不一。如按雅典的長度算，1 斯塔蒂亞等於 185 公尺，則地球周長為 46,620 公里，多了 16.3%；若按埃及的長度算，1 斯塔蒂亞等於 157.5 公尺，則地球周長為 39,690 公里，其誤差小於 2%。對他用的是哪種量度制，專家們至今尚有爭議。大約西元前 200 年，他用地理學（geography）一詞來表示研究地球的學問。

　　埃拉托斯特尼外號 β（β 在希臘字母中列第二），因為他在很多範疇都是世界第二。他性格頗為驕傲。西元前 195 年，他失明了，一年後因絕食而死在亞歷山大港。

30
阿波羅尼斯（西元前 262 年－西元前 190 年）

第一個提出圓錐曲線的人。

> 阿波羅尼斯（Apollonius），古希臘數學家，與歐幾里得、阿基米德齊名。他的著作《圓錐曲線論》（*Conics*）是古代世界光輝的科學成果，幾乎將圓錐曲線的性質網羅殆盡，使後人沒有插足的餘地。

阿波羅尼斯是佩爾格（古代黑海與地中海之間的地區，稱為安納托利亞〔Anatolia〕，今屬土耳其）人，其南部有古國潘菲利亞，佩爾格是它的主要城市。

阿波羅尼斯年輕時到亞歷山大港跟隨歐幾里得的後繼者學習，那時是托勒密三世（Ptolemy III Euergetes，西元前 246 年－西元前 221 年在位）統治時期，到了托勒密四世（Ptolemy IV Philopator，西元前 221 年－西元前 205 年在位）時代，他在天文學研究方面已頗有名氣。

後來他到過小亞細亞西岸的帕加馬王國，那裡有一個大圖書館，規模僅次於亞歷山卓圖書館。國王阿塔羅斯一世（Attalus I Soter，西元前 241－西元前 197 年在位）崇尚武功，還注重文化建設。相傳阿波羅尼斯的《圓錐曲線論》從第 4 卷起都是呈遞給阿塔羅斯的。

阿波羅尼斯寫此書時已到晚年，他的主要成就是建立了完美的圓錐

曲線論，直到 17 世紀的帕斯卡和笛卡兒才有實質性的推進。歐托基奧斯（Eutocius，約生於西元 480 年）在註釋這部書時說當時的人稱他為「大幾何學家」。

　　《圓錐曲線論》是一部經典鉅著，此書集前人之大成，且提出了很多新的性質。他推廣了梅內克繆斯（Menaechmus，西元前 4 世紀，最早系統研究圓錐曲線的古希臘數學家）的方法，證明三種圓錐曲線都可以由同一個圓錐體擷取而得，並給出了拋物線、橢圓、雙曲線、正焦弦等名稱。書中已有座標制思想。他以圓錐體底面直徑為橫座標，過頂點的垂線為縱座標，這為後世座標幾何的建立帶來很大的啟發。他在解釋太陽系內 5 大行星的運動時，提出了本輪均輪偏心模型，為托勒密的地心說提供了工具。

31
喜帕恰斯（西元前 190 年－西元前 125 年）

精確的天文觀察，提出星表、星等、歲差等。

> 喜帕恰斯（Hipparchus），古希臘最偉大的天文學家，出生於比提尼亞的尼西亞（今土耳其的伊茲尼克）。他在尼西亞、古希臘的羅德斯島與古埃及的亞歷山大港進行天文觀測，是方位天文學的創始人。他編製出 1,022 顆恆星的位置一覽表，首次以「星等」來區分星星，發現了歲差現象。

西元前 134 年，喜帕恰斯觀測到天蠍座有一顆新星，這鼓舞了他進行恆星目錄即第一份星表的製作。

他算出一年的長度為 365 又 4 分之 1 日再減去 300 分之 1 日；發現白道 [005] 拱點 [006] 和黃白交點的運動，求得地月之間的距離為地球直徑的 30 又 6 分之 1 倍；編製了幾個世紀內太陽和月亮的運動表，並用來推算日食和月食。他在西元前 134 年發現了新星，由此推動他編出一份包括 850 顆恆星位置和亮度的星表。他把自己對恆星黃經的觀測結果與前人的進行比較，發現黃道和赤道交點的緩慢移動 —— 歲差，並定出歲差值為每年 45″ 或 46″。還發明了經緯度表示地理位置的方法和投影製圖的方

---

(005)　白道（lunar orbit 或 moon's path），月亮繞地球運行的軌道叫做白道，所形成的平面叫做白道平面。

(006)　拱點（apsis，複數為 apsides），是指一個物體的運動軌道的極端點；在天文學中，這個詞是指在橢圓軌道上運行的天體最接近或最遠離它的引力中心（通常也就是系統的質量中心）的點。

法。為了研究天文學，他創立了三角學和球面三角學。喜帕恰斯留下了大量的觀測資料。後人在定出行星的各種週期與引數時，常常利用他的觀測結果。西元 1718 年，哈雷將自己的觀測與喜帕恰斯的紀錄比較而發現了恆星的自行。喜帕恰斯的著作沒有流傳下來，現在所知的關於他的工作都是從托勒密的著作中得來的。

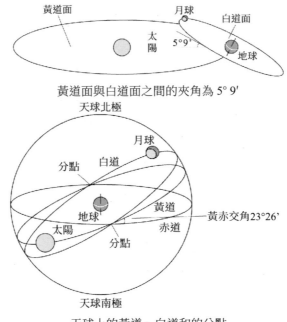

黃道面與白道面之間的夾角為 5° 9′

天球上的黃道、白道和的分點

傳說中，喜帕恰斯的視力非常好，第一個發現了巨蟹座的 M44 蜂巢星團。喜帕恰斯利用自製的觀測工具測量出地球繞太陽一周所花的時間約 365.25333 天，與正確值只相差 6 分鐘；他更算出一個朔望月週期為 29.53058 天，與現今算出的 29.53059 天十分接近。西元前 130 年，喜帕恰斯發現地球軌道並不均勻，夏至離太陽較遠，冬至離太陽較近。他制定了星等，質疑亞里斯多德星星不生不滅的理論，並製造了西方第一份星表 —— 依巴谷星表。

西元前 134 年，喜帕恰斯發現天蠍座的一顆星未能在以前的觀察紀錄中找到，這件事讓他疑惑。今天我們都知道肉眼看來是模糊不清的星體，確實會偶爾爆發，突然變亮而能看得見。但在古希臘時代，設想不到這類事，人們僅相信天體是永恆不變的，由於以前的觀察實質上是沒有系統的，所以喜帕恰斯不能輕易地說這星球是否就是相反的一例。他決定繪製標有記錄 1,000 多顆亮星的連續位置的精確星圖，使以後的天文學家不再遇到類似的困擾。這是第一幅準確的星圖，遠遠勝過歐多克索斯和埃拉托斯特尼早期畫的星圖。為了繪製這幅星圖，喜帕恰斯根據每個星體的緯度標出它們的位置。以此類推，用相同的方法可以容易地標出地球表面的位置。大家都注意到，距當時 1,500 年前，狄西阿庫斯（Dicaearchus）已把經緯度用在地圖上了。但正是從喜帕恰斯開始，經緯度才變成地圖上井然有序的座標格，並一直沿用到今天。

行星的位置變化對宗教儀式來講是舉足輕重的，在占星學中也是重要的。而喜帕恰斯所做的一切是要創造出能夠計算行星在未來任何時候的位置的一套數學體系。喜帕恰斯天象圖中的本輪、均輪、偏心圓幫助他進行計算，就像畫在幾何圖形上的輔助線幫助人們證明定理一樣。今天我們回過頭去看，覺得沒有理由認為輔助線是真實的，但在 1,600 年前天文學家堅持認為，這些都是真實存在的。當然，不論輔助線是否真實，喜帕恰斯計算行星位置的方法還是奏效的。最後，當哥白尼確實研究出阿里斯塔克斯天體學說的數學計算方法時，就結束了喜帕恰斯天體學說的生命。

在中文世界，喜帕恰斯的譯名極不統一，除喜帕恰斯外，還有希巴恰斯、希巴克斯、依巴谷、伊巴谷等，這是因為他的中文譯名多是從英文轉譯的。Hipparchus 是他的古希臘語原名的英文翻譯，經兩次翻譯，

中文譯名與其母語的準確發音相比就有很大出入了。其中，最流行的還是喜帕恰斯和依巴谷，在提到這名天文學家的時候，一般稱其為喜帕恰斯，而在提到以其名字命名的天文衛星依巴谷衛星和與其相關的天文術語（如依巴谷星表）的時候，一般稱之為依巴谷，因為在天文學術語中，使用的是 Hipparcos 而不是 Hipparchus。

▍歲差

喜帕恰斯在編製一本包含 1,022 顆恆星的星表時，把他測出的星位與 150 多年前阿里斯基琉斯（Aristyllus）和梯摩恰里斯（Timocharis）測定的星位進行比較，發現恆星的黃經有較顯著的改變，而黃緯的變化則不明顯。在這 150 年間，所有恆星的黃經都增加了約 $1°5'$，喜帕恰斯認為，這是春分點[007]沿黃道後退造成的，並推算出春分點每 100 年西移 $1°$。這是歲差現象的最早發現。

歲差在天文學中是指一個天體的自轉軸指向因為重力作用導致在空間中緩慢且連續的變化。例如，地球自轉軸的方向逐漸漂移，追蹤它搖擺的頂部，以大約 26,000 年的週期掃掠出一個圓錐（在占星學稱為大年或柏拉圖年）。歲差這個名詞通常只針對長期運動。其他在地軸準線上的變動 —— 章動和極移的規模要小了許多。

東晉的虞喜（西元 281 年－ 356 年）是中國最早的歲差發現者。

---

(007) 分點（equinox），太陽每年兩次穿過天赤道的時間，此時地球上所有地方晝夜等長。

32

董仲舒（西元前 179 年－西元前 104 年）

罷黜百家，獨尊儒術。

> 董仲舒，西漢廣川人，儒學大師、思想家、政治家、教育家，唯心主義哲學家和經學大師。漢景帝時曾講授《公羊春秋》。

西元前 134 年（漢武帝元光元年），武帝下詔徵求治國方略，董仲舒在著名的《舉賢良對策》中把儒家思想與當時的社會需要相結合，並吸收了其他學派的理論，建立了一個以儒學為核心的新的思想體系，深得漢武帝的讚賞，系統性地提出了「天人感應」、「大一統」學說和「諸不在六藝之科、孔子之術者，皆絕其道，勿使並進」、「罷黜百家，獨尊儒術」的主張，為武帝所採納，使儒學成為中國社會正統思想，影響長達 2,000 多年。其學以儒家宗法思想為中心，雜以陰陽五行說，把神權、君權、父權、夫權貫穿在一起，形成帝制神學體系。

其後，董仲舒任江都易王劉非國相。劉非是武帝的哥哥，此人粗暴、蠻橫，一介武夫，但因為董仲舒當時聲望很高，是舉國知名的大儒，所以他對董仲舒非常尊重。而且劉非把董仲舒比作輔助齊桓公稱霸諸侯的管仲，也就是希望董仲舒像管仲輔助齊桓公一樣來輔助自己，以篡奪中央政權。

但董仲舒是主張「春秋大一統」的，因此，對於劉非的發問，他借古

喻今進行了規勸，指出所謂仁人，是「正其道不謀其利，修其理不急其功」（端正自己奉行的道義而不謀求眼前的小利，修養自己信奉的理念而不急於獲得成果）的仁。致力於以德教化民眾而使社會風氣大變，才是仁的最高境界！所以孔子的弟子即使是小孩也羞於提到五霸，因為五霸是先行欺詐後行仁義，只是耍手段而已，所以不足以被真正有道義的人提及，暗示劉非不要稱霸。

　　西元前 125 年（西漢元朔四年），任膠西王劉端國相，4 年後辭職回家，著書寫作。之後，朝廷每有大事商議，皇帝都會下令使者和廷尉前去董家問他的建議，顯示董仲舒仍受武帝尊重。

　　董仲舒一生歷經四朝，度過了西漢王朝的極盛時期，西元前 104 年病故，享年 75 歲。死後得武帝眷顧，被賜葬於京師長安西郊。有一次漢武帝經過他的墓地，為了表彰其對漢王朝的貢獻，下馬致意。由此，董仲舒的墓地，又名為「下馬陵」。

33

司馬遷（西元前 145 年－？）

史家之絕唱，無韻之《離騷》。

> 司馬遷，字子長，夏陽人。西漢史學家、散文家。司馬談之子，任太史令，因替李陵敗降之事辯解而受宮刑，後仕中書令。發奮繼續完成所著史籍，被後世尊稱為史遷、太史公。

司馬遷早年受學於孔安國、董仲舒，漫遊各地，了解風俗，採集傳聞。初任郎中，奉使西南。西元前 108 年（西漢元封三年）任太史令，繼承父業，著述歷史。他以其「究天人之際，通古今之變，成一家之言」的史識創作了中國第一部紀傳體通史 ── 《史記》（原名《太史公書》），被公認為是中國史書的典範。該書記載了從上古傳說中的黃帝時期，到漢武帝元狩元年，長達 3,000 多年的歷史。

《史記》全書包括十二本紀（歷代帝王政績）、三十世家（諸侯國和漢代諸侯、勛貴興亡）、七十列傳（重要人物的言行事蹟，主要敘人臣，其中最後一篇為自序）、十表（大事年表）、八書（記各種典章制度記禮、樂、音律、曆法、天文、封禪、水利、財用），共一百三十篇，五十二萬六千五百餘字。

《史記》被列為「二十四史」之首，與後來的《漢書》、《後漢書》、《三國志》合稱「前四史」，對後世史學和文學的發展都產生了深遠影響。其

首創的紀傳體編史方法為後來歷代「正史」所傳承。《史記》還被認為是一部優秀的文學著作，在中國文學史上也有重要地位，被譽為「史家之絕唱，無韻之《離騷》」。後人認為此書「善序事理，辯而不華，質而不俚」。

　　《史記》中本紀和列傳是主體，以歷史上的帝王等政治中心人物為編撰的主線，各種體例分工明確，其中，「本紀」、「世家」、「列傳」三部分占全書的大部分篇幅，都是以人物為中心來記載歷史的，由此，司馬遷創立了史書新體例「紀傳體」。

34
波希多尼（西元前 135 年－西元前 51 年）

僅留下斷簡殘篇也能名垂青史。

> 波希多尼（Poseidonios），古希臘斯多葛學派哲學家、政治家、天文學家、地理學家、歷史學家和教育家。他被當時的人稱為通才。波希多尼在當時的羅馬和希臘世界被看作是一個通才，因為他幾乎通曉當時所有的知識。與亞里斯多德和埃拉托斯特尼一樣，波希多尼試圖建立一個統一人的智力和世界規律的系統來作為人行為的指導。

波希多尼的著作內容包括物理學（其中包括氣象學和物理地理學）、天文學、占星術、占卜、地震學、地質學、礦物學、水文學、植物學、道德、邏輯、數學、歷史、自然歷史、人類學和戰術等。

他的著作沒有一部被完整地保留下來，今天我們只能找到一些殘片，但是許多他的著作的標題和內容是已知的。

▌物理

波希多尼認為整個宇宙從上天至地上被一種宇宙「同情」連繫在一起，這個宇宙同情是統一人類與世界萬物的理性設計的一部分。即使在時間上和空間上相互隔離的事物也被這個宇宙同情連在一起。雖然他的

老師帕奈提烏斯（Panaetius）不相信占卜，但是波希多尼使用宇宙同情的理論作為他對占卜的信任的理由，他將占卜（不論是占星術還是圓夢）看作是一種科學預言。

▌天文

透過克萊奧邁季斯（Cleomedes）的《論天體的圓周運動》（*On the Circular Motions of the Celestial Bodies*），波希多尼的部分天文學思想被保留下來。《論天體的圓周運動》第二集的第一章大部分是從波希多尼那裡翻寫過去的。

波希多尼創立了太陽向整個世界散發一種滲透所有物質的生命力的理論。他試圖測量太陽的距離，還計算了月球的大小和到地球的距離。波希多尼還製造過一臺太陽系儀，據西塞羅（Cicero）的描述，這臺儀器可以顯示太陽、月球和當時已知的五個行星的周日運動。

他使用老人星（Canopus，即船底座 α）測量了地球的周長。他使用克萊奧邁季斯的方法透過測量老人星在羅德島和亞歷山大港不同的高度來做這個計算。由於測量錯誤他得出地球的周長為 2.4 萬海里 [008]，實際數字是 24,901 海里，比埃拉托斯特尼計算的小了 1,000 海里。

與皮西亞斯（Pytheas）一樣，波希多尼相信潮汐是由月球造成的，但波希多尼所提供的原理解釋是錯誤的。波希多尼以為月球是火與空氣的混合物，他認為潮汐是月球的熱量造成的，這個熱量足以使水膨脹，但是不足以蒸發。

波希多尼還記錄了對地震和火山的觀察，包括關於西西里島以北的伊奧利亞群島上的火山的爆發。

---

(008)　1 海里約 1.85 公里。

35
王充（西元 27 年 － 97 年）

戰鬥的無神論者。

> 王充，字仲仼，漢族，會稽上虞人。東漢哲學家、戰鬥的無神論者。工充年少時就失去了父親，鄉里人都稱讚他對母親很孝順。後來到京城，進太學學習，拜班彪為師。

王充以道家的自然無為為立論宗旨，以「天」為天道觀的最高範疇。以「氣」為核心範疇，由元氣、精氣、和氣等自然氣化構成龐大的宇宙生成模式，與天人感應論形成對立之勢。其在主張生死自然、力倡薄葬，以及反叛神化儒學等方面彰顯了道家的特質。他以事實驗證言論，彌補了道家空說無著的缺陷，是漢代道家思想的重要傳承者與發展者。

王充思想雖屬於道家，卻與先秦的老莊思想有嚴格的區別，雖是漢代道家思想的主張者但卻與漢初王朝所標榜的「黃老之學」以及西漢末年民間流行的道教均不同。《論衡》是王充的代表作品，也是中國歷史上一部不朽的哲學著作。

王充的哲學思想可概括為：天自然無為、天不能故生人、神滅無鬼、今勝於古。

王充雖然反對神學目的論，但他不了解造成吉凶禍福和貧富貴賤的社會原因，因而主張命定論，強調「命」的絕對權威，認為「命當貧賤，

雖富貴之，猶涉禍患矣；命當富貴，雖貧賤之，猶逢福善矣」。而決定生死夭壽和貧富貴賤的命運，是由天和各種星象施氣造成的，「天施氣於地以生物，人轉相生，精微為聖，皆因父氣，不更稟取」。甚至造成社會治亂的原因也取決於「時數」，而否認人的作用，「年歲水旱，五穀不成，非政所致，時數然也，昌衰興廢，皆天時也，賢不賢之君，明不明之政，無能損益」。人在命運面前無能為力，只有聽憑命運的擺布。在這方面，王充不僅遠遠落後於荀子，也不及墨子，甚至不如孔子。

王充雖然反對「天人感應」，卻又宣揚「瑞應」。他說：「凡人稟貴命於天，必有吉驗見於地」、「善祥出，國必興；惡祥見，朝必亡」。例如，宣帝、光武、明帝、章帝等「仁君」出世，就有鳳凰、麒麟、芝草、甘露等吉祥之物出現。

王充也主張妖祥說，他認為儘管人死不為鬼，但鬼仍然存在。妖是一種氣化現象，「天地之氣為妖者，太陽之氣也」、「陽氣赤，故世人盡見鬼，其色純朱」。妖祥與瑞應一樣，是一種自然現象，也是社會興衰的徵兆，「天地之道，人將亡，凶亦出；國將亡，妖亦見」。

其生平著述有《譏俗》、《政務》、《養性》、《論衡》。除《論衡》外均已失傳。

《論衡》一書，許多觀點鞭辟入裡，石破天驚，也可以說是中國古代的一部「百科全書」。就物理學來說，王充對運動、力、熱、靜電、磁、雷電、聲等現象都有觀察，書中記載了他的觀點。他還解釋了人與自然的關係。王充把人的發聲，比喻為魚引起水的波動；把聲的傳播，比喻為水波的傳播。他的看法與我們今天聲學的結論是一致的：聲是由物體振動產生的，聲要靠一定的物質來傳播。歐洲人波以耳了解到空氣是傳播聲音的媒介，則是 17 世紀的事。

36

蔡倫（約西元 60 年－ 121 年）

紙的發明為人類文明帶來了無限生機。

蔡倫，字敬仲，東漢桂陽郡人。漢明帝永平末年入宮給事，西元 88 年（東漢章和二年），蔡倫因有功於太后而升為中常侍，後又以位尊九卿之身兼任尚方令。蔡倫總結以往人們的造紙經驗後革新造紙工藝，終於製成了「蔡侯紙」。西元 105 年（東漢元興元年）奏報朝廷，漢和帝下令推廣他的造紙法。西元 121 年（東漢建光元年），因權力鬥爭自殺身亡。

蔡倫的造紙術被列為中國古代「四大發明」之一，對人類文化的傳播和世界文明的進步做出了傑出的貢獻，千百年來備受人們的尊崇。被紙工奉為造紙鼻祖、「紙神」。麥可‧哈特（Michael H. Hart）的《影響世界歷史 100 位名人》（*The 100: A Ranking of the Most Influential Persons in History*）中，蔡倫排在第七位。美國《時代》（*Time*）週刊公布的「有史以來的最佳發明家」蔡倫上榜。

中國古代四大發明中，僅造紙術和印刷術的發明者留下姓名：一個是蔡倫，另一個是畢昇。

37
托勒密（西元 90 年－ 168 年）

說到地心說必提托勒密。

克勞迪亞斯·托勒密（Claudius Ptolemy），生於埃及的一個希臘化城市赫勒熱斯蒂克。羅馬帝國統治時期著名天文學家、地理學家、占星學家和光學家。

就在王充完成鉅著《論衡》時，古羅馬的天才托勒密降生了。幾十年後，他也揮筆留下鉅著 ── 《天文學大成》（*Almagestum*）（也譯作《至大論》）。

《天文學大成》共十三卷：

第一卷，概述托勒密體系。

第二卷，載現存最古老的三角學：一個列有間隔半度，精度為五位數的弦值表以及有關解球面三角形的方法。

第三卷，論太陽運動和年的長度。

第四卷，論月球和月分。

第五卷，除繼續討論第四卷的問題外，還討論了太陽和月球的距離並介紹了如何製作星盤。

第六卷，論日食、月食和行星的衝 [(009)]、合 [(010)]。

第七、八卷，主要論恆星，按喜帕恰斯星表列出 1,022 顆恆星的黃道座標和星等，還提及歲差和天球儀的製作。

其餘五卷詳論第一卷概述的托勒密體系。

除《天文學大成》，托勒密還著有《實用天文表》(*Handy Tables*)、《行星假說》(*Planetary Hypotheses*) 二卷、《恆星之象》(*Phases of the Fixed Stars*) 二卷、《占星四書》(*Tetrabiblos*) 四卷、《地理學指南》(*Geography*) 八卷、《光學》(*Optics*) 五卷、《日晷論》(*Analemma*)、《平球論》(*Planisphaerium*)、《諧和論》(*Harmonica*) 三卷、《體積論》(*On Dimension*)、《元素論》(*On Elements*) 等。

■ 天文學

在古老的宇宙觀中，人們把天看成是一個蓋子，地看成是一塊平板，平板由柱子支撐著。

在西元前 4 世紀到西元前 3 世紀，對於天體的運動，古希臘人有兩種不同的看法：一種以歐多克索斯為代表，他從幾何學的角度解釋天體的運動，把天上複雜的週期現象分解為若干個簡單的週期運動；他又為每一種簡單的週期運動指定一個圓周軌道，或者是一個球形的殼層，他認為天體都在以地球為中心的圓周上作勻速圓周運動，並且用 27 個球層來解釋天體的運動，到了亞里斯多德時，又將球層增加到 56 個。另一種

---

(009) 衝 (opposition)：衝日，簡稱衝。從地球上看，地外行星（火星）與太陽在相反方向成一條直線的時刻，就叫做行星（火星）衝日，是觀測行星（火星）的最佳時刻。如果衝日時火星正好位於近日點附近，就稱為「火星大衝」。火星大衝每 15 年或 17 年才會發生一次，上次發生的時間是 2018 年 7 月 27 日，下次則要等到 2035 年 9 月 16 日。

(010) 合 (conjunction)：由地球上看到太陽系裡兩個天體（常是太陽和地內行星）的黃經相等的現象：如金星與地球都在太陽一側時，稱為下合，此時金—地距離最近；金星與地球位於太陽兩側時，稱為上合，此時金—地距離最遠。

以阿里斯塔克斯為代表，他認為地球每天在自己的軸上自轉，每年沿圓周軌道繞日一周，太陽和恆星都是不動的，而行星則以太陽為中心沿圓周運動。但阿里斯塔克斯的見解當時沒有人能理解或接受，因為這與人們肉眼看到的表觀景象不同。

托勒密於西元 2 世紀提出了自己的宇宙結構學說，即「地心說」。其實，地心說是亞里斯多德的首創，他認為宇宙的運動是由上帝推動的。他說，宇宙是一個有限的球體，分為天、地兩層，地球位於宇宙中心，所以日月圍繞地球運行，物體總是落向地面。地球之外有 9 個等距天層，由裡到外的排列次序是：月球天、水星天、金星天、太陽天、火星天、木星天、土星天、恆星天和原動力天，此外空無一物。各個天層自己不會動，上帝推動了恆星天層，恆星天層才帶動了所有的天層運動。人居住的地球，靜靜地屹立在宇宙的中心。

托勒密全面繼承了亞里斯多德的地心說，並利用前人累積和他自己長期觀測得到的資料，寫成了八卷本的《天文學大成》。在書中，他把亞里斯多德的 9 層天擴大為 11 層，把原動力天改為晶瑩天，又往外新增了最高天和淨火天。托勒密設想各行星都繞著一個較小的圓周運動，而每個圓的圓心則在以地球為中心的圓周上運動。他把繞地球的那個圓叫做「均輪」，每個小圓叫做「本輪」。同時假設地球並不恰好在均輪的中心，而偏離一定的距離，均輪是一些偏心圓；日月行星除作上述軌道運行外，還與眾恆星一起，每天繞地球轉動一周。托勒密這個不反映宇宙實際結構的數學圖景，卻較為完滿地解釋了當時觀測到的行星運動情況，並獲得了航海上的實用價值，從而被人們廣為信奉。

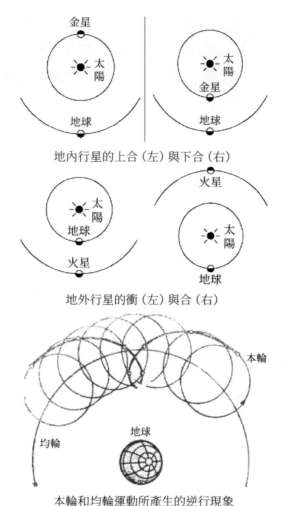

地內行星的上合（左）與下合（右）

地外行星的衝（左）與合（右）

本輪和均輪運動所產生的逆行現象

《天文學大成》──古希臘 500 年天文學和宇宙學思想的頂峰──統治了天文學界長達 13 個世紀。這樣一本知識上參差交錯且複雜的著作，不是單獨一個人所能完成的。托勒密依靠了他的先驅者，特別是喜帕恰斯，這一點是無須掩蓋的。他面對的基本問題是：在假設宇宙是以地球為中心的以及所有天體以均勻的速度按圓形軌道繞轉的前提下，試圖解釋天體的運動。因為實際天體以變速度按橢圓軌道繞地球以外的中

心運動，為了維護原來的基本假設，就要考慮某些非常複雜的幾何形狀。托勒密使用了三種複雜的原始設想：本輪、偏心圓和均輪。他能對火星、金星和水星等的軌道分別給出合理的描述，但是如果把它們放在一個模型中，那麼它們的尺度和週期將發生衝突。然而，無論這個體系存在著怎樣的缺點，它還是流行了 1,300 年之久，直到 15 世紀才被哥白尼推翻。

托勒密的天體模型之所以能夠流行千年，是有它的優點和歷史原因的。它的主要特點是：

(1)地球繞著某一中心的勻角速運動，符合當時占主導的柏拉圖思想的假設，也適合於亞里斯多德的物理學，易於被接受。

(2)用幾種圓周軌道不同的組合預言了行星的運動位置，與實際相差很小，相比以前的體系有所改進，還能解釋行星的亮度變化。

(3)地球不動的說法，對當時人們的生活是令人安慰的假設，也符合基督教信仰。

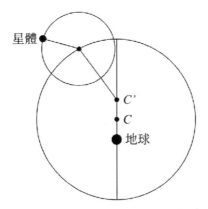

星體本輪中心圍繞偏心等距點 C'作勻角速運動

在當時的歷史條件下，托勒密提出的行星體系學說還是具有進步意義的。首先，它肯定了大地是一個懸空著的沒有支柱的球體。其次，從

恆星天體上區分出行星和日月是離我們較近的一群天體，這是把太陽系從眾星中辨識出來的關鍵性一步。

《天文學大成》提出的三個模型為偏心輪、本輪－均輪和等距輪。偏心輪，地球處於偏離圓心的位置；偏心等距輪，地球處於偏離圓心的 E 處，本輪繞 C' 點勻角速運動，$C'C = CE$。在一年中，春分－夏至為 92 天 19 時；夏至－秋分為 93 天 15 時；秋分－冬至為 89 天 20 時；冬至－春分為 89 天 0 時。托勒密推得的天體視位置誤差不大於 2°，這在近兩千年前已是非常精確完美的了。

托勒密本人聲稱他的體系並不具有物理的真實性，而只是一個計算天體位置的數學項目。至於教會利用和維護地心說，則是托勒密死後一千多年的事情了。教會之所以維護地心說，只是想用它證明教義中描繪的天堂、人間和地獄的影像。所以，托勒密的宇宙學說與宗教本來並沒有什麼必然的關聯。

托勒密的天文學著作經阿拉伯學者之手而重為歐洲所知之後，又在歐洲保持了長時間的影響力，至少延續到 16 世紀。在此之前，沒有任何西方的星曆表不是按托勒密理論推算出來的。雖然星曆表的精確程度不斷提高，但由於托勒密所使用的古希臘本輪－均輪系統具有類似級數展開的功能，即為了增加推算的精確度，可以在本輪上再加一個小輪，讓此小輪之心在本輪上繞行，而讓天體在小輪上繞行。只要適當調整諸輪的半徑、繞行方向和速度，總可達到要求。從理論上說，小輪可以不斷增加，以求得更高的精度，有些天文學家正是這樣做的。但其缺點也是顯而易見的，那就是過於繁瑣。之後哥白尼在《天體運行論》中放棄了這種表述，改用了更為簡潔的日心說。

地心說中的本輪－均輪模型，畢竟是托勒密根據有限的觀測資料拼

湊出來的，它是透過人為地規定本輪、均輪的大小及行星運行速度，才使這個模型和實測結果較一致。但是，到了中世紀後期，隨著觀測儀器的不斷改進，行星的位置和運動測量越來越精確，觀測到的行星實際位置與這個模型的計算結果的偏差就逐漸顯露出來了。

但是，信奉地心說的人們並沒有了解到這是由於地心說本身的錯誤造成的，卻用增加本輪的方法來補救地心說。起初這種辦法還能勉強應付，後來小本輪增加到 80 多個，仍不能滿意地計算出行星的準確位置。這不能不使人懷疑地心說的正確性了。到了 16 世紀，哥白尼在持日心地動觀的古希臘先輩和同時代學者的基礎上，終於創立了日心說。

38
加倫（西元 129 年－ 199 年）

將體液分為黏液、黃膽汁、黑膽汁和血液。

克勞狄烏斯・加倫（Claudius Galenus），古羅馬時期最著名、最有影響的醫學大師，他被認為是僅次於希波克拉底的第二個醫學權威。也被稱為「帕加馬的加倫」，帕加馬位於土耳其。加倫是著名的醫生、動物解剖學家和哲學家。他一生致力於醫療實踐、解剖研究、寫作和各類學術活動，撰寫了超過 100 部醫書，並根據古希臘體液說提出了人格型別的概念，主要作品有《氣質》、《本能》、《關於自然科學的三篇論文》。

這位著名的醫生不僅對於中國的平民百姓來說，即使在醫學界，也都對他非常陌生；然而，提到張仲景大家則是耳熟能詳。其實，他們二人不僅生活在相同的時代，而且分別在古希臘醫學和中醫學的範疇內都被尊為「醫聖」，各領風騷達千年以上。他們的醫學理論和實踐有許多相似之處，也有一些明顯的區別。對他們進行比較可以折射出中西醫學不同的發展軌跡。

加倫出生於小亞細亞愛琴海邊一個建築師家庭，他對農業、建築業、天文學、占星術和哲學感興趣，但後來他將自己的精力集中在醫學上。他早年跟隨當地柏拉圖學派的學者學習，17 歲時跟隨一位精通解剖學的醫生學習醫學知識。在古羅馬時期，醫學被認為是一門實用的科

學，因此相對受到重視。20 歲時他成為當地阿斯克勒庇俄斯神廟的一個助手祭司。西元 147 年父親去世後他外出求學。他在今天的伊茲密爾、科林斯和亞歷山大共求學 10 年。西元 157 年他返回帕加馬，並在當地的一個角鬥士學校當了三、四年醫生。在這段時間裡他獲得了治療創傷和外傷的經驗，後來他將傷稱為「進入身體的窗」。

他的許多著作已經散失，僅存有少量阿拉伯文譯本。加倫最主要的著作是他的 17 卷的《人體各部位的作用》(*On the usefulness of the parts of the body*)。此外他還寫了關於哲學和語言學的著作。他一生共寫了 131 部著作，其中《論解剖過程》(*On Anatomical Procedures*)、《人體各部位的作用》兩書闡述了他自己在生物解剖生理上的諸多發現。這些著作既反映了他的學術成就，也反映了他敏銳的觀察力和實踐能力。加倫的著作也是波斯學者如阿維森納等學習的主要學術來源。

其實，當時在羅馬，醫生並不屬於上流社會的成員，只被視為工匠，至於擁有哲學家頭銜的醫生則另當別論。加倫來到羅馬後，轉而從事內科醫生的工作。他在治療病人時，除使用自己製備的草藥成藥（至今仍以加倫的名字命名，稱為 Galenicals）外，也經常應用食療、沐浴、療養和護理，有時還採用靜脈放血療法。

加倫死於羅馬帝國開始衰落的「3 世紀危機」（西元 193 年－ 284 年）的初期，與中國東漢末年非常相似，出現了「三十僭主」，互相殘殺，北方異族入侵，民不聊生，帝國終於分裂為東西兩部分。在文化上出現了有名的中世紀「黑暗時代」，不僅加倫的名字在黑暗中消失了，他的著作也被黑暗淹沒了。

4 世紀時，東部的拜占庭帝國的一些學者們開始熱衷於學習和研究古希臘文化，尤其是哲學和醫學。於是，加倫的著作被重新發現和編輯，

開始在希臘和西亞一帶（包括敘利亞、巴勒斯坦等地）傳播，再傳入波斯和阿拉伯半島，被翻譯為阿拉伯文。阿維森納（Avicenna，西元 980 年－1037 年）等人對於翻譯加倫的著作和發展阿拉伯醫學發揮了重要作用，並把加倫學說提升為「加倫主義」，成為醫學的教條，從此他的著作成為醫學教材。

西元 11 世紀，阿拉伯醫學傳入歐洲，使加倫著作的阿拉伯文版本與其希臘文原著重逢，並被譯為拉丁文，成為歐洲大陸的醫學經典和醫學教科書，其統治地位一直維持到 17 世紀，歷時千餘年。

加倫提出了氣質這一概念，用氣質代替了希波克拉底體液理論中的人格，形成了 4 種氣質學說，此分類方式在心理學中一直沿用至今。加倫認為人的所有疾病都是由於體液的不平衡造成的，體液分為四種，即黏液、黃膽汁、黑膽汁和血液，因此許多治療方法就是將有病的體液排洩出來，即放血或服用瀉藥和催吐劑。後來第一個嚴肅地改變這個狀況的是維薩留斯（Andreas Vesalius）。

39
張仲景（西元 150 年－ 219 年）

和加倫齊名的東方醫學家。

> 張仲景，名機，字仲景，東漢南陽涅陽縣人。東漢末年著名
> 醫學家，被後人尊稱為「醫聖」。張仲景廣泛收集醫方，寫出了傳
> 世鉅著《傷寒雜病論》。它確立的辨證論治原則，是中醫臨床的基
> 本原則，也是中醫的靈魂所在。

在方劑學方面，《傷寒雜病論》也做出了重大貢獻，創造了很多劑
型，記載了大量有效的方劑。其中所確立的六經辨證的治療原則，受到
歷代醫學家的推崇。這是中國第一部從理論到實踐、確立辨證論治法則
的醫學專著，是中國醫學史上影響最大的著作之一，是後世學者研習中
醫必備的經典著作，廣泛受到醫學生和臨床醫生的重視。

張仲景生活的東漢末年，是中國歷史上一個極為動盪的時代。朝廷
內部出現了外戚與宦官相互爭鬥殘殺的「黨錮之禍」，軍閥、豪強也為爭
霸中原而大動干戈，農民起義的烽火更是此起彼伏，一時間戰亂頻仍。
百姓為避戰亂而相繼逃亡，流離失所者不下數百萬。西元 190 年（漢初
平元年），董卓挾漢獻帝及洛陽地區百萬居民西遷長安，洛陽所有宮殿、
民房都被焚毀，方圓二百里盡為焦土，百姓死於流離途中者不可勝數。

據史書記載，東漢桓帝時大疫三次，靈帝時大疫五次，獻帝建安年

間疫病流行更甚。成千累萬的人被病魔吞噬，以致造成了十室九空的空前劫難。其中尤以東漢靈帝（西元 168 年－188 年）時的西元 171 年、173 年、179 年、182 年、185 年等幾次疾病流行規模最大。許多人因此喪生。張仲景的家族本來是個大族，人口多達二百餘人。自從建安初年以來，不到十年，有三分之二的人因患疫症而死亡，其中死於傷寒者竟占十分之七。面對瘟疫的肆虐，張仲景內心十分悲憤，潛心研究傷寒病的診治，一定要制服傷寒症這個瘟神。

西元 196 年－220 年（東漢建安年間），他行醫遊歷各地，目睹了各種疫病流行對百姓造成的嚴重後果，也藉此將自己多年對傷寒症的研究付諸實踐，進一步豐富了自己的經驗，充實和提高了理性認知。經過數十年含辛茹苦的努力，終於寫成了不朽之作《傷寒雜病論》。這是繼《黃帝內經》後，又一部最有影響的醫學典籍。

《傷寒雜病論》奠定了張仲景在中醫史上的重要地位，並且隨著時間的推移，這部著作的價值越來越顯露出來，成為後世從醫者人人必讀的重要醫籍。張仲景也因對醫學的傑出貢獻被後人稱為「醫聖」。清代醫學家張志聰說過：「不明四書者不可以為儒，不明本論（《傷寒雜病論》）者不可以為醫。」後該書流傳海外，亦頗受國外醫學界推崇，成為研讀的重要典籍。據不正式的統計，由晉代至今，整理、注釋、研究《傷寒雜病論》的中外學者逾千家。日本自康平年間（相當於中國宋朝）以來，研究《傷寒雜病論》的學者也有近二百家。此外，朝鮮、越南、印尼、新加坡等國的醫學發展也都不同程度地受到其影響及推動。目前，「傷寒論」（《傷寒雜病論》是原著，在流傳過程中，後人整理編纂〔特別是明代〕將其中外感熱病部分結集為《傷寒論》。另一部分論述內科雜病，名為《金匱要略方論》）和「金匱要略」仍是中國中醫院校開設的主要基礎課程。

40
劉徽（西元 225 年－ 295 年）

知道劉徽的人不多，但聽說過《九章算術注》的人不少。

劉徽，山東鄒平人，魏晉時期偉大的數學家，中國古典數學理論的奠基者之一，是中國數學史上最偉大的數學家之一。他的傑作《九章算術注》和《海島算經》，是中國最寶貴的數學遺產。劉徽思考敏捷，方法靈活，既提倡推理又主張直覺。他是中國最早主張用邏輯推理的方式來論證數學命題的人。

《九章算術》是中國古代第一部數學專著，是「算經十書」⁽⁰¹¹⁾中最重要的一本，成於西元一世紀左右。該書內容十分豐富，總結了戰國、秦、漢時期的數學成就。同時，在數學上還有其獨到的成就，不僅最早提到分數問題，也首先記錄了盈不足等問題，「方程」章還在世界數學史上首次闡述了負數及其加減運算法則。它是一本綜合性的歷史著作，是當時世界上最簡練有效的應用數學書，它的出現象徵著中國古代數學形成了完整的體系。

《九章算術》的作者已不可考。一般認為它是經歷代各家的增補修訂而逐漸成為現今定本的，西漢的張蒼、耿壽昌曾經做過增補和整理，其時大體已成定本。最後成書最遲在東漢前期，現今流傳的大多是在西元

---

(011) 指漢、唐一千多年間的十部著名的數學著作，這些數學著作曾經是隋唐時代國子監算學科的教科書。十部書的名稱是：《周髀算經》、《九章算術》、《海島算經》、《張丘建算經》、《夏侯陽算經》、《五經算術》、《緝古算經》、《綴術》、《五曹算經》、《孫子算經》。

263 年（魏景元四年），劉徽為《九章算術》所作的注本。

　　《九章算術注》中所蘊涵的科學思想可謂極其深邃，邏輯思想、重驗思想、極限思想、求理思想、創新思想、對立統一思想和言意思想等均是其科學思想的真實展現。劉徽集各家優秀思想方法，並加以創新而用於數學研究，使以《九章算術》為代表的中國傳統數學發生了根本性的變化，並上升到了一個新的階段，他是遙遙領先於中國傳統數學領域的傑出代表，也堪稱世界數學泰斗。

　　在《九章算術注》中，提出用割圓術計算圓周率的方法，計算出正192 邊形的面積，得到圓周率的近似值為 157/50（即 3.14）。在中國，提到圓周率，首先闖入人們腦海的名字無疑是祖沖之，他已經被預設為是中國的「圓周率鼻祖」。但中國古代精確計算圓周率的數學家，應當首推魏晉時期的劉徽，他比祖沖之早入手這個問題兩百多年。

　　在劉徽之前，人們求證圓面積公式時，是用圓內接正十二邊形的面積來代替圓面積。應用出入相補原理，將圓內接正十二邊形拼補成一個長方形，借用長方形的面積公式來論證《九章算術》的圓面積公式。劉徽指出，這個長方形是以圓內接正六邊形周長的一半作為長，以圓半徑作為高的長方形，它的面積是圓內接正十二邊形的面積。這種論證「合徑率一而弧周率三也」，即後來常說的「周三徑一」，當然不嚴密。他認為，圓內接正多邊形的面積與圓面積都有一個差，用有限次數的分割、拼補，是無法證明《九章算術》的圓面積公式的。因此劉徽大膽地將極限思想和無窮小分割引入數學證明。他從圓內接正六邊形開始割圓，「割之彌細，所失彌少，割之又割，以至不可割，則與圓周合體，而無所失矣」。也就是說將圓內接正多邊形的邊數不斷加倍，則它們與圓面積的差就越來越小，而當邊數不能再加的時候，圓內接正多邊形的面積的極限就是圓面積。劉徽考察了內接多邊形的面積，也就是它的「冪」，同時提出了「差冪」的概念。

「差冪」是後一次與前一次割圓的差值，可以用圖中陰影部分三角形的面積來表示。劉徽指出，在用圓內接正多邊形逼近圓面積的過程中，圓半徑在正多邊形與圓之間有一段餘徑。以餘徑乘正多邊形的邊長，即 2 倍的「差冪」，加到這個正多邊形上，其面積則大於圓面積。這是圓面積的一個上界序列。劉徽認為，當圓內接正多邊形與圓是合體的極限狀態時，「則表無餘徑。表無餘徑，則冪不外出矣」。就是說，餘徑消失了，餘徑的長方形也就不存在了。因而，圓面積的這個上界序列的極限也是圓面積。於是內外兩側序列都趨向於同一數值，即圓面積。

透過這種方法，劉徽證明了：

$$314 \frac{64}{125} < 100\pi < 314 \frac{169}{125} \quad 或 \quad 3.1408 < \pi < 3.1420$$

這一計算結果的精度，已高於阿基米德的估算：

$$3 \frac{10}{71} < \pi < 3 \frac{1}{7} \quad 或 \quad 3.1407 < \pi < 3.1428$$

但劉徽並沒有止步，在此基礎上他又計算出正 3,072 邊形的面積，得到近似值為 3927/1250（即 3.1416）。

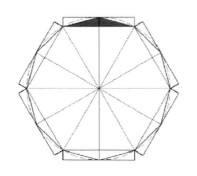

弱近似

內接多邊形 S_{2n}

強近似

破缺的外切多邊形

$S_{2n} + (S_{2n} - S_n)$

計算量節省一半

用內接正3,072邊形逼近圓周求得

$\pi = 3.1416$　　　史稱徽率　　　劉徽高明的逼近法

對圓周率的探索一直未停止，後來祖沖之計算出

$$3.1415926 （朒數）<\pi<3.1415927 （盈數）$$

約西元 1500 年，印度數學家發現了如下優美公式：

$$\frac{\pi}{4} = 1 - \frac{1}{3} + \frac{1}{5} - \frac{1}{7} + \frac{1}{9} - \cdots$$

現在，它以歐洲最早的發現者命名，稱為格里高利 - 萊布尼茲（Gregory-Leibniz）公式。西元 1734 年，尤拉證明了另一個關於圓周率的優美公式：

$$\frac{\pi^2}{6} = 1 + \frac{1}{2^2} + \frac{1}{3^2} + \frac{1}{4^2} + \cdots$$

約西元 1706 年威廉‧瓊斯（William Jones，西元 1675 年－ 1749 年）首用希臘字母 π 表示圓周率，西元 1737 年尤拉也用 π 表示圓周率後，就一直固定下來。

41
丟番圖（西元 246 年－ 330 年）

代數學的創始人。

丟番圖（Diophantus），古希臘亞歷山大後期重要的學者和數學家，是代數學的創始人之一，對算術理論有深入研究，他完全脫離了幾何形式，在古希臘數學中獨樹一幟。

亞歷山大時期的丟番圖對代數學的發展起了極其重要的作用，對後來的數論學者有很深的影響。丟番圖的《算術》（*Arithmetica*）是講數論的，它討論了一次、二次以及個別的三次方程式，還有大量的不定方程式。現在對於具有整數係數的不定方程式，如果只考慮其整數解，這類方程式就叫做丟番圖方程式，它是數論的一個分支。不過丟番圖並不要求解答是整數，而只要求是正有理數。從另一個角度看，《算術》一書也可以歸入代數學的範圍。代數學區別於其他學科的最大特點是引入了未知數，並對未知數加以運算。就引入未知數，創設未知數的符號，以及建立方程式的思想（雖然未有現代方程式的形式）這幾方面來看，丟番圖的《算術》完全可以算得上是代數。古希臘數學自畢達哥拉斯學派後，興趣中心在幾何，他們認為只有經過幾何論證的命題才是可靠的。為了邏輯的嚴密性，代數也披上了幾何的外衣。一切代數問題，甚至簡單的一次方程式的求解，也都納入了幾何的模式之中。直到丟番圖，才把代數解放出來，擺脫了幾何的羈絆。他認為代數方法比幾何的演繹陳述更適

宜於解決問題，而在解題過程中顯示出的高度的巧思和獨創性，在古希臘數學中獨樹一幟，因此他被後人稱為「代數學之父」。

西元 3 世紀前後，丟番圖發現 1、33、68、105 中任何兩數之積再加上 256，其和皆為某個有理數的平方。在丟番圖的上述發現約 1,300 年後，法國業餘數學家費馬發現陣列 1、3、8、120 中任意兩數之積再加上 1 後，其和均為完全平方數。此後，其神祕的面紗才逐步揭開。但問題也許並沒有完結，人們也許還自然會想到：有上述性質的陣列中，數的個數是否能超越 4 個；有無這樣的陣列，在兩兩相乘後加其他數後，還能為完全平方數？

丟番圖的墓碑銘為一道數學題目：

「墳中安葬著丟番圖，多麼令人驚訝，它忠實地記錄了所經歷的道路。

上帝給予的童年占 6 分之 1，

又過了 12 分之 1，兩頰長鬍，

再過 7 分之 1，點燃起結婚的蠟燭。

5 年之後天賜貴子，

可憐遲到的寧馨兒，享年僅及其父之半，便進入冰冷的墓。

悲傷只有用數論的研究去彌補，又過了 4 年，他也走完了人生的旅途。

終於告別數學，離開了人世。」

42
王羲之（西元 303 年－ 361 年）

在中國幾乎沒人不知道王羲之和他的〈蘭亭集序〉。

王羲之，字逸少，漢族，東晉時期著名書法家。琅邪臨沂人，後遷會稽山陰，晚年隱居剡縣金庭。歷任祕書郎、寧遠將軍、江州刺史，後為會稽內史，領右將軍。其書法兼善隸、草、楷、行各體，精研體勢，心摹手追，廣採眾長，備精諸體，冶於一爐，擺脫了漢魏筆風，自成一家，影響深遠。風格平和自然，筆勢委婉含蓄，遒美健秀。李志敏評價：「王羲之的書法既表現以老莊哲學為基礎的簡淡玄遠，又表現以儒家的中庸之道為基礎的沖和。」代表作〈蘭亭集序〉被譽為「天下第一行書」。在書法史上，他與其子王獻之合稱為「二王」。

唐太宗對〈蘭亭集序〉極為痴迷，讚嘆它「點曳之工，裁成之妙」。唐太宗親為王羲之作傳云：「詳察古今，研精求篆，盡善盡美，其唯王逸少乎！觀其點曳之工，裁成之妙，煙霏露結，狀若斷而還連，鳳翥龍蟠，勢如斜而反直，玩之不覺為倦，覽之莫識其端。心摹手追，此人而已。其餘區區之類，何足論哉。」不惜透過不光彩的手段，據為己有。可惜，太宗駕崩後，〈蘭亭集序〉去向成謎，據信已成隨葬。

王羲之書法影響了一代又一代的書苑。唐代的歐陽詢、虞世南、褚遂良、薛稷、顏真卿、柳公權，五代的楊凝式，宋代蘇軾、黃庭堅、米

芾、蔡襄，元代趙孟頫，明代董其昌，這些歷代書法名家對王羲之心悅誠服，因而他享有「書聖」美譽。

▍書法

中國的書法藝術興始於漢字的產生階段，「聲不能傳於異地，留於異時，於是乎文字生。文字者，所以為意與聲之跡」。因此，產生了文字。書法藝術的第一批作品不是文字，而是一些刻劃符號－象形文字或圖畫文字。漢字的刻劃符號，首先出現在陶器上。最初的刻劃符號只表示一個大概的、混沌的概念，沒有確切的含義。漢字書法為中國文化的獨特表現藝術，被譽為：無言的詩，無形的舞，無圖的畫，無聲的樂。

從夏商周，經過春秋戰國，到秦漢王朝，兩千多年的歷史發展也帶動了書法藝術的發展，各種書法體相繼出現，有甲骨文、金文、石刻文、簡帛朱墨手跡等。其中篆書、隸書、草書、楷書等字型，在數百種雜體的篩選淘汰中定型，書法藝術開始了有序發展。

春秋戰國時期，各國文字差異很大，是發展經濟文化的一大障礙。秦始皇統一國家後，丞相李斯主持統一全國文字，這在中國文化史上是一偉大功績。秦統一後的文字稱為秦篆，又叫小篆，是在金文和石鼓文的基礎上刪繁就簡而來。〈說文解字序〉說：「秦書有八體，一日大篆，二日小篆，三日刻符，四日蟲書，五日摹印，六日署書，七日書，八日隸書。」

漢朝隸書的出現是漢字書寫的一大進步，是書法史上的一次革命，不但使漢字趨於方正，而且在筆法上也突破了單一的中鋒運筆，為以後各種書體流派的出現奠定了基礎。

漢代書法家可分為兩類：一類是漢隸書家，以蔡邕為代表；一類是

草書家，以杜度、崔瑗、張芝為代表，張芝被後人稱為「草聖」。漢代創興草書，草書的誕生，在書法藝術的發展史上有著重大意義。它象徵著書法開始成為一種能夠高度自由地抒發情感、表現書法家個性的藝術。草書的最初階段是草隸，到了東漢時期，草隸進一步發展，形成了章草，後由張芝創立了今草，即草書。

三國時期隸書開始由漢代的高峰地位降落衍變出楷書，楷書成為書法藝術的又一主體。楷書又名正書、真書，由鍾繇所創。

晉代時，在生活處事上倡導「雅量」，藝術上追求中和居淡之美，書法大家輩出。「二王」（王羲之、王獻之）妍放疏妙的藝術品味迎合了士大夫們的需求。人們越發了解到，書寫文字，還有一種審美價值。其中，最能代表魏晉精神、在書法史上最具影響力的書法家當屬王羲之。論者稱其筆勢以為飄若浮雲，矯若驚龍。其子王獻之的〈洛神賦〉字法端勁，所創「破體」與「一筆書」為書法史一大貢獻。

經過數千年的演變和發展，漢字書法形成五大字型：篆書、楷書、隸書、行楷和行書。字型的審美達到如此高度，僅漢字獨有。

▌顏眞卿（西元 709 年－ 784 年）

字清臣，小名羨門子，別號應方，京兆萬年人，祖籍琅邪臨沂。唐朝名臣、書法家，祕書監顏師古五世從孫、司徒顏杲卿從弟。

西元 734 年（唐開元二十二年），顏真卿登進士第，歷任監察御史、殿中侍御史。後因得罪權臣楊國忠，被貶為平原太守，世稱「顏平原」。安史之亂時，顏真卿率義軍對抗叛軍，後至鳳翔，被授為憲部尚書。唐代宗時官至吏部尚書、太子太師，封魯郡公，人稱「顏魯公」。西元 784 年（興元元年），被派遣曉諭叛將李希烈，凜然拒賊，終被縊殺。他遇害

後，嗣曹王李皋及三軍將士皆為之痛哭。追贈司徒，諡號「文忠」。

顏真卿書法精妙，擅長行、楷。初學褚遂良，後師從張旭，得其筆法。其正楷端莊雄偉，行書氣勢遒勁，創「顏體」楷書，對後世影響很大。與趙孟頫、柳公權、歐陽詢並稱為「楷書四大家」。又與柳公權並稱「顏柳」，被稱為「顏筋柳骨」。又善詩文，有《韻海鏡源》、《禮樂集》、《吳興集》、《廬陵集》、《臨川集》，均佚。宋人輯有《顏魯公集》。

天下第二行書是顏真卿的〈祭姪文稿〉，是追祭常山太守顏杲卿父子一門在安祿山叛亂時，挺身而出，堅決抵抗，以致「父陷子死，巢傾卵覆」之事。

原不是作為書法作品來寫的，作者心情極度悲憤，情緒已難以平靜，錯誤之處甚多，完全是隨心所欲。但是正印證了「手心兩忘」這句話。這幅祭姪文稿很自然地把心中的情緒透過書法表述了出來，這也正是〈祭姪文稿〉的精妙之處，而這篇書法的結字特點正是如此。

▌柳公權（西元 778 年－ 865 年）

字誠懸，京兆華原人。唐朝中期著名書法家、詩人。

柳公權的書法以楷書著稱，初學王羲之，後來遍觀唐代名家書法，吸取了顏真卿、歐陽詢之長，融會新意，自創獨樹一幟的「柳體」，以骨力勁健見長，後世有「顏筋柳骨」的美譽。與顏真卿齊名，人稱「顏柳」，「楷書四大家」之一。傳世碑刻有〈金剛經刻石〉、〈玄祕塔碑〉、〈馮宿碑〉等，行、草書有〈伏審帖〉、〈十六日帖〉、〈辱向帖〉等，另有墨跡〈蒙詔帖〉、〈王獻之送梨帖跋〉傳世。柳公權亦工詩，《全唐詩》存其詩五首，《全唐詩外編》存其詩一首。

柳公權，一位長期沉溺於楷書的理性書家，他為我們提供了楷書範本的同時，也讓我們感到深不可測。如何在晚唐書壇走向衰頹的趨勢下，猶如異軍突起，不隨流俗，柳公權成為晚唐書壇最後的一縷光芒。柳公權一生前後共經歷了唐憲宗、穆宗、敬宗、文宗、武宗、宣宗、懿宗七朝。書法需要長久地磨礪，長壽的柳公權，他所到達的境界，與豐富的人生體驗，不輟的追求熱情，形成強大的合力，造就了一代楷書大家。

43
帕普斯（約西元 330 年－ 400 年）

一個球的體積大於表面相同的圓錐、圓柱的體積。

帕普斯（Pappus），古希臘數學家，也譯巴普士，亞歷山大學派最後一位偉大的幾何學家。生前有大量著作，但只有《數學彙編》(*Synagoge*) 保存下來。《數學彙編》對數學史具有重大的意義，這部著作對前輩學者的著作進行了系統整理，並發展了前輩的某些思想，保存了很多古代珍貴的數學作品的資料。

西元 4 世紀，古希臘數學已成強弩之末。「黃金時代」（約西元前 300 年－西元前 200 年）幾何巨匠已逝去五、六百年，西元前 146 年亞歷山大港被羅馬人占領，學者們雖然仍能繼續研究，然而已沒有他們先輩那種氣勢雄偉、一往無前的創造精神。西元後，興趣轉向天文學方面的應用，除門納勞斯（Menelaus，西元 100 年前後）、托勒密在三角學方面有所建樹外，理論幾何的活力逐漸凋萎。此時亞歷山卓的帕普斯正努力總結數百年來前人披荊斬棘所獲得的成果，以免年久失傳。

帕普斯為歐幾里得的《幾何原本》等作過注釋，寫成 8 卷的《數學彙編》——對他那個時代存在的幾何著作的綜述評論和指南，其中包括帕普斯自己的創作。但第一卷和第二卷的一部分已遺失。許多古代的學術成果，由於有了這部書的存錄，才能讓後世人得知。例如芝諾多努斯（Zenodorus）的《論等周圖形》(*On isoperimetric figures*)，經過帕普斯的加

工，被編入第五卷之中，當中有關於「圓面積大於任何同周長正多邊形的面積」、「球的體積大於表面積相同的圓錐、圓柱」、「表面積相同的正多面體，面積越多體積越大」等命題。對於古希臘幾何三大問題也作了歷史性的回顧，並給出幾種用二次或高次曲線的解法。在第七卷中則探討了三種圓錐曲線的焦點和準線的性質，還討論了「平面圖形繞一軸旋轉所產生立體的體積」，後來這稱為「古爾丁定理」，因為後者曾重新加以研究。

　　《數學彙編》引用和參考了三十多位古代數學家的著作，傳播了大批原始命題及其進展、擴展和歷史注釋。由於許多原著已經散失，《數學彙編》便成為了解這些著作的唯一來源，是名副其實的幾何寶庫。

44
希帕提亞（西元 370 年— 415 年）

罕見的女性哲學家、數學家、天文學家。

希帕提亞（Hypatia），希臘化古埃及學者，是當時名重一時、廣受歡迎的女性哲學家、數學家、天文學家、占星家以及教師，她居住在希臘化時代古埃及的亞歷山卓，對該城的知識社群做出了極大貢獻。根據後世資料顯示，她曾對丟番圖的《算術》、阿波羅尼斯的《圓錐曲線論》以及托勒密的作品做過評注，但均未留存。從她的學生辛奈西斯（Synesius）寫給她的信中，可以看出她的知識背景：她屬柏拉圖學派 —— 雖然我們只能假設她曾採納普羅提諾（Plotinus）的學說（普羅提諾為西元 3 世紀時的柏拉圖門人，也是新柏拉圖學派的創始者）。另有少許證據顯示，希帕提亞在科學上最知名的貢獻是發明了天體觀測儀以及比重計。

希帕提亞是席昂（Theon）的女兒，席昂身為亞歷山大博物館的最後一位研究員，既是希帕提亞的父親，也是她的導師。希帕提亞並未在亞歷山大博物館執教，而是在自己的家中講學。約在西元 400 年時，希帕提亞成為亞歷山卓中柏拉圖學派的領導者，講授數學與哲學，學生中亦有許多知名的基督徒。希帕提亞沒有肖像傳世，但在 19 世紀作家與藝術家的想像中，她具有女神雅典娜般的美貌。

45
祖沖之（西元 429 年－ 500 年）

高中生幾乎都能背出圓周率的前 8 位。

> 祖沖之，字文遠，出生於建康，祖籍范陽郡遒縣，中國南北朝時期傑出的數學家、天文學家。

祖沖之一生鑽研自然科學，其主要貢獻在數學、天文曆法和機械製造三方面。他在劉徽開創的探索圓周率的精確方法的基礎上，首次將「圓周率」精算到小數點後七位，即在 3.1415926 和 3.1415927 之間，他提出的「祖率」對數學的研究有重大貢獻。直到 16 世紀，阿拉伯數學家阿爾‧卡西（Jamshid al-Kashi）才打破了這一紀錄。

由他撰寫的《大明曆》是當時最科學最進步的曆法，為後世的天文學研究提供了正確的方法。其主要著作有《安邊論》、《綴術》、《述異記》、《歷議》等。

西元 461 年（南朝宋大明五年），祖沖之擔任南徐州刺史府裡的從事，先後任南徐州從事史、公府參軍。在這期間，雖然生活很不安定，但是祖沖之仍然繼續堅持學術研究，並且獲得了很大的成就。

西元 462 年（南朝宋大明六年），祖沖之把精心編成的《大明曆》送給宋孝武帝，請求公布實行，宋孝武帝命令懂得曆法的官員對這部曆法的優劣進行討論，最終，宋孝武帝決定在西元 465 年（南朝宋大明九年）

改行新曆。

西元 464 年（南朝宋大明八年），祖沖之被調到婁縣當縣令。之後又到建康擔任謁者僕射的官職。從這時起，一直到南朝齊初年，他花了較大的精力來研究機械製造，重造出了用銅製機件傳動的指南車，發明了一天能走百里的「千里船」和「木牛流馬」、水碓磨（利用水力加工糧食的工具），還設計製造過漏壺（古代計時器）和巧妙的欹器。

西元 494 年（南朝齊隆昌元年）到西元 498 年（南朝齊建武五年）之間，他擔任長水校尉的官職。當時他寫了《安邊論》，建議政府開墾荒地，發展農業，增強國力，安定民生，鞏固國防。齊明帝看到後想令他「巡行四方，興造大業，可以利百姓者」，後因南齊的統治已經無法再維持下去而放棄。當時國家政權搖搖欲墜，再加上南北朝之間的連年戰爭，祖沖之良好的政治主張無法在國家內部施行，更無法實現了。

西元 500 年（南朝齊永元二年），這位卓越的數學大師去世，享年 71 歲。他的天文曆法心血之作《大明曆》在西元 510 年（南朝梁天監九年）才以《甲子元曆》之名頒行。

46
酈道元（約西元 472 年－ 527 年）

可以沒聽說過《水經》，但不可以沒聽過《水經注》。

> 酈道元，字善長，范陽涿州人。平東將軍酈范之子，南北朝時期地理學家。

酈道元年幼時曾隨父親到山東訪求水道，少時博覽奇書，後又遊歷秦嶺、長城以南和淮河以北的廣大地區，考察河道溝渠，蒐集相關的風土民情、歷史故事、神話傳說。

酈道元仕途坎坷，終未能盡其才。曾任御史中尉、北中郎將等職，還當過冀州長史、魯陽郡太守、東荊州刺史、河南尹等職務。他執法嚴峻，後被北魏朝廷任命為關右大使。西元 527 年（北魏孝昌三年），被蕭寶夤部將郭子恢在陰盤驛殺害。

酈道元撰《水經注》四十卷。其文筆雋永，描寫生動，既是一部內容豐富多彩的地理著作，也是一部優美的山水散文彙集。可稱為中國遊記文學的開創者，對後世遊記散文的發展影響頗大。另著《本志》十三篇及《七聘》等文，但均已失傳。

酈道元作為一位傑出的地理學家，在《水經注》的序言中對前代的著名地理著作進行了許多評論。秦朝以前，已有許多地理類書籍，但當時國家不統一，生產力水準不發達，人們對地理的概念還十分模糊，這

些作品中普遍存在的問題就是虛構，如《山海經》、《穆天子傳》、《禹貢》等。酈道元反對「虛構地理學」，他在《水經注》序言中提出了自己的研究和工作方法，那就是重視野外考察的重要性。

《水經注》記載了酈道元在野外考察中獲得的大量成果，這顯示他為了獲得真實的地理資訊，到過許多地方考察，足跡踏遍長城以南、秦嶺以東的中原大地，累積了大量的實踐經驗和地理資料。全書共記述了 1,252 條河流，及相關的歷史遺蹟、人物典故、神話傳說等，比原著增加了近千條，文字擴充到原文的二十多倍，內容比《水經》原著要豐富得多。（《水經》記錄河流 137 條，而《水經注》則記錄河流 1,252 條。《水經》只有 1.5 萬字，而《水經注》竟達 30 萬字。）此書是古代中國最全面、最有系統的綜合性地理著作。書中還記錄了不少碑刻墨跡和漁歌民謠，文筆絢爛，語言清麗，具有較高的文學價值。

《水經注》在寫作體例上，不同於《禹貢》和《漢書‧地理志》。它以水道為綱，詳細記述了各地的地理概況，開創了古代綜合地理著作的一種新形式。《水經注》涉及的範圍十分廣泛。從地域上講，酈道元雖然生活在南北朝對峙時期，但是他並沒有把眼光僅限於北魏所統治的一隅，而是抓住河流水道這一自然現象，對全中國地理情況作了詳細記載。書中還談到了一些外國的河流，說明作者對於國外地理也是關注的。從內容上講，書中不僅詳述了每條河流的水文情況，而且把每條河流流域內的其他自然現象如地質、地貌、地壤、氣候、物產、民俗、城邑興衰、歷史古蹟以及神話傳說等綜合起來，作了全面描述。

《水經注》是 6 世紀前中國第一部全面、有系統的綜合性地理著述，對於研究中國古代歷史和地理具有重要的參考價值。《水經注》不僅是一部具有重大科學價值的地理鉅著，而且也是一部頗具特色的山水遊記。

酈道元以飽滿的熱情，渾厚的文筆，精美的語言，形象、生動地描述了壯麗山川。

〈三峽〉

　　自三峽七百里中，兩岸連山，略無闕處。重巖疊嶂，隱天蔽日。自非亭午夜分，不見曦月。

　　至於夏水襄陵，沿溯阻絕。或王命急宣，有時朝發白帝，暮到江陵，其間千二百里，雖乘奔御風，不以疾也。

　　春冬之時，則素湍綠潭，迴清倒影。絕巘多生怪柏，懸泉瀑布，飛漱其間，清榮峻茂，良多趣味。

　　每至晴初霜旦，林寒澗肅，常有高猿長嘯，屬引淒異，空谷傳響，哀轉久絕。故漁者歌曰：「巴東三峽巫峽長，猿鳴三聲淚沾裳。」

第二篇
中世紀時期的燈塔

篇首

中世紀（Middle Ages）從西元 5 世紀左右持續到西元 15 世紀，是歐洲歷史三大傳統劃分的一個中間時期。中世紀始於西羅馬帝國滅亡（西元476 年），最終融入文藝復興和探索時代（地理大發現）中。另有說法認為中世紀結束於東羅馬帝國滅亡。

術語「黑暗時代」、「黑暗時期」一般限於中世紀早期。

中世紀時期經常被描繪成一個「無知和迷信的時代」、「宗教的言論置於個人經驗和理性活動之上」。這是文藝復興和啟蒙運動留下來的遺產，在那個時候，學者們將他們的知識文化與中世紀時期的文化相對照。文藝復興時期的學者把中世紀看作是文明衰落的時期；啟蒙學者認為理性優於信仰，因此將中世紀視為無知和迷信的時代。

歐洲瘟疫流行，中國隋唐宋元明。

西元 1096 年開始到西元 1291 年，在羅馬天主教教宗的准許下進行了持續近 200 年的有名的宗教性軍事行動 —— 十字軍東征（拉丁文：Cruciata）。戰爭的結果整體上來說是失敗的。但是，戰爭促成了當時統治著西亞地區的拜占庭帝國所保有的古希臘文明、阿拉伯文明、從東方傳來的中國文明，以及歐洲人所繼承下來的古羅馬文明的交流和融合，這就為古希臘文化在歐洲的復興創造了條件。很快歐洲人就掀起了翻譯在歐洲早已毀滅殆盡的古希臘典籍和外來文獻的熱潮。當年被歐洲人自己無情拋棄了的希臘文化又悄然回到了歐洲。

這一時期在歐洲出現了一件有著特殊意義的新事物 —— 大學。

在遙遠的東方，中國卻在此時走過她歷史上科學文化最燦爛的時期。

這一時期，唐有韓劉柳鐵三角（韓愈、劉禹錫和柳宗元）；宋有王安石和蘇軾的巔峰對決，沈括《夢溪筆談》集大成，朱熹理學橫空出世，楊輝、秦九韶一覽眾山小。

這一時期，阿拉伯在科技領域相對突起。

47
韓愈（西元 768 年－ 824 年）

師者，所以傳道授業解惑也。

> 韓愈，字退之，河南河陽。自稱「郡望昌黎」，唐代傑出的文學家、思想家、哲學家、政治家。他三歲而孤，隨兄嫂游宦避亂。七歲讀書，十三能文，後從獨孤及、梁肅遊學。蘇軾用「文起八代之衰，而道濟天下之溺；忠犯主人之怒，而勇奪三軍之帥」（〈潮州韓文公廟碑〉），高度評價了他的一生。

西元 792 年（唐貞元八年），韓愈登進士第，作〈爭臣論〉，象徵著其正式步入文壇。兩任節度推官，累官監察御史。後因論事而被貶陽山，員外郎（刑部都官司次官）、史館修撰、中書舍人等職。西元 817 年（唐元和十二年），出任宰相裴度的行軍司馬，參與討平「淮西之亂」。其後又因諫迎佛骨一事被貶至潮州。晚年官至吏部侍郎，人稱「韓吏部」。西元 824 年（唐長慶四年），韓愈病逝，年五十六，追贈禮部尚書，諡號「文」，故稱「韓文公」。西元 1078 年（唐元豐元年），追封昌黎伯，並從祀孔廟。

韓愈是唐代古文運動的倡導者，復古主義思潮發展成為具有廣泛社會基礎的思想運動。具體反映到文學方面，韓愈在對散文傳統的繼承基礎上，提倡文體文風改革，並獲得了重大的成績。其文學理論主要展現在以下幾點。

　　首先，明確提出「文以明道」的主張。在〈原道〉中，韓愈標舉仁義道德為其道的內涵，他的「道」，乃是「夫子、孟軻、揚雄所傳之道」。在〈爭臣論〉中，他宣稱「愈之為古文，豈獨取句讀不類於今者邪？思故人而不得見，學古道則欲兼通其辭。通其辭者，本志乎古道者也」。他倡導古文，最主要的目的是尊崇古道，在建立儒家道統之外，用「道」來豐富文的內容，從而使其文章能夠在現實生活中發揮作用。他將「明道」與「事功」緊密結合起來，用文章表達其振興儒學、維護統一的宗旨，這為他的古文理論注入了強烈的現實色彩。

　　其次，主張學習古人的創新精神。韓愈主張「詞必己出」，而不是簡單地模仿古文。韓愈重視從古人的作品中學習語言，曾歷數師法的對象：「周《誥》殷《盤》，佶屈聱牙，《春秋》謹嚴，《左氏》浮誇，《易》奇而法，《詩》正而葩，下逮《莊》、《騷》，太史所錄，子雲、相如，同工異曲。」（〈進學解〉）在〈答李翊書〉中，他說自己學文「非三代兩漢之書不敢觀，非聖人之志不敢存，處若忘，行若遺」，但同時他並不盲目照搬古文的技巧與語言，而是提倡在師法古人的同時不忘語言的創新與風格的個性化。他追求「師其意不師其辭」的學習方法和「自樹立，不因循」的語言風格。

　　再次，標舉重道而不輕文的觀念。韓愈充分了解到「文」的作用，曾指出「愈之志在古道，又甚好其言辭」。這種重道又重文的學習態度，和此前的古文學家們有著本質的區別。他對於經書以外的各種典籍並不排斥，而是廣泛學習，博採眾長。甚至對於前輩古文家極力抵制的駢文，也並不全盤否定，而是注意吸收其有益的成分。可以說，提倡復古而不泥古，反對因循而能創新，是韓愈文學理論超越前人的重要方面。

　　韓愈的思想整體而言，反對佛、道二教而注重恢復孔孟儒家思想的

正統地位。如其著名的〈論佛骨表〉是諫止唐憲宗從法門寺逢迎佛骨：
「今無故取穢朽之物，親臨觀止，巫祝不先，桃茢不用，群臣不言其非，
御史不舉其失，臣實恥之。乞以此骨付之有司，投諸水火，永絕根本。」
但其對於佛教、道教的反對並非全盤否定，而是反對盲目的崇拜。實際
上，韓愈的諸多經歷與佛教密切相關，如其詩〈山石〉創作於山寺中，風
格清新，一定程度上表達了對隱逸遁世生活的嚮往；〈聽穎師彈琴〉用形
象的比喻，強烈的感染力描寫了來自天竺的僧人穎師高超的音樂技巧。
在詩歌創作上，韓愈崇尚雄奇怪異之美，善於以匪夷所思的想像、雄偉
豪壯的氣魄與誇張怪誕的變形，塑造出極具震撼力的意境，如「火維地
荒足妖怪，天假神柄專其雄。噴雲洩霧藏半腹，雖有絕頂誰能窮……須
臾靜掃眾峰出，仰見突兀撐青空。紫蓋連延接天柱，石廩騰擲堆祝融。
森然魄動下馬拜，松柏一徑趨靈宮。粉牆丹柱動光彩，鬼物圖畫填青
紅。」（〈謁衡嶽廟遂宿嶽寺題門樓〉）描寫了衡山的雄奇突兀，「火」、「妖
怪」、「天柱」、「鬼物」等意象，極易令人聯想到「地獄」、「修羅」等佛教
意象，可見韓愈對於佛教並不是全面的抵制，而是反對其凌駕於儒家思
想正統地位之上。韓愈詩歌長於古體，借鑑了李白的奇情幻想和放浪恣
意，在這一層面也反映出其批判吸收的道家思想。

　　韓愈被後人尊為「唐宋八大家」之首，與柳宗元並稱「韓柳」，有「文
章巨公」和「百代文宗」之名。後人將其與柳宗元、歐陽脩和蘇軾合稱
「千古文章四大家」。他提出的「文道合一」、「氣盛言宜」、「務去陳言」、
「文從字順」等散文的寫作理論，對後人亦有指導意義。代表作有〈師
說〉等。

　　〈師說〉是韓愈創作的一篇議論文。文章闡述了從師求學的道理，諷
刺恥於相師的世態，教育了年輕人，發揮轉變風氣的作用。文中列舉正

反面的事例層層對比，反覆論證，論述了從師學習的必要性和原則，批判了當時社會上「恥學於師」的陋習，表現出非凡的勇氣和抗爭精神，也表現出作者不顧世俗獨抒己見的精神。全文篇幅雖不長，但含義深廣，論點鮮明，結構嚴謹，說理透澈，富有較強的說服力和感染力。

〈師說〉

　　古之學者必有師。師者，所以傳道受業解惑也。人非生而知之者，孰能無惑？惑而不從師，其為惑也，終不解矣。生乎吾前，其聞道也固先乎吾，吾從而師之；生乎吾後，其聞道也亦先乎吾，吾從而師之。吾師道也，夫庸知其年之先後生於吾乎？是故無貴無賤，無長無少，道之所存師之所存也。……

▎唐宋八大家

　　又稱為「唐宋散文八大家」，是中國唐代韓愈、柳宗元和宋代歐陽脩、蘇軾、蘇洵、蘇轍、王安石、曾鞏八位散文家的合稱。其中韓愈、柳宗元是唐代古文運動的領袖，歐陽脩、「三蘇」等四人是宋代古文運動的核心人物，王安石、曾鞏是臨川文學的代表人物。韓愈是「古文運動」的倡導者，他們先後掀起的古文革新浪潮，使詩文發展的陳舊面貌煥然一新。

　　「唐宋八大家」的稱謂最早出現於明初朱右選韓愈、柳宗元等文人所作《六先生文集》（因併「三蘇」為一家，所以實際是「八先生文集」）。明中葉唐順之所纂的《文編》中，唐宋文也僅取八家。明末茅坤承二人之說，選輯了《唐宋八大家文鈔》共 160 卷，此書在舊時流傳甚廣，「唐宋八大家」之名也隨之流行開來。自明人標舉唐宋八家之後，治古文者皆以八家為宗。清代魏源有《纂評唐宋八大家文讀本》8 卷。

韓愈、柳宗元共同倡導了「古文運動」，故合稱「韓赫洋柳岸」。韓愈、柳宗元在唐貞觀之治和開元盛世時期崛起，掀起古文運動，使得唐代的散文發展到極盛。一時古文作家蜂起，形成了「辭人咳唾，皆成珠玉」的高潮局勢。

蘇軾、蘇洵、蘇轍三人合稱為「三蘇」，蘇洵是蘇軾和蘇轍的父親，蘇軾是蘇轍的哥哥。歐陽脩是蘇軾的老師，王安石、曾鞏也都曾拜歐陽脩為師。所以唐宋八大家又分為唐二家（韓愈、柳宗元）和宋六家（蘇軾、蘇洵、蘇轍、歐陽脩、曾鞏、王安石）。

唐宋八大家，他們大多人生多難，政途不如意，但在文學上卻才華橫溢、各有千秋。韓愈的文章構思精巧、氣盛言宜；柳宗元的文章說理深邃、牢籠百態；歐陽脩的文章唱嘆多情、從容不迫；蘇洵的文章縱橫雄奇、一波三折；曾鞏的文章純樸平實、深澈往復；王安石的文章鋒利雄奇、絕少枝葉；蘇軾的文章行雲流水、隨物賦形；蘇轍的文章委屈明暢、尤長策論。

巧的是，唐宋八大家，沒一個考上狀元。西元 1042 年（宋仁宗慶曆二年）殿試結束後，主考官晏殊把前幾名的卷子呈皇上定奪。仁宗翻開第一名王安石的卷子，準備硃批。突然他看到了四個字——「孺子其朋」，認為不敬就放下了筆。王安石和狀元擦肩而過，那年他 21 歲。西元 1057 年（北宋嘉祐二年），蘇軾殿試用「想當然耳」的典故寫成〈刑賞忠厚之至論〉後，主考官歐陽脩把蘇軾的試卷誤以為是自己門生曾鞏的，怕別人懷疑他為自己的門生賜恩惠，就故意降低了這份答卷的名次，改成了第二名。後歐陽脩評曰：「此人他日必獨步天下！」

48
劉禹錫（西元 772 年 — 842 年）

沉舟側畔千帆過，病樹前頭萬木春。

> 劉禹錫，字夢得，河南洛陽人，自稱「家本滎上，籍占洛陽」，又自言系出中山，其先為中山靖王劉勝。唐朝文學家、哲學家，有「詩豪」之稱。

西元 793 年（唐貞元九年），劉禹錫與柳宗元同榜登進士，又舉博學宏辭科，授太子校書，升監察御史。此時劉禹錫銳意仕途，懷有遠大的政治抱負，與柳宗元等共同參加了主張革新的王叔文政治集團。安史之亂後，國家動盪不安，內有宦官專權，外有藩鎮割據。西元 805 年（唐貞元二十一年），順宗即位，王叔文集團在新帝支持下，發動永貞革新。劉禹錫因深受王叔文器重，表現出卓越的才幹，對當時的朝廷有較大的影響力。革新僅僅進行了 146 天，便以失敗告終。憲宗逼宮，順宗退位。劉禹錫受牽連被貶為連州刺史，行至荊南又改授朗州司馬。在被貶期間，劉禹錫接觸到民間風俗，作〈竹枝詞〉十餘篇，並深感不得志，創作〈問大鈞〉、〈謫九年〉等詩賦數篇。後歷任朗州司馬、連州刺史、夔州刺史、和州刺史、主客郎中、禮部郎中、蘇州刺史等職。會昌時，加檢校禮部尚書。卒年七十，贈戶部尚書。

劉禹錫詩文俱佳，涉獵題材廣泛，與柳宗元並稱「劉柳」；與韋應物、白居易合稱「三傑」；並與白居易合稱「劉白」。有〈陋室銘〉、〈竹枝

詞〉、〈楊柳枝詞〉、〈烏衣巷〉等名篇。哲學著作《天論》三篇，論述天的物質性，分析「天命論」產生的根源，具有唯物主義思想。有《劉夢得文集》，存世有《劉賓客集》。

劉禹錫人生中最大的知己是柳宗元，他們一起中進士，一起參與革新，一起被貶，一起寫詩。人生衰落至谷底的柳宗元妻子早逝，後母親又病逝，在柳宗元失妻失母最無助孤獨寂寞時，劉禹錫特別為他而做了一首詩：

自古逢秋悲寂寥，我言秋日勝春朝。

晴空一鶴排雲上，便引詩情到碧霄。

在朗州貶居十年，好不容易等到被召回京城候新職。閒來無事，劉禹錫和柳宗元他們一起相約去看桃花。詩人看花哪會不寫詩呢，劉禹錫在桃花面前自然詩興大發。

紫陌紅塵拂面來，無人不道看花回。

玄都觀裡桃千樹，盡是劉郎去後栽。

劉禹錫寫下這首惹禍的〈玄都觀桃花〉，於是又被貶到了播州，當權者還不解氣，他們覺得柳宗元和他是一夥的，也就一起把他貶官，把柳宗元貶到了柳州。

柳宗元知道這個消息之後非常難過，不過他並不是因為自己被牽連而難過，而是因為劉禹錫。播州在貴州（遵義），非常偏遠，屬於窮山惡水，劉禹錫上有 80 多歲的老母親，這一下可怎麼扛得住呀。於是柳宗元拿起筆寫了一份申請書，請求讓自己去劉禹錫的播州，讓劉禹錫去柳州，而且說這是自己的意願，絕不反悔。這就是我們熟知的以柳易播的故事。

這件事情傳開之後，大家都非常震驚，覺得這才叫做友誼，就有很

多文豪為這件事而特地寫文章。後來連皇帝都知道了，於是特別允許劉禹錫不用去播州了，可以改去條件稍好一點的連州。這一去，就是13年。

柳宗元早逝，劉禹錫晚年又結交了好友白居易，他們經常以詩會友。二人並稱「劉白」，著有《劉白文集》。

西元826年（唐寶曆二年），劉禹錫罷和州刺史調往東都洛陽的尚書省，同時白居易也從蘇州返回洛陽。二人揚州初逢時白居易問：「夢得，你被貶了多少年？」劉禹錫屈指一算，前前後後23個年頭，心中不免有些悲傷。白居易隨後為劉禹錫作詩一首〈醉贈劉二十八使君〉：

為我引杯添酒飲，與君把箸擊盤歌。

詩稱國手徒為爾，命壓人頭不奈何。

舉眼風光長寂寞，滿朝官職獨蹉跎。

亦知合被才名折，二十三年折太多。

劉禹錫閱後感慨不已，寫了一首詩回報白居易。這首詩正是後來響徹雲霄的〈酬樂天揚州初逢席上見贈〉：

巴山楚水淒涼地，二十三年棄置身。

懷舊空吟聞笛賦，到鄉翻似爛柯人。

沉舟側畔千帆過，病樹前頭萬木春。

今日聽君歌一曲，暫憑杯酒長精神。

劉禹錫寫這首詩時，韓愈已經去世兩年，柳宗元已經去世七年。當年的「鐵三角」再也不會回來了，因此詩中的「懷舊」字眼顯得特別傷感。生離還有書信，死別只能無奈。韓愈去世的時候，劉禹錫寫了一篇〈祭韓吏部文〉，其中回憶了當年跟韓愈以及柳宗元的友情及往事。

西元 786 年（唐貞元二年）到西元 795 年（唐貞元十一年）這九年間，韓愈一直在長安參加科舉考試，雖然登上了進士第但又卡在了博學宏辭科的考試上。相比之下，柳宗元和劉禹錫就幸運得多了，沒有太多曲折，西元 793 年（唐貞元九年），劉禹錫與柳宗元同登進士第，之後又很輕鬆地通過了博學宏辭科的考試。對於很有名氣的老考生韓愈，想必劉禹錫和柳宗元是有所聽說的，所以相識也就成了必然，因此從某種程度上講，他們三人是同學。

到了西元 803 年（唐貞元十九年），很巧的是，韓愈、柳宗元以及劉禹錫均陸陸續續調到了御史臺任監察御史，所以他們三人又是同事，這就給了他們互相了解的機會。俗語說一般最後飛到一起的，是那些毛色相似的鳥兒。這樣，他們三人的友誼既因為當年同學而源遠又因為後來同事而流長，唐朝「鐵三角」也就因此形成。而後他們這三塊「磁石」結合後而產生的新「磁場」，不僅讓他們自己倍受啟發，也對中國文學史乃至文化史產生了深遠影響。

就職監察御史不久的韓愈上奏了一篇〈論天旱人飢狀〉疏後被貶為連州陽山縣令。後來德宗駕崩，但令韓愈奇怪的是，自己還是遲遲沒有被召回長安，這就讓韓愈開始思考自己到底得罪誰了。思來想去，韓愈確定了目標，當時韓愈寫了一首〈赴江陵途中寄贈翰林三學士〉，其中有一個片段是這樣說的：「同官盡才俊，偏善柳和劉。或慮語言洩，傳之落冤仇。二子不宜爾，將疑斷還不。」韓愈懷疑私下裡他跟劉柳說的一些關於當今朝政不好的議論，可能柳宗元和劉禹錫無意中傳到了別人的耳朵裡。不久「永貞革新」失敗，韓愈被召回長安，官授權知國子博士，這讓韓愈很欣慰。不管當時是不是劉柳造成的韓愈被貶，回到長安的韓愈都既往不咎，依舊跟劉柳保持著密切的聯絡。這在當時看來可能只是韓愈

的大度，但在今天看來，卻是意義非凡。

劉禹錫從他第一次被貶謫，到西元 826 年返回洛陽，整整 23 年，輾轉各地，其中的心酸苦楚可想而知。西元 824 年（唐長慶四年）夏，調任和州刺史。州裡的官員慣會見風使舵，見他失去聖寵，故意刁難。他本可以在城內住三間三廂的房子，可是當地的官員卻將他的住所安排在城南的江邊上。雖然偏僻，劉禹錫毫不計較，在大門上寫下一副對聯：「面對大江觀白帆，身在和州思爭辯」。

見劉禹錫心裡絲毫沒有不爽，當地官員又讓人將劉禹錫的住處遷到北門，不僅沒有山水風光了，而且原來的三間房子也改成了一間半。劉禹錫見新居位於垂柳邊，又在門上寫了一副對聯：「垂柳青青江水邊，人在歷陽心在京」。

官員見劉禹錫還有如此雅興，很不開心，於是又命人將他遷到了城中部的一間只放得下一床、一桌、一椅的小屋，真正的斗室。

短短半年，就被逼得兩次搬家，劉禹錫悲憤難忍，卻又寄人籬下，無法發作。於是提筆疾書，寫出千古名篇〈陋室銘〉：

山不在高，有仙則名。水不在深，有龍則靈。斯是陋室，唯吾德馨。苔痕上階綠，草色入簾青。談笑有鴻儒，往來無白丁。可以調素琴，閱金經。無絲竹之亂耳，無案牘之勞形。南陽諸葛廬，西蜀子雲亭。孔子云：何陋之有？

如杜甫詩云：「爾曹身與名俱滅，不廢江河萬古流。」

49
柳宗元（西元 773 年－ 819 年）

英年早逝河東柳。

> 柳宗元，字子厚，河東（現山西省運城永濟一帶）人，唐宋八大家之一，唐代文學家、哲學家、散文家和思想家，世稱「柳河東」、「河東先生」，因官終柳州刺史，又稱「柳柳州」。柳宗元與韓愈並稱為「韓柳」，與劉禹錫並稱「劉柳」，與王維、孟浩然、韋應物並稱「王孟韋柳」。

柳宗元祖籍河東郡，河東柳氏、河東薛氏與河東裴氏並稱「河東三著姓」。祖上世代為官，其父柳鎮曾任侍御史等職。柳宗元的母親出自范陽盧氏北祖帝師房，連續五代祖先都是大儒。西元 773 年（唐大曆八年）柳宗元出生於京城長安，此後曾因其父官職調動，遷居閬鄉、夏口、長沙。西元 792 年，柳宗元被選為鄉貢，得以參加進士科考試。西元 793 年，柳宗元進士及第，名聲大振，西元 796 年被安排至祕書省任校書郎。西元 798 年柳宗元參加博學宏辭科考試並中榜，授集賢殿書院正字。西元 801 年任藍田尉，兩年後調回長安，任監察御史裡行。

西元 805 年（唐貞元二十一年）正月，唐德宗崩，順宗即位，重用王伾、王叔文等人。柳宗元由於與王叔文等政見一致，被提拔為禮部員外郎，掌管禮儀、享祭和貢舉。同年四月，宦官俱文珍、劉光琦、薛盈珍等立廣陵郡王李淳為太子，改名李純。八月五日，順宗被迫禪讓帝位給

太子李純，史稱「永貞內禪」。李純即位，即憲宗。憲宗即位後，打擊以王叔文和王伾為首的政治集團。柳宗元因此受牽連，於九月被貶為邵州刺史；十一月在赴任途中，又被加貶為永州司馬。

永州司馬是一個閒官，沒有具體職權，柳宗元到職後，也沒有居住的地方，只能暫居在龍興寺。由於生活艱苦，到永州半年其母就因病去世。親人離世的打擊，加上政治上失意，嚴重損害了柳宗元的健康，以至於「百病所集，痞結伏積，不食自飽。或時寒熱，水火互至，內消肌骨」。直到西元 815 年離開永州，柳宗元在永州生活了 10 年。在此期間，柳宗元遠離官場，轉而在哲學、政治、歷史、文學等方面進行鑽研，並遊歷永州山水，結交當地士子和閒人，寫有《永州八記》。《柳河東全集》的 540 篇詩文中有 317 篇創作於永州。

西元 815 年（唐元和十年）正月，柳宗元受命回京。回到長安後，由於武元衡等人的仇視，柳宗元未被重用。其間盟友劉禹錫因作詩「玄都觀裡桃千樹，盡是劉郎去後栽」惹怒權臣，被重貶播州。柳宗元上書求替，宰相裴度從中斡旋，劉禹錫改判連州，柳宗元受牽連被改貶到柳州任刺史。西元 819 年（唐元和十四年），憲宗實行大赦，並在裴度的說服下，敕召柳宗元回京。十一月初八，詔書還未送達，柳宗元卻病故柳州，享年 46 歲。

貞元、元和年間，柳宗元開始創作散文，他的理論主張和韓愈不盡相同，但反六朝駢文與復古的觀點卻一致。柳宗元所謂的「道」，比韓愈更廣泛。他的散文優美，是韓愈古文運動有力的支持者。

柳宗元散文作品數量多，體裁多樣化，論說文剖析精闢，思理精密，詞句嚴謹；寓言小品短小精練，形象生動，深藏諷喻，寄意深遠。

柳宗元山水遊記簡潔秀美，情景交融，體物入微，能掌握自然景物

本身的特徵，善用比喻，形象生動，雄深雅健，簡明峻潔，記旨深遠，往往寄寓作者幽憤之情。為山水遊記之宗，如《永州八記》。

　　柳宗元擅寫政論（代表作〈封建論〉）、傳記（代表作〈捕蛇者說〉）、山水遊記（代表作《永州八記》），也善寫寓言（代表作〈臨江之麋〉、〈永某氏之鼠〉、〈黔之驢〉，並有〈三戒〉、〈羆說〉、〈蝜蝂傳〉等）。

　　詩歌方面，柳宗元的詩主要作於被貶永州之後，往往在表面看似曠達寧靜的意境中傳達出苦悶惆悵的心境，代表作有〈江雪〉、〈秋曉行南谷經荒村〉等。蘇軾稱柳詩為「外枯而中膏，似淡而實美」、「發纖穠於簡古，寄至味於淡泊」。

　　柳宗元一生留詩文作品達 600 餘篇，其文的成就大於詩。駢文有近百篇，散文論說性強，筆鋒犀利，諷刺辛辣。遊記寫景狀物，多所寄託，有《河東先生集》，代表作有〈溪居〉、〈江雪〉、〈漁翁〉。

〈黔之驢〉

　　黔無驢，有好事者船載以入。至則無可用，放之山下。虎見之，龐然大物也，以為神，蔽林間窺之。稍出近之，憖憖然，莫相知。

　　他日，驢一鳴，虎大駭，遠遁；以為且噬己也，甚恐。然往來視之，覺無異能者；益習其聲，又近出前後，終不敢搏。稍近，益狎，蕩倚衝冒。驢不勝怒，蹄之。虎因喜，計之曰：「技止此耳！」因跳踉大 ，斷其喉，盡其肉，乃去。

　　噫！形之龐也類有德，聲之宏也類有能。向不出其技，虎雖猛，疑畏，卒不敢取。今若是焉，悲夫！

50
花拉子米（西元 780 年－ 850 年）

提出代數、已知數、未知數、根、移項、集項和無理數。

花拉子米（Al-Khwarizmi），出生於波斯帝國大呼羅珊地區的花剌子模，著名波斯－塔吉克數學家、天文學家和地理學家。代數與算術的整理者，被譽為「代數之父」。12 世紀他把印度數字翻譯成拉丁文，這為當時的西方國家帶來了 10 個數字的初步知識，1973 年世界天文聯合會以花拉子米的名字命名了月球上的一處環形山。

花拉子米離開家鄉後，前往當時的學問中心巴格達，在阿拔斯王朝哈里發馬蒙（西元 813 年－ 833 年在位）在巴格達創辦的智慧館（集賢館）所屬的沙馬西亞天文臺工作，長期從事數學研究和天文觀測，直至西元 850 年逝世。他汲取和綜合了古巴比倫、古希臘和古印度數學論著的成果，促進了數學向深度和廣度的發展。其所著《算術》（*On the Calculation with Hindu Numerals*）一書，系統性地敘述了十進位值制記數法和小數的運算法，對世界普及十進位值制發揮了很大作用。西元 830 年，花拉子米寫了一本關於代數的書《*Hisāb al-Jabr wal-Muqābalah*》。史學家一直以來對此書標題的翻譯意見不一，al-jabr 原為恢復平衡的意思，在這裡指的是一項這種代數運算 —— 移項完成後，等式兩端又恢復平衡（al-jabr 也表示接骨師使斷骨復原的意思）。wal-muqābalah 意指某種面對面而

立的事實，在這裡指的是集項這種代數運算。所以書名可譯為《移項和集項的科學》，但通常習慣譯作《積分和方程式計算法》。這本書譯成歐文，書名逐漸簡化後，就被直接譯成了《代數學》，代數學（Algebra）一詞即由此書而來。書中闡述了解一次和二次方程式的基本方法及二次方根的計算公式（即 $x^2 + 10x = 39$），明確提出了代數、已知數、未知數、根、移項、集項、無理數等一系列概念，並載有例題 800 多道，提供了代數計算方法，把代數學發展成為一門與幾何學相提並論的獨立學科。此外，印度數字（$1 \sim 9$、0）也藉此著作傳入西方，歐洲人稱為阿拉伯數字。

花拉子米引進了印度數字，發展算術，後經斐波那契（Fibonacci）引介到歐洲，逐漸代替了歐洲原有的算板計算及羅馬的記數系統。歐洲人就把 Al-khwarizmi 這個字拉丁化，稱之為 gurismo 或 algorithm。gurismo 的意思是十進位數，而稱運用印度阿拉伯數字來進行有規則可尋之計算的算術為 algorithm。後來算術轉用其他的字（如 arithmetic）來表示，而 algorithm 則成為電腦科學的行話 —— 電腦所賴以計算的「演算法則」。花拉子米展示了數字的加、減、乘、除的基本方法，甚至展示了如何求平方根和 π。

從那以後，十進位制系統和它的數字運算法則在西方文明扮演了一個十分重要的角色。它促進了科學和技術的發展，加速了工業和商業的進步。很久以後，隨著電腦的出現，它又明確地表達了位值系統中的位、單字和演算法單元。科學家不斷發展出複雜演算法用於解決各類問題，並不斷發明新奇的應用軟體，最終改變了世界。

12 世紀《代數學》被譯成拉丁文，成為歐洲各大學的教科書，一直沿用到 17 世紀。花拉子米還曾汲取印度、波斯和古希臘天文曆算的成就，

並根據新的觀測資料，編製了阿拉伯最早的天文曆表，稱為《阿爾‧花拉子米曆表》，普及於當時的伊斯蘭世界。此天文表使用 100 多年後，西班牙天文學家麥斯萊邁編製的《托萊多星表》曾加以校正。西元 1126 年，由巴斯的阿德拉德（Adelard of Bath）譯成拉丁文，成為東方和西方各種天文曆表的藍本。他依據托勒密的《地理學指南》及實地勘察計算，編纂了《諸地理勝》（*Kitāb ṣūrat al-Arḍ*）一書，並附有繪製的一幅地圖，記載了地名 537 處及其經緯度，並劃分了各地的地形和氣候區，闡發了對地球偏圓形狀的創見，為阿拉伯地理學的發展奠定了基礎。西方史學家譽他為「伊斯蘭世界最偉大的穆斯林科學家之一」。

51
拉齊（西元 864 年－ 924 年）

中世紀著名穆斯林醫生、哲學家和自然科學家。

> 拉齊（Razi），波斯人，生於德黑蘭附近的雷伊。曾先後任雷伊和巴格達醫院院長，有「阿拉伯的加倫」和「穆斯林大醫生」的稱號。晚年從事哲學研究。

拉齊早年學習伊斯蘭文學和數學，後鑽研醫學和哲學。其在哲學方面尊崇亞里斯多德、柏拉圖、畢達哥拉斯的學說，認為造物主、宇宙的靈魂、原質、絕對的時間、絕對的空間是世界的五種本原，它們同時並存，是世界存在的基礎。他認為阿拉是萬物之本，由祂流出萬有。感覺是認知的基礎，以此為據，他肯定物質世界的存在。他認為靈魂因貪戀物質而來到世界，阿拉使之具有了物質的形式，以滿足其物質慾望，繼而又令其擺脫物質的煩惱，復歸於阿拉。這個過程只有透過研究哲學才能完成。他既反對苦行，又反對縱慾。拉齊確信，他在科學上獲得的成就一定會被比他卓越的思想超越。在他看來，那些有志於科學研究的人是青出於藍而勝於藍的，因為這是科學發展的規律。

拉齊還是一位著名的醫學家。他學識深邃而廣泛，一生寫作了 200 多部書，尤以醫學（與化學）方面的著作影響重大。

拉齊在醫學上廣泛吸收希臘、印度、波斯、阿拉伯，甚至中國的醫

學成果，並且創立了新的醫療體系與方法。他尤其在外科學（如疝氣、腎與膀胱結石、痔瘡、關節疾病等）、兒科學（如小兒痢疾）、傳染病及疑難雜症方面具有豐富的臨床經驗與理論知識。他是外科串線法、絲線止血法和內科精神治療法的發明者，也是首創外科縫合腸線及用酒精「消毒」的醫學家，還是世界上早期準確描述並鑑別天花與麻疹者（中國人認為中國的葛洪〔西元 284 年－ 364 年〕是最早描述天花症狀的，在拉齊之前也有一位阿拉伯學者介紹過天花與麻疹，但拉齊的論述更為後人所了解），並且將它們歸入兒科疾病範疇。拉齊注意到由於一種疾病出現的面部浮腫和其他症狀（如打噴嚏、流清涕），與玫瑰花生長及開放之間存在一定的關係，他第一個指出所謂的花粉熱就是緣於這種玫瑰花的「芳香」。

拉齊的代表作《曼蘇爾醫書》（Kītāb al-Tibb al-Mansūri）是醫學史上的經典著作。他於西元 903 年把《曼蘇爾醫書》捐獻給波斯薩曼王朝的王子兼雷伊地區長官曼蘇爾。《醫學整合》是一部百科全書式的醫學著作，作者花費 15 年的時間完成此書。《醫學集成》（Al-Hawi）主要講述的是疾病、疾病進展與治療效果。美國國家醫學圖書館保存有一部《醫學集成》的阿拉伯語手抄本，它是在西元 1094 年由一位佚名抄寫人抄寫的，也是該館最古老的醫學藏書。

《曼蘇爾醫書》和《醫學集成》分別於西元 1187 年與西元 1279 年在西班牙深受伊斯蘭文化影響的歷史名城托萊多與法國的安茹被譯成拉丁語而在歐洲廣泛傳播，並且隨即取代了加倫的醫書；它們在文藝復興時期又被多次翻印，並且由當時著名的醫學家加以注解。

此外他還著有《醫學入門》、《醫學止境》、《精神病學》、《天花與麻疹》、《藥物學》、《加倫醫學書的疑點和矛盾》等。

52
海什木（西元 965 年－ 1040 年）

海什木是首位採用科學方法的人，被視為「第一位科學家」。

> 海什木（Al-Haytham），西元 965 年（伊斯蘭曆 354 年）出生在
> 伊拉克的巴斯拉城。阿拉伯學者、物理學家、數學家，有大量著
> 作和被現代科學證明了的科學發現，尤其在光學研究方面有突出
> 成就。被認為是在不同學科都有傑出的成績。

　　他早期學習工程，讀古希臘科學的書和關於安達盧西亞學說的精
華，接受並發展了這些學說。當時的埃及哈里發召集他參與控制尼羅河
氾濫的工程，但是經過他的研究發現那是不可能實現的，從而招致哈里
發非常憤怒。於是海什木就以裝瘋的方式避免了嚴重懲罰，轉而被軟
禁，直到西元 1021 年哈里發死後。在此期間他完成了大量重要的數學
論文。

　　海什木因為「科學方法的四段論」建立了這個「科學方法」，被稱作
「科學方法論之父」，他另外一個名字是「光學之父」，他的這些思想集合
成一本書 ──《光學之書》（*Book of Optics*）（共 7 卷），成為艾資哈爾
大學使用了 1,000 餘年的基本教材，至今未變。他發明了暗箱說明光線
的物理性質。海什木開創了對實驗物理學的研究，他是現代光學的開拓
者，其著作《光學之書》，倡議實驗科學方法，以此徹底轉變人們對光及
視知覺的認識。《光學之書》開創了光學及視知覺的科學革命，因而被牛

頓的《自然哲學的數學原理》評為物理學史上最具影響力的書籍之一。

　　牛頓的第一個運動定律 —— 慣性定理及動量是由海什木和伊本·西那發現的。力和加速度的比值是由希巴特·阿拉·艾布柏巴拉卡特·巴格達迪 (Hibat Allah Abu'l-Barakat al-Baghdaadi) 發現的，這是「經典力學的基本法則」，為牛頓的第二個運動定律埋下伏筆。後來演變成牛頓第三個運動定律的反作用力則是由伊本·巴哲 (Ibn Bajja) 發現的。加爾法·穆罕默德·伊本·穆薩·伊本·沙基爾 (Ja'far Muhammad ibn Mūsā ibn Shākir)、海什木及哈齊尼 (Al-Khazini) 為牛頓萬有引力定律鋪墊了相關的理論。

53
比魯尼（西元 973 年－ 1048 年）

在伊朗科學史上享有崇高的聲譽。

比魯尼（Biruni），波斯著名科學家、史學家、哲學家。據傳比魯尼出身於花剌子模的一個波斯貴族後裔家庭，信奉伊斯蘭教什葉派教義。年輕時曾到朱爾占師從艾布・納斯爾・曼蘇爾等著名學者。他博覽群書，廣交學者，學識淵博，富有創造性，對史學、地理、天文、數學和醫學均有很深的造詣。比魯尼被後世學者譽為「百科全書式的學者」，在伊朗科學文化史上享有崇高的聲譽。

比魯尼大膽提出托勒密體系不符合宇宙的實際構成，認為托勒密證明地球不動並處於宇宙中心的論據，也可以證明地球的繞日運動。被人們遺忘的日心說又重新被他提了出來，為後來哥白尼日心說的提出做了鋪墊。

54
伊本・西那（西元 980 年－ 1037 年）

精通數學、天文學、音樂和醫學等。

伊本・西那（Ibn-Sina），11 世紀中亞細亞的醫學家、詩人、哲學家、自然科學家，被稱為「世界醫學之父」。

　　生於今塔吉克第二大城市布哈拉城附近。年輕時任宮廷御醫；二十歲時，因王朝覆滅而遷居花剌子模；十一年後，因政治原因逃至波斯。博學多才，有多方面的成就。醫學上，豐富了內科知識，重視解剖，所著《醫典》（*The Canon of Medicine*）是 17 世紀以前幾百年內亞歐廣大地區的主要醫學教科書和參考書。哲學上，是阿拉伯亞里斯多德學派的主要代表之一。持二元論，並創造了自己的學說。肯定物質世界是永恆的、不可創造的，同時又承認真主是永恆的。主張靈魂不滅，也不輪迴，反對死者復活之說。主要著作還有《治療之書》（*The Book of Healing*）、《知識之書》（*Danishnama*）等。

　　作為伊斯蘭世界最偉大的學者，伊本・西那的興趣實在是太廣泛了，他不僅論著頗多，而且還積極參與到當時的政治生活中，甚至一度當上了一個國家的宰相。不過政治比科學要複雜得多，伊本・西那常常從一個國家逃往另一個國家，以躲避政敵的追殺。最終，他死於西元 1037 年，年僅 57 歲，這個年歲辭世，與他神醫的稱號很不相配。早逝的原因，在於伊本・西那生前工作過於辛勤，白天從事政治活動，夜間

進行科學研究。他的朋友們建議他可以生活得平和安詳一些，這樣對身體健康是有好處的，但是伊本・西那回答說：「我寧願過寬廣而短促的一生，而不願過狹隘而漫長的一生。」

他對地質亦有自己的研究心得。關於山脈的形成，他認為有兩種可能，一種是伴隨著地震的陸地上升，另一種是由風雨侵蝕地面而成。他提出在地球的漫長歷史中，海洋和陸地曾不只一次地更替。古代的人熱衷於鍊金術，幻想用廉價金屬製造黃金。而伊本・西那明確指出，金屬是不可能相互轉化的。這種觀點在當時可謂標新立異。他對金屬性質的了解得益於對礦物的深入研究，他提出對岩石和礦物分類的觀點，得到廣泛傳播，一直影響到近代科學。

伊本・西那還熱衷於研究各種古希臘著作。小的時候他就已精通醫學，許多年長的醫生都向他求教，病人從四面八方湧來找他看病。於是他有機會接近王族，他們為他開放自己的私人圖書室，這使得他能完成學業並深入研究。

伊本・西那精通數學、天文學、物理學、哲學、音樂、醫學、邏輯學，他在這些學科方面有許多有價值的著作，這足以證明他是個天才。他的著作被翻譯成拉丁語，對近代的歐洲文藝復興產生了重大影響。

20 歲時，伊本・西那編著了著名的醫書 ——《醫典》，這部著作是醫學界重要的參考資料，被譯成幾十種文字，15 世紀其拉丁語譯本被重印 16 次，16 世紀又被重印 20 次，直至 15 世紀末期它仍是歐洲各大學的教科書。

55
范仲淹（西元 989 年－ 1052 年）

文能寫紅一座樓，武能鎮住一個國。范仲淹是孤獨的，但一個誕生出范仲淹的民族，注定是偉大的。

范仲淹，字希文，諡文正。因其好彈琴，尤擅彈〈履霜〉，時人稱之為范履霜。北宋政治家、文學家、思想家。生於蘇州吳縣，祖籍邠州。西元 1011 年（北宋大中祥符四年），應天府書院讀書，「晝夜不息。冬日憊甚，以水沃面，食不給，至以糜粥繼之。人不能堪，仲淹不苦也。」後至淄州鄒平縣長白山醴泉寺寄住，讀書三年。每日只煮一鍋粥，並與醃製後的虀菜（醬菜）分為四份，早晚各吃兩份，史稱「斷虀畫糜」或「斷虀畫粥」。

西元 1014 年（北宋大中祥符七年），真宗巡亳州太清宮，途經南京。時范仲淹在應天府苦讀，同窗欲拉范仲淹去見皇帝車輦。范仲淹枯坐不起，依舊苦讀，言來日方長。

西元 1015 年（北宋大中祥符八年），范仲淹登進士第，任廣德軍的司理參軍，掌管訟獄。從此開啟了他既偉大又清苦的四十載官僚生涯。此後相繼出任集慶節度使推官、泰州海陵西溪鹽倉監官。泰州任內，他倡議修海堤，被調任興化縣令，與好友滕宗諒協力修築通州、泰州、楚州、海州四州海堤。百姓感激他的功績，稱海堰為「范公堤」。

　　西元 1028 年（北宋天聖六年），經晏殊推薦，范仲淹被授予祕閣校理一職。次年，仁宗行郊祀大禮，下令將親率百官至會慶殿為太后賀壽，再至天安殿受百官朝賀。范仲淹上書反對，以為有違君主之體，不合朝廷體制，並接連上書要求太后撤銷垂簾聽政，還政於天子。他兩度上書皆被宰執壓下，范仲淹乃自請出任地方，貶為河中府通判。

　　仁宗親政後，范仲淹被召回京師擔任言官右司諫一職。不久又因反對仁宗廢后一事，被貶出京，為睦州知州。次年改任蘇州知州。在蘇州范仲淹因治水有功，拜禮部司員外郎、天章閣待制。後召還，判國子監，遷吏部司員外郎、權知開封府。西元 1036 年（北宋景祐三年），范仲淹不滿同中書門下平章事呂夷簡任用私人，上書給仁宗一幅「百官圖」，指其次第曰：「如此為序遷，如此為不次，如此則公，如此則私。況進退近臣，不宜全委之宰相。」加之論「遷都洛陽」之事，范仲淹又與呂夷簡發生激烈爭執。呂夷簡指范仲淹及其支持者為「朋黨」，北宋時期的「朋黨之爭」即由此始。最終呂夷簡遭罷職，范仲淹也接連被貶饒州、潤州、越州。

　　西元 1038 年（北宋景祐五年），在應對西夏李元昊的叛亂中，范仲淹被調到延州與韓琦共同擔任陝西經略安撫招討副使，進龍圖閣直學士，協助主帥夏竦平定叛亂。范仲淹在當地編造歌謠：「軍中有一韓，西賊聞之心膽寒。軍中有一范，西賊聞之驚破膽」以壯軍隊聲勢。延州諸砦（寨）多失守，范仲淹自請行，遷戶部司郎中兼知延州事。先前舊制，馬步軍部署統兵萬餘人，兵馬鈐轄領兵五千，兵馬都監帶兵三千，禦敵時官卑者先出戰。范仲淹在檢閱州兵馬後得一萬八千人，分為六部，每部置一將，加強訓練，以敵之寡眾分別出戰。戰術方面，范仲淹主張採取「屯田久守」方針；而韓琦則主張集中各路兵力，大舉實行反擊。夏竦採

納了韓琦的主張，派韓琦和經略判官尹洙回京，請仁宗批准反攻計畫。西元 1041 年（北宋康定二年）好水川之戰宋軍遇伏大敗，韓琦、范仲淹受罰被貶。此後宋軍採取范仲淹的防禦策略：先在延北築城，後又在宋夏交戰地帶構築堡寨；淘汰老弱，對士兵進行嚴格的軍事訓練；提拔狄青等有才幹的將領；對邊塞居民採取懷柔態度；嚴立賞罰公約。最終在西北邊境逐漸建起一道堅固的屏障，迫使西夏在西元 1044 年（北宋慶曆四年）達成和議。

西元 1043 年（北宋慶曆三年）七月，范仲淹被調回京師，取代王舉正任參知政事（副宰相）。同年九月與富弼、韓琦等人參與改革，提出「明黜陟、抑僥倖、精貢舉、擇官長、均公田、厚農桑、修武備、減徭役、推恩信、重命令」十項改革建議，即史上著名的「答手詔條陳十事」，成為「慶曆之治」的推動者之一。

西元 1044 年（北宋慶曆四年），由於夏竦等人的反對，仁宗對改革逐漸失去興趣。范仲淹、富弼等人被迫請求外出巡察地方。次年，仁宗下詔廢棄慶曆新政。范仲淹和富弼被撤去軍政要職。范仲淹被罷參知政事，授資政殿學士、知邠州事、兼陝西四路緣邊安撫使。十一月，罷陝西四路緣邊安撫使，以給事中改知鄧州事。他晚年多病，官終青州知府。

西元 1052 年（北宋皇祐四年）五月二十日，范仲淹在奉命從青州調任潁州途中，病逝於徐州，享壽 63 歲。追贈兵部尚書，諡號「文正」。「文正是諡之極美，無以復加。」司馬光認為文是道德博聞，正是靖共其位，是文人道德的極致。仁宗親書篆額「褒賢之碑」四字，神道碑碑文由曾支持他變法的歐陽脩撰寫。同年十二月安葬於洛陽伊川萬安山南麓。

█ 文學成就

《宋史·范仲淹傳》云：「仲淹泛通六經，長於《易》。」范仲淹文學素養很高，寫有不少著名作品，包括〈嚴先生說祠堂記〉及〈岳陽樓記〉等。後者中的「先天下之憂而憂，後天下之樂而樂」更成為千古名句。除此之外，也留下了眾多膾炙人口的詞作，如〈漁家傲〉、〈蘇幕遮〉。其詞風蒼涼豪放、感情強烈，為歷代所傳誦。歐陽脩曾稱〈漁家傲〉為「窮塞外之詞」。著有《范文正公集》。

「彼希聲之鳳皇，亦見譏於楚狂；彼不世之麒麟，亦見傷於魯人。鳳豈以譏而不靈，麟豈以傷而不仁？故割而可卷，孰為神兵；焚而可變，孰為英瓊。寧鳴而死，不默而生。」范仲淹在答友人梅堯臣的〈靈烏賦〉中強調的「寧鳴而死，不默而生」，更是彰顯了古代士大夫為民請命的凜然大節。

在中國人的精神世界裡，絕對少不了范仲淹。范公在歷史上評價極高，被尊為北宋第一人，以其高尚道德和偉大人格光耀千古。

歐陽脩：公少有大志，每以天下為己任。

王安石：一世之師，由初起終，名節無疵。

蘇軾：出為名相，處為名賢；樂在人後，憂在人先。經天緯地，闕諡宜然，賢哉斯詣，軼後空前。

蘇轍：范文正公篤於忠亮，雖喜功名，而不為朋黨。

劉琪：此五君子（諸葛亮、杜甫、顏真卿、韓愈、范仲淹），其所遭不同，所立亦異，然其心則皆所謂光明正大，踈暢洞達，磊磊落落而不可揜者也，其見於功業文章，下至字畫之微，蓋可以望之而得其為人。

朱熹：本朝道學之盛，亦有其漸，自范文正以來已有好議論。

方孝孺：古之至人，忘己徇民⋯⋯孰若先生，唯民之憂。飲食夢寐，四海九州。

〈蘇幕遮‧懷舊〉

　　碧雲天，黃葉地，秋色連波，波上寒煙翠。

　　山映斜陽天接水，芳草無情，更在斜陽外。

　　黯鄉魂，追旅思。夜夜除非，好夢留人睡。

　　明月樓高休獨倚，酒入愁腸，化作相思淚。

〈漁家傲‧秋思〉

　　塞下秋來風景異，衡陽雁去無留意。

　　四面邊聲連角起，千嶂裡，長煙落日孤城閉。

　　濁酒一杯家萬里，燕然未勒歸無計。

　　羌管悠悠霜滿地，人不寐，將軍白髮征夫淚。

56
賈憲（約西元 1000 年－？）

北宋著名數學家。

> 據《宋史》記載，賈憲師從數學家楚衍學天文、曆算，著有《黃帝九章算經細草》、《釋鎖算書》等書。

約於西元 1050 年左右完成《黃帝九章算經細草》(9 卷) 和《算法古集》(2 卷)，賈憲著作已佚，但他對數學的重要貢獻，被南宋數學家楊輝引用，得以保存下來。

賈憲的主要貢獻是創造了「賈憲三角形」和「增乘開方法」。增乘開方法即求高次冪的正根法。目前高中數學中的綜合除法，其原理和程序都與它相仿。增乘開方法比傳統的方法整齊簡便，又更程序化，所以在開高次方時，尤其顯出它的優越性。增乘開方法的計算程序大致和歐洲數學家霍納 (William George Horner，西元 1786 年－ 1837 年) 的方法相同，但比他早 770 年。

在中國數學史上賈憲最早發現賈憲三角形。楊輝在所著《詳解九章算法》〈開方作法本元〉一章中作賈憲開方作法圖，並說明「出釋鎖算書，賈憲用此術」。賈憲開方作法圖就是賈憲三角形。楊輝還詳細解說賈憲發明的釋鎖開平方法、釋鎖開立方法、增乘開平方法、增乘開立方法。

57
歐陽脩（西元 1007 年－ 1072 年）

他左手一壺酒，右手一株桃花，慢慢地走在貶謫的路上：環滁皆山也……醉翁之意不在酒，在乎山水之間也……

> 歐陽脩，又作歐陽修，字永叔，號醉翁、六一居士，諡號文忠。吉州廬陵人。北宋文學家、史學家、政治家。政治方面，歐陽脩曾歷仕仁宗、英宗、神宗三朝，官至翰林學士、樞密副使、參知政事，積極參與范仲淹所領導的「慶曆新政」政治改革。文學方面，歐陽脩成就斐然，是唐代韓愈、柳宗元所倡導之古文運動的繼承者及推動者，為唐宋古文發展作出了極大貢獻。史學方面，其所著兩部史書《新唐書》及《新五代史》被列入二十四部正史之中，所定家譜格式為後世歷代沿用。此外，歐陽脩在經學上開創了宋人直接解經、不依注疏的新風氣，易學上打破易傳的權威地位，在中國金石學、詩話及家譜撰作三方面，都是開山始祖，獲得了劃時代的成就。

　　歐陽脩父親是歐陽觀，擔任判官、推官等小官，母親鄭氏，西元 1007 年（北宋景德四年六月二十一日）生於綿州。歐陽脩 4 歲喪父，隨母親前往隨州，投靠叔父歐陽曄，自此在隨州成長。因無錢買紙筆，母親曾用蘆葦桿在灰土上教他認字，有「畫荻教子」之典故。

　　西元 1026 年（北宋天聖四年），歐陽脩在隨州通過解試，翌年由隨

州薦往禮部參加省試，落第。歐陽脩將作品送呈學者胥偃，大受賞識，進入胥偃門下。天聖七年，胥偃讓歐陽脩以國子監推薦舉人的身分，參加國子監解試，中第一名；天聖八年，中省試第一名，同年參加殿試，名列甲科第 14 名。同年五月，歐陽脩被任命為西京洛陽留守推官，開始了他的政治生涯，並在錢惟演幕下，與尹洙、石曼卿、梅堯臣等名士交遊，並與范仲淹長期保持書信聯絡。西元 1034 年（北宋景祐元年），歐陽脩獲召試學士院，授官館閣校勘，移居汴京；景祐三年，因聲援與宰相呂夷簡衝突的范仲淹，被指為「朋黨」，貶到夷陵。當時一同被貶的有范仲淹、余靖、尹洙、歐陽脩 4 人。西元 1040 年（北宋康定元年），范仲淹與呂夷簡和解，獲重新起用，歐陽脩也再被任命為館閣校勘，修訂朝廷藏書目錄《崇文總目》，事成後升任著作郎，主修國史之職。

西元 1043 年（北宋慶曆三年），宰相呂夷簡因病告退，但仍干預國事。歐陽脩當時出任諫官，對其加以激烈批評，並與蔡襄分別上疏，請起用韓琦、范仲淹執政。兩篇奏章非常有力，范仲淹因而被任命為參知政事（副相），富弼則任樞密副使。范仲淹出任副相後，即上奏「十事疏」，推行政治改革，史稱「慶曆新政」。慶曆新政內容包括改革科舉和擴充學校。歐陽脩與富弼、余靖、蔡襄等人皆為慶曆新政的積極參與者。歐陽脩批評當時科舉考試執著於平仄聲調，考生只知背誦，文章華而不實，主張應先考「策論」（政論），考核考生闡述見解的能力，然後再考詩賦。政敵批評范仲淹等人交結朋黨，歐陽脩則作〈朋黨論〉加以反擊。然而宋仁宗不信其辯解，夏竦又乘機陷害富弼，於是范、富都出調，改革派被瓦解。慶曆四年年底，歐陽脩奉使河東路，又任河北都轉運按察使，革除地方積弊，罷免不稱職官員。次年，慶曆新政宣告完全失敗，各項政策包括科舉改革都恢復原貌，唯獨擴充學校的政策仍舊推行下去。

西元 1045 年（北宋慶曆五年），楊日嚴、夏竦以「張甥案」告發歐陽修。歐陽修有一張姓外甥女，與其沒有血緣關係，自幼投靠歐陽修，出嫁後被揭發通姦，拷問時供出未嫁時與歐陽修亂倫。此事一出，輿論大譁，歐陽修始終不承認，官員兩度審理此案，都判定並無其事，了結此案。歐陽修死罪得以赦免，另以挪用外甥女嫁妝罪名，貶官滁州。慶曆八年，歐陽修改任揚州知州。西元 1049 年（北宋皇祐元年），改潁州知州，翌年北移商丘應天府。西元 1054 年（北宋至和元年），歐陽修被召入京，一度被政敵誣陷，幸得其他官員申辯，得以留京，奉命編修《新唐書》。西元 1057 年（北宋嘉祐二年），升為翰林學士，上奏批評宰相陳執中殺婢，宋仁宗不接納，改派歐陽修出使契丹（遼國）。同年，歐陽修知貢舉，以古文取士，推動古文運動。次年，韓琦、富弼上臺，歐陽修則繼包拯出任開封知府。

西元 1060 年（北宋嘉祐五年），歐陽修上呈《新唐書》，升為樞密副使，自此直至西元 1066 年（北宋治平三年），與韓琦、富弼一同主政，這是歐陽修生平首次肩負執政重任，也是北宋中期政治最平靜的時期。次年，歐陽修出任參知政事（副相）。掌政期間，整頓行政效率，整理當年呂夷簡制定的行政則例。後富弼與韓琦、歐陽修二人因作風不同而產生齟齬。嘉祐八年，宋仁宗駕崩，遺命歐陽修與韓琦輔佐其過繼的姪子宋英宗。歐陽修因支持英宗追尊生父濮王趙允讓，稱其為「皇考」，而引發「濮議」之爭。多數大臣如司馬光、呂公著等，認為英宗已過繼給仁宗，應稱生父為「皇伯」，批評歐陽修是罪魁禍首。歐陽修亦竭力辯護，主張應考慮親情。歐陽修自知在朝中已孤立，請求外任，但不獲准。當時從舅薛宗孺與歐陽修有私怨，西元 1067 年（北宋治平四年），揚言歐陽修與其妻吳氏有曖昧。因指控嚴重，歐陽修立即杜門不出，上奏章辨明真相，一時朝中竟無大臣為他辯解，歐陽修當日提拔的言官也倒戈相向。

宋神宗不信指控，斷定本無其事。但歐陽脩畢竟已聲名受損，政治上已無領導力量，朝廷終於讓他外放，任亳州知州。

西元 1069 年（北宋熙寧二年），王安石推行熙寧變法，歐陽脩不予贊同，自恃德高望重，對變法的內容不加實施，神宗及王安石亦對其不予置理。次年，神宗有意再起用歐陽脩，但遭到王安石反對，歐陽脩自己亦堅決推辭，最終改任蔡州知州。

歐陽脩重視禮樂教化，認為禮樂荒廢是五代速亡的根本原因。政務方面本於儒家思想，治術以寬簡為原則，主張減少擾民，改革必須採取緩進而非激烈的手段，與王安石有異。歐陽脩注重吏治，堅持改良考績制度，主張設立按察使，糾察不稱職官員。朝廷財政上，主張量入為出，不可巧立名目徵斂，並要為荒年留下儲備。

歐陽脩倡導、發展古文並領導了宋代古文運動。文學理論方面，認同韓愈的「道重於文」思想，並成功改革了唐末五代以來內容空洞、風格浮豔艱澀的文風，確立了重道重文的觀念，使古文得以復興。在改革文學方面，歐陽脩成就較韓愈、柳宗元時代更普遍和透澈。西元 1057 年（北宋嘉祐二年），歐陽脩主持貢舉，主試進士，改革科舉取士的標準，重視古文的體裁與議論的內容，取錄曾鞏、蘇軾蘇轍兄弟。起初士人猛烈反對歐陽脩所主張的文體，但歐陽脩不顧批評，堅決倡導，又特別提拔蘇洵與王安石。士人見考試標準改變，歐陽脩提拔的人都仕途得意，於是逐漸接受，群起仿效。從此文體開始大變，古文風行。歐陽脩身為文壇領袖，熱心指正與提拔後學。他自己及所提拔的五人，即占唐宋八大家中六家。唐宋八大家的散文系統由此建立。歐陽脩同時批評矯枉過正的古文，即險怪奇澀的「太學體」古文，使明快達意的古文成為主流的文體。他開創古文平易流暢的風格，後世不少古文家繼承和發展了這種

風格，形成古文的陰柔派。

文章方面，歐陽脩主要學習韓愈的文風，但並不主張全面模仿韓愈的驚悚怪奇，而認為文章應當自然地抒寫。歐陽脩散文風格議論清晰，通俗易懂，抑揚有致，情韻優美，得古文陰柔之美。同時行文平易而自然流暢，避免了韓愈尚奇好異的作風。其書信如〈上范司諫書〉、〈與高司諫書〉等，文辭懇切動人，令人信服，在宋代無出其右。歐陽脩散文善用虛詞如助詞與連詞，如句首的「夫」、「唯」、「然」，句末的「也」、「矣」等，使句子脈絡清晰，更有條理。如〈醉翁亭記〉全文共使用 21 個「也」字，語言精練，平易簡約，自成一體，一時間到處傳寫，「為之紙貴」。其議論文如〈朋黨論〉結構嚴謹，論證獨特。其所編纂的《新五代史》部分源自《舊五代史》，歐陽脩將駢句改為散句，使其文風簡潔，節奏起伏曲折，錯落有致。但歐陽脩重古文而並不廢駢文，所寫駢文亦甚獲好評，為皇帝起草的詔令都用駢文寫成，對擅長西崑體駢文的楊億予以高度評價。

詩詞方面，歐陽脩詩風平和寧靜，平易流暢，題材廣泛，善於以文為詩，使詩風變為平易清新，為宋詩奠下基礎。絕句〈遠山〉可代表其風格：

山色無遠近，看山終日行。峰巒隨處改，行客不知名。

李白、杜甫二家中，歐陽脩較重視李白，但不贊成西崑體華麗雍容、堆砌辭藻的詩風，提倡古體詩。其古詩大受蘇軾、王安石讚譽，被認為可與李白媲美。

歐陽脩是宋詞承上啟下的過渡人物，上承馮延巳的深摯，下啟蘇軾的疏俊、秦觀的深婉。詞風婉轉而抑揚頓挫，與晏殊等人極其相似，不脫花間派的風格。有些詞則吸收了民歌腔調與辭彙，也頗具新意。如

歌詠潁州西湖的聯章組詞〈採桑子〉，是受「定格聯章」的民間曲子的影響。部分歐詞也有豪宕深摯的一面。如王國維稱讚其〈玉樓春〉「人生自是有情痴，此恨不關風與月」「於豪放中有沉著之致」。

另外，歐陽脩是北宋文人中不得不提的人物。缺少了他，北宋文人文學顯得支離破碎，缺少系統性。這裡再看看他和其他大師的關係。

晏殊（西元 991 年－ 1055 年）於歐陽脩：俯視

晏殊，這位北宋宰相，地位、名聲在他一生中都不缺，生活舒適愜意，詞作中自然滲透著一種別人無法企及的雍容華貴之氣韻。但他寫富貴生活，不言金玉錦繡，不著一句俗豔語，「而唯說其氣象」，也就是重在氣度神韻的表現。他的詞作，佳句連篇，如「梨花院落溶溶月，柳絮池塘淡淡風」、「一場愁夢酒醒時，斜陽卻照深深院」、「無情不似多情苦，一寸還成千萬縷」、「欲寄彩箋無尺素，山長水闊知何處」等等。精工雅麗，珠瑩玉潔，自有一種從容不迫的氣度，呈現出情調雅緻的詞人本色，彷彿隨意拈來，一切都那麼安逸、寧靜、自然。晏殊〈浣溪沙〉中最為後世文人激賞的是詞中的絕對：「無可奈何花落去，似曾相識燕歸來。」

西元 1030 年（北宋天聖八年），23 歲的歐陽脩參加禮部舉行的考試，晏殊是主考官，出題〈司空掌輿地之圖賦〉，面對這偏僻的命題，大多數考生做題都偏了，唯獨歐陽脩不光扣題精準，而且文采飛揚。於是，晏殊慧眼識珠，把歐陽脩確定為省元，即第一名。從此，歐陽脩就對晏殊以門生自稱，執弟子禮。歐陽脩登上仕途後，十分關注國計民生，關心政治改革，這與晏殊在精神上有了某種程度的區別。有一年，晏殊以知樞密院事（宋代主管全國軍事的最高長官，品級相當於宰相）之尊，邀請當時還是低階官員的歐陽脩到自己家的西園賞雪。歐陽脩心憂邊防，即

席寫了一首〈晏太尉西園賀雪歌〉，詩中說：「主人與國共休戚，不唯喜悅將豐登。須憐鐵甲冷徹骨，四十餘萬屯邊兵。」晏殊聽了後，認為這是歐陽脩在諷刺他，因此頗為不滿。加之晏殊恬淡平靜的性格和歐陽脩狂放不羈、不拘小節似乎水火不容，兩人關係漸漸冷淡。晏殊與歐陽脩的這段師生情開始得早，結束得也早。雖然歐陽脩對晏殊仍然非常尊敬，但晏殊已不喜歡歐陽脩，甚至還一度到了厭惡的境地。後來，晏殊去世，歐陽脩又為老師獻上了一首〈輓辭〉，其中有一句「富貴優遊五十年，始終明哲保身全」，表達了他對晏殊一生的態度。

王安石於歐陽脩：平視

西元 1056 年秋，歐陽脩虛齡 50，知天命；王安石近 36，過而立。王安石受邀登門造訪，「兩代人」相會於京城開封。第二年春夏之交，歐陽脩使契丹歸來，王安石「知常州知州」，歐陽脩為之餞行，贈詩云：「翰林風月三千首，吏部文章二百年。老去自憐心尚在，後來誰與子爭先。朱門歌舞爭新態，綠綺塵埃拂舊弦。常恨聞名不相識，相逢罇酒曷留連？」面對如此嘉掖，王安石並未受寵若驚，感激但淡定，不卑不亢，平靜回贈：「欲傳道義心猶在，強學文章力已窮。他日若能窺孟子，終身何敢望韓公。摳衣最出諸生後，倒屣嘗傾廣座中，只恐虛名因此得，嘉篇為侃豈宜蒙。」以詩告訴歐陽脩，志不同道也不同。

蘇軾於歐陽脩：仰視

西元 1057 年（北宋嘉祐二年），蘇軾參加科舉考試的那年，歐陽脩是主考官，兩人由此結緣，建立師生之誼。登第之後，蘇軾恭恭敬敬地寫了一封信給歐陽脩，表達對老師知遇之恩的誠摯謝意。收到信後，歐陽脩高興地寫信給自己的摯友梅堯臣，說他讀蘇軾的信真是「快哉！快

哉！」還說：「老夫當避此人，放出一頭地也。可喜！可喜！」那種興奮的神情真是溢於言表，躍然紙上。隨著對蘇軾了解更加深入，身為「文壇盟主」的歐陽脩對蘇軾語重心長地說：「我將老矣，付子斯文。」

蘇軾沒有辜負歐陽脩的厚望，其為人做官，行之有道，而不敢見利忘義。蘇軾和歐陽脩不僅是科舉上的師徒關係，在思想上更是受到了歐陽脩的影響，歐陽脩的年齡可謂蘇軾之父，可後人看來更像是忘年之交。而蘇軾用書法寫下的歐陽脩作品〈醉翁亭記〉，彷彿用最好的方式來讓大家見證這一段忘年之交。

歐陽脩，號醉翁，是因為他寫出流傳千古的名篇〈醉翁亭記〉。又自稱六一居士，他在 63 歲那年寫的〈六一居士傳〉中講得很明白：「吾家藏書一萬卷，集錄三代以來金石遺文一千卷，有琴一張，有棋一局，而常置酒一壺……以吾一翁，老於此五物之間，是豈不為六一乎？」

雖然年少時也輕狂風流過，也曾寫下〈漁家傲〉

近日門前溪水漲，郎船幾度偷相訪。

船小難開紅斗帳。

無計向，合歡影裡空惆悵。

願妾身為紅菡萏，年年生在秋江上。

重願郎為花底浪。

無隔障，隨風逐雨長來往。

和〈臨江仙〉

柳外輕雷池上雨，雨聲滴碎荷聲。

小樓西角斷虹明。

闌干倚處，待得月華生。

燕子飛來窺畫棟，玉鉤垂下簾旌。

涼波不動簟紋平。

水精雙枕，傍有墮釵橫。

　　但其一生，有高潮高光，也常有低落敗筆，卻從未沉淪。參與《新唐書》250 卷的修訂，是本分（朝廷安排的工作）。但 60 歲後，在身患重病的情況下，完成《新五代史》的撰寫，完成了唐宋以後唯一的一部私修正史（薛居正等曾官修五代史），在中國史學史尤其是唐宋以後史學史上占據著十分重要的地位。一個朝廷的官員，由此蛻變為流芳千古的史學家。

　　歐陽脩晚年急流勇退，經數次奏請後，西元 1071 年（北宋熙寧四年）夏，神宗趙頊同意歐陽脩提前退休（宋朝官員須工作到 70 歲）。皇恩浩蕩，戴銜退隱（「副宰級」待遇不變）。

　　熙寧五年農曆閏七月二十三，歐陽脩病逝安徽阜陽家中。逝前留言請名臣韓琦（西元 1008 年－ 1075 年，北宋宰相）撰寫其墓誌銘。喪訊報至京城，神宗停朝一日，以示哀悼，追封歐陽脩為「太子太師」，諡「文忠」。

58
司馬光（西元 1019 年－ 1086 年）

司馬光砸缸，其實砸的是一種觀念。

> 司馬光，字君實，號迂叟。漢族，陝州夏縣涑水鄉人，自稱
> 西晉安平獻王司馬孚之後，世稱涑水先生，後稱司馬溫公。北宋
> 政治家、史學家、文學家。歷仕仁宗、英宗、神宗、哲宗四朝，
> 主持編纂了中國歷史上第一部編年體通史《資治通鑑》。

　　西元 1038 年（北宋寶元元年）中進士甲科，簽蘇州判官事，一年後
由於父母相繼亡故而丁憂。降服後（居喪結束後），簽武成軍判官（滑
州），任職兩年。後經連襟之父樞密副使龐籍的推薦，入京為館閣校勘，
同知禮院，在京城任官十年。西元 1054 年（北宋至和元年），龐籍知并州
兼河東經略，司馬光改并州通判。西元 1057 年（北宋從嘉二年），司馬
光代龐籍巡視邊地，主張在麟州築堡失敗損兵折將，龐籍因事獲罪，司
馬光引咎離開并州，任職開封府推官。兩年後改修起居注、判禮部。宋
仁宗末年任天章閣待制兼侍講同知諫院。西元 1061 年（北宋嘉祐六年）
遷起居舍人同知諫院。

　　司馬光立志編撰《通鑑》，作為統治者的借鑑。西元 1066 年（北宋治
平三年）撰成戰國迄秦的《通鑑》8 卷上進宋英宗，英宗命設局續修，並
供給費用，增補人員。宋神宗以其書「有鑒於往事，以資於治道」，賜書
名《資治通鑑》，並親為之序。王安石在宋神宗的支持下行新政，司馬光

竭力反對，與王安石在帝前爭論，強調祖宗之法不可變。神宗命他為樞密副使，但司馬光堅辭不就。

西元 1070 年（北宋熙寧三年），自請離京，以端明殿學士的身分前往陝西永興軍擔任知軍一職，這是他在三十年仕途中第一次出任親民官主官，此前在地方僅任過佐貳官與幕職官。之後神宗問司馬光陝西民間的狀況時，司馬光說：青苗法和助役法這兩項新法危害陝西（永興軍是陝西的一部分）地區，是當地的禍害，而對此神宗回答道：「助役法只行於京東（不包括陝西）和兩浙一帶，而僱人充役的做法，則已經在越州推行。」也就是說在司馬光擔任陝西永興軍知軍時，助役法尚未實行於陝西一帶。次年司馬光退居洛陽，任西京留守兼西京御史臺，以書局自隨，繼續編撰《資治通鑑》，至西元 1084 年（北宋元豐七年）成書。書成後，司馬光官升為資政殿學士。

西元 1085 年（北宋元豐八年），司馬光 66 歲。三月七日，神宗病死，年僅 10 歲的趙煦繼位，是為哲宗，高太皇太后聽政，向司馬光徵詢治國方略，司馬光上〈乞開言路札子〉，建議「廣開言路」。司馬光又一次呼籲對貧苦農民不能再加重負擔，而且主張新法必須廢除，要對農民施以「仁政」，接著上第二份奏疏〈修心治國之要札子〉，重點談用人賞罰問題，提出保甲法、免役法和將兵法是「病民傷國，有害無益」。召入京主國政，次年任尚書左僕射、兼門下侍郎，數月間罷黜新黨，盡廢新法，所謂「元祐更化」。

高太皇太后下詔起用司馬光知陳州，不久，又下詔除授門下侍郎（即副宰相）。但司馬光上疏辭謝，以自己「齡髮愈衰，精力愈耗」，請求只任知陳州。之後在周圍親友支持下還是到任就職了。司馬光向太皇太后進言，為了實現廢除新法的政治主張，把因反對新法而被貶的劉摯、

范純仁、李常、蘇軾、蘇轍等人召回朝中任職，呂公著、文彥博等老臣也被召回朝廷任職。

司馬光廢除新法，上〈請革弊札子〉；又在〈請更新新法札子〉中，把新法比之為毒藥，請求立即採取措施，全部「更新」。廢除了保甲法，又廢除了方田均稅法、市易法、保馬法，帶病得知免役法、青苗法和將官法還未廢除，無限感傷地說：「吾死不瞑目矣！」他向呂公著說：「光自病以來，悉以身付醫，家事付康（司馬康），國事未有所付。」切望呂公著能夠完成他的宿願。同時，上表請求辭位。但太皇太后對他很倚重，不但不准辭位，反下詔除授尚書左僕射兼門下侍郎，正式拜為宰相。接著很快就廢除了免役法、青苗法。司馬光終於完成了自己廢除免役法的夙願，實現了自己的政治主張。

西元 1086 年（北宋元祐元年），九月初一司馬光執政一年半，即與世長辭，享壽67歲。「京師人為之罷市往弔，鬻衣以致奠，巷哭以過車者，蓋以千萬數」，靈柩送往夏縣時，「民哭公甚哀，如哭其私親。四方來會葬者蓋數萬人」、「家家掛象，飯食必祝」。高太皇太后命葬之於高陵。

司馬光死後追贈太師、溫國公，諡文正，賜碑「忠清粹德」。遺著有《翰林詩草》、《易說》、《涑水紀聞》、《稽古錄》、《司馬文正公集》等 37 部。

西元 1226 年（北宋寶慶二年），理宗圖二十四功臣神像於昭勛閣，司馬光位列其中。咸淳年間，從祀於孔廟。明嘉靖年間，從祀時稱「先儒司馬子」。西元 1722 年（北宋康熙六十一年），司馬光與歷代功臣四十人從祀歷代帝王廟。

司馬光在政治上被後人視作強硬的守舊派，他幾度上書反對王安石變法。他認為關於刑法，新建的國家使用輕典，混亂的國家使用重典，這是世輕世重，不是改變法律。所謂「治天下譬如居室，敝則修之，非

大壞不更造也」。司馬光與王安石，就竭誠為國來說，二人是一致的，但在具體措施上，各有偏向。王安石主要是圍繞當時財政、軍事上存在的問題，透過大刀闊斧的經濟、軍事改革措施來解決燃眉之急。司馬光則認為在守成時期，應偏重於透過倫理綱常的整頓，來把人們的思想束縛在原有制度之內，即使改革，也定要穩妥，因為「大壞而更改，非得良匠美材不成，今二者皆無，臣恐風雨之不庇也」。而王安石變法過於躁進，用人不善，用之變法官吏素養不良，也是新法招致反對的理由。雖然王安石新法初衷是為了切中時弊，但實際收效欠佳。反對新法的理由包括「新法擾民」、「祖宗之法不可廢」以及王安石作風霸道專斷。司馬光曾批評王安石變法的理由之一是「南人不可當政」，他上奏宋神宗聲稱：「閩人狹險，楚人輕易，今二相皆閩人，二參政皆楚人，必將援引鄉黨之士，充塞朝廷，風俗何以更得淳厚？」

宋神宗熙寧年間，司馬光強烈反對王安石變法，上疏請求外任。西元 1071 年（北宋熙寧四年），他判西京御史臺，自此居洛陽十五年，不問政事，這段悠遊的歲月司馬光主持編撰了 294 卷 300 萬字的編年體史書《資治通鑑》。

《資治通鑑》（下文簡稱《通鑑》）上起西元前 403 年（周威烈王二十三年），下迄西元 959 年（五代後周世宗顯德六年），共記載了 16 個朝代 1,362 年的歷史，歷經 19 年編輯完成。《通鑑》徵引史料極為豐富，除十七史外，所引雜史諸書達數百種。書中敘事，往往一事用數種材料寫成。遇年月、事蹟有歧意處，均加考訂，並注明斟酌取捨的原因，以為《考異》。《通鑑》具有相當高的史料價值，尤以《隋紀》、《唐紀》、《五代紀》史料價值最高。《通鑑》因司馬光一人精心定稿，統一修辭，故文字優美，敘事生動，且有相當高的文學價值，歷來與《史記》並列為中國古

代之史家絕筆。於敘事外，還選錄了前人的史論 97 篇，又以「臣光日」的形式，撰寫了史論 118 篇，相當集中地反映了作者的政治、歷史觀點。對歷史上關於圖讖、占卜、佛道等宗教迷信，採取了批判的態度，是史學思想的重要進步。《通鑑》成書後，西元 1085 年（北宋元豐八年），范祖禹、司馬康、黃庭堅、張舜民等奉命重行校定，西元 1086 年（北宋元祐元年）校定完畢，送往杭州雕版，元祐七年刊印行世。

司馬光在〈進資治通鑑表〉中說：「臣今筋骨癯瘁，目視昏近，齒牙無幾，神識衰耗，目前所謂，旋踵而忘。臣之精力，盡於此書。」司馬光為此書付出畢生精力，成書不到兩年便積勞而逝。《資治通鑑》從發凡起例至刪削定稿，司馬光都親自動筆，不假他人之手。清代學者王鳴盛評價此書說：「此天地間必不可無之書，亦學者必不可不讀之書。」

59
王安石（西元 1021 年－ 1086 年）

天變不足畏、祖宗不足法、人言不足恤。

> 王安石，字介甫，號半山，漢族，臨川人（現江西省撫州市），北宋著名思想家、政治家、文學家、改革家。生於宋真宗天禧五年，卒於宋哲宗元祐元年，由於被封為荊國公，後人常稱他為王荊公。官至司空、尚書左僕射、觀文殿大學士、鎮南軍節度使。他去世後被追贈為太傅，諡曰文，享年 65 歲。

　　王安石既是政治家、文學家也是思想家，他的思想理論多被人統稱為「荊公新學」。王安石將他的思想錄述在多種書籍及文章中，其代表性作品有《周官新義》及《字說》，這些著作也成為後來新學學派的主要理論依據之一。

　　提到王安石，就一定會讓人想到「熙寧變法」。因為北宋的一職多官政策，官僚機構龐大而臃腫，加上「養兵」政策和大興土木，國庫早已入不敷出（冗官、冗員、冗費），改革迫在眉睫。這時王安石代表新黨站了出來，他提出了一系列新法，例如政府透過放貸給農民來收取利息，裁掉大部分不必要的官員等以解決國庫虛空的問題，史稱「王安石變法」或「熙寧變法」。王安石的變法思想是基於他的儒家思想，吸取其他學說而形成的。王安石在十六歲時隨父親到達金陵，便開始學習各類儒家典籍。王安石認為，董仲舒所提出來的天人感應是不對的，他在熙寧變法

中反對「天人感應」的主張被總結為「三不足」之說中的「天變不足畏」。而後，王安石教育當時的讀書人，需要拋開漢儒的引導，自己發現經典的本意。在他的想法中，「讀經而已，則不足以知經」。即想要了解、通曉儒家典籍的意義，需要閱讀其他流派的文章以及其他學科的書籍，如《素問》、《本草綱目》等書。王安石除鼓勵閱讀其他學說的書籍外，對那些舊有的因循守舊的「俗儒」也進行了批判。在他的觀念中，儒家也是要根據時代而演變，從而達到他在「萬言書」中所說的「夫在上之聖人，莫如文王，在下之聖人，莫如孔子，而欲有所施為變革，則其事蓋如此矣」。在有人反對佛教思想時更是提出了「善學者讀其書，唯理之求！有合吾心者，則樵牧之言猶不廢，言而無理，周、孔所不敢從」的言論。王安石曾作《淮南雜說》，人皆以為是見到了《孟子》，可以看出王安石的思想受到了孟子的很大影響。在學術淵源上，梁啟超認為，王安石「其學術集九流之粹」，並且肯定王安石的思想源於傳統的經學。他認為，王安石在經學上的成就可以與董仲舒和劉歆媲美。同時，梁啟超還指出，王安石的學術思想與其政治實踐是一致的。王安石的整體思想是務求實際，避免虛無，在其對於商鞅的評價中，尤其展現了這一思想。王安石認為當時的人不能非議商鞅，商鞅能讓命令必定行使。這種思想也使得王安石在推行新法的時候，沒有仔細辨別是不是真心為了新法，導致變法失敗。

王安石在變法過程中有許多政敵，其中之一便是蘇東坡。因為兩人不但分屬兩個政治營壘，又是上下級關係，而且彼此之間還有糾纏不清的私人恩怨。

蘇東坡一入仕途就陷入了新舊黨爭，他的父親和弟弟、他敬愛的朝中元老、他的親朋好友，幾乎無一不是站在舊黨一邊的。當然，更重要

的是蘇東坡本人的政治觀念與新法南轅北轍，他的學術思想也與新學格格不入，忠鯁謹直的他不可能違心地對方興未艾的新政沉默不言，他勢必要成為新黨的政敵，也勢必要與新黨黨魁王安石發生衝突。

蘇洵與王安石素不相協，嘉祐年間蘇洵以文章名動京師，王安石卻未有一言褒獎。王安石的母親去世，朝中大臣紛紛前去弔唁，蘇洵獨不前往。但蘇東坡對王安石的文才非常讚賞，曾稱王安石所撰的《英宗實錄》為本朝史書中寫得最好的。

蘇東坡對王安石好為大言詭論的行為非常不滿，曾在祭劉敞的祭文中予以譏刺。西元 1069 年（北宋熙寧二年），蘇東坡上疏論貢舉之法不當輕改，神宗非常重視，當天就予接見。然後又想讓蘇東坡修中書條例，王安石阻攔並力薦呂惠卿。同年，蘇東坡為國子監舉人考官，策題以歷史上君主獨斷或興或亡之事為問，王安石大為不悅。神宗又想讓蘇東坡修起居注，王安石卻說蘇東坡不是「可獎之人」。神宗說蘇東坡文學出眾，為人亦平靜，司馬光、韓維等大臣都稱道之。王安石則回答說蘇東坡是「邪險之人」，還說西元 1066 年蘇東坡遭父喪時，韓琦等贈送賻金不受，卻利用運喪的官船販賣蘇木入蜀，並說此事人所共知。所以蘇東坡雖有才智和名望，但只能當個通判，不可大用。

然而王安石卻絕非奸佞小人，他與蘇東坡的矛盾僅僅是政治觀念的不同，為了推行新政，王安石當然要打擊、排斥反對派，但也僅僅是將其降職或外放，並未羅絡罪名陷害對手，也從未企圖將對方置於死地。甚至，當「烏臺詩案」發生時，已經辭官的王安石還挺身而出上書皇帝，營救朋友兼政敵蘇東坡，直言「安有聖世而殺才士乎」。要知道王安石與蘇東坡長期政見不和，而蘇東坡卻正是因為抨擊新政而罹禍，王安石卻能摒棄私見主持公道。更何況，當時不但蘇東坡本人已經屈打成招，

就連許多親朋好友都噤若寒蟬，無人敢為蘇東坡說一句話。而王安石這時卻是一個被皇帝和百官厭棄的人，此時他受盡攻擊遍體鱗傷，又痛失愛子家破人亡，一人孤獨在家獨守貧寒，在這種情況下他還能冒險為蘇東坡申冤。正因為個人品德高尚，所以他可以不顧個人好惡寧肯冒著危險，在自己失勢的情況下仍然挺身而出為蘇東坡向皇帝直言鳴冤，真可謂高風亮節！

同樣，蘇東坡對王安石的不滿也僅僅限於政治觀念上，他不但在王安石落難之後寫詩給他，說「從公已覺十年遲」，而且在代宋哲宗所擬的敕書中，高度評價自己的這位政敵，說正因為天意要託付「非常之大事」，才產生王安石這樣的「希世之異人」，並稱讚他「名高一時，學貫千載，智足以達其道，辯足以行期言；瑰瑋之文，足以藻飾萬物；卓絕之行，足以風動四方」。

此外，王安石的品行不論是他的敵人還是朋友都十分敬佩。王安石質樸、節儉、博學多才，在當時士大夫中有極高威望，且是歷史上唯一不坐轎子不納妾，死後無任何遺產的宰相。

在文學上，王安石具有突出成就。其散文簡潔峻切，短小精悍，論點鮮明，邏輯嚴密，有很強的說服力，充分發揮了古文的實際功用，名列「唐宋八大家」；其詩「學杜得其瘦硬」，擅長於說理與修辭，晚年詩風含蓄深沉、深婉不迫，以丰神遠韻的風格在北宋詩壇自成一家，世稱「王荊公體」；其詞寫物詠懷弔古，意境空闊蒼茫，形象淡遠純樸，營造出一個士大夫文人特有的情致世界，有《王臨川集》、《臨川集拾遺》等存世。

〈遊褒禪山記〉

褒禪山亦謂之華山，唐浮圖慧褒始舍於其址，而卒葬之；以故其後名之曰「褒禪」。今所謂慧空禪院者，褒之廬塚也。距其院東五里，所

謂華山洞者，以其乃華山之陽名之也。距洞百餘步，有碑僕道，其文漫滅，獨其為文猶可識曰「花山」。今言「華」如「華實」之「華」者，蓋音謬也。

其下平曠，有泉側出，而記遊者甚眾，所謂前洞也。由山以上五六里，有穴窈然，入之甚寒，問其深，則其好遊者不能窮也，謂之後洞。余與四人擁火以入，入之愈深，其進愈難，而其見愈奇。有怠而欲出者，曰：「不出，火且盡。」遂與之俱出。蓋余所至，比好遊者尚不能十一，然視其左右，來而記之者已少。蓋其又深，則其至又加少矣。方是時，予之力尚足以入，火尚足以明也。既其出，則或咎其欲出者，而余亦悔其隨之而不得極夫遊之樂也。

於是余有嘆焉。古人之觀於天地、山川、草木、蟲魚、鳥獸，往往有得，以其求思之深而無不在也。夫夷以近，則遊者眾；險以遠，則至者少。而世之奇偉、瑰怪，非常之觀，常在於險遠，而人之所罕至焉，故非有志者不能至也。有志矣，不隨以止也，然力不足者，亦不能至也。有志與力，而又不隨以怠，至於幽暗昏惑而無物以相之，亦不能至也。然力足以至焉，於人為可譏，而在己為有悔；盡吾志也而不能至者，可以無悔矣，其孰能譏之乎？此余之所得也！

……

▍熙寧變法

宋神宗時期，王安石發動的旨在改變北宋建國以來積貧積弱局面的一場社會改革運動。變法自西元 1069 年（北宋熙寧二年）開始，至西元 1085 年（北宋元豐八年）宋神宗去世結束，故亦稱熙寧變法、熙豐變法。

王安石變法以發展生產，富國強兵，挽救宋朝政治危機為目的，以「理財」、「整軍」為中心，涉及政治、經濟、軍事、社會、文化各個

方面，是中國古代歷史上繼商鞅變法之後又一次規模龐大的社會變革運動。變法一定程度上改變了北宋積貧積弱的局面，充實了政府財政，提高了國防力量，對封建地主階級和大商人非法漁利也進行了打擊和限制。但是，變法在推行過程中由於部分舉措的不合時宜和實際執行中的不良運作，也造成了百姓利益受到不同程度的損害（如保馬法和青苗法），加之新法觸動了既得利益集團的根本利益，所以遭到他們的強烈反對，西元 1085 年（北宋元豐八年），因宋神宗去世而告終。

60
沈括（西元 1031 年－ 1095 年）

中國科學史上的里程碑。

> 　　沈括，字存中，號夢溪丈人，浙江杭州錢塘縣人，北宋政治
> 家、科學家。沈括出身於仕宦之家，幼年隨父宦遊各地。西元
> 1063 年（北宋嘉祐八年），進士及第，授揚州司理參軍。宋神宗時
> 參與熙寧變法，受王安石器重，歷任太子中允、檢正中書刑房、
> 提舉司天監、史館檢討、三司使等職。西元 1080 年（北宋元豐三
> 年），出知延州，兼任鄜延路經略安撫使，駐守邊境，抵禦西夏，
> 後因永樂城之戰牽連被貶。晚年移居潤州，隱居夢溪園。西元
> 1095 年（北宋紹聖二年），因病辭世，享年 64 歲。

　　沈括一生致志於科學研究，在眾多學科領域都有很深的造詣和卓越
的成就，被譽為「中國整部科學史中最卓越的人物」。其代表作《夢溪筆
談》，內容豐富，集前代科學成就之大成，在世界文化史上有著重要的地
位，被稱為「中國科學史上的里程碑」。

　　據《宋史·藝文志》記載，沈括的著述有 22 種 155 卷。除《夢溪筆
談》外，還有綜合性文集《長興集》、《志懷錄》、《清夜錄》，醫藥著作《良
方》、《蘇沈良方》，科學著作《渾儀議》、《浮漏議》、《景表議》、《熙寧奉
元曆》、《圩田五說》、《萬春圩圖記》、《天下郡縣圖》、《南郊式》、《諸敕

格式》、《營陣法》，音樂類著作《樂論》、《樂律》、《樂器圖》等，但大多失佚，存世較少。

▌主要學術成就

隙積術指如何計算堆積，沈括運用類比、歸納的方法，以體積公式為基礎，把求解不連續個體的累積數，化為連續整體數值來求解，已具有了用連續模型解決離散問題的思想。在中國數學史上，發展了自南北朝時期就停滯不前的等差級數求和問題，並推進到高階等差級數求和的新階段，開創了中國堆積術研究的先河。

南宋數學家楊輝、元朝數學家朱世傑，都是在沈括的基礎上進一步研究，獲得了令世人矚目的成就。

會圓術，實際上是指由弦求弧的方法，其主要思路是區域性以直代曲，對圓的弧矢關係給出一個比較實用的近似公式。在中國數學史上，沈括第一個利用弦、矢求出了孤長的近似值。這一方法的創立，不僅促進了平面幾何的發展，而且在天文計算中也發揮了重要的作用，為中國球面三角學的發展作出了重要貢獻。

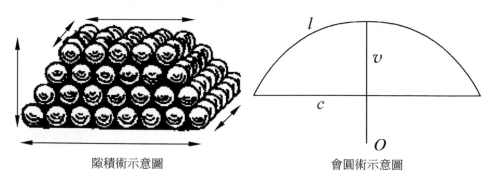

隙積術示意圖　　　　　　　　　　會圓術示意圖

會圓術問世後，得到了廣泛應用，郭守敬、王恂等都用到過會圓術。

磁學

沈括記錄了人工磁化的方法，並用人工磁化針來做實驗，對指南針進行深入研究。沈括比較了指南針的四種裝置方法：水浮法、碗沿法、指甲法和懸絲法，指出懸絲法最理想，並作了相應的分析。

地磁偏角指地球表面任一點的地磁子午線與地理子午線的夾角，即磁針靜止時，所指的北方與真正北方的夾角。在世界上沈括最早經實驗證明了磁針「能指南，然常微偏東」，即地磁的南北極與地理的南北極並不完全重合，存在磁偏角。這比哥倫布橫渡大西洋發現磁偏角現象早了400多年。

光學

沈括透過觀察實驗，對小孔成像、凹面鏡成像等原理進行了準確而生動的描述，他用「礙」（焦點）的概念，指出了光的直線傳播、凹面鏡成像的規律，並把光透過「礙」成像稱為格術，即現代光學中的等角空間變換關係。

沈括還對平面、凹凸面等鏡面成像的不同進行研究，注意到表面曲率與成像之間的關係，並以此對「古人鑄鑑」時正確處理鏡面凹凸與成像大小的關係進行了研究與分析，提出若將小平面鏡磨凸，就可「全納人面」。

沈括還對透光銅鏡的原理作出了正確推論，推動了後世對透光鏡的研究。此外，沈括還第一次記錄了「紅光驗屍」的內容，是中國關於濾光應用的最早記載，至今還有現實意義。

聲學

沈括透過對聲學現象的觀察，注意到音調的高低由振動頻率決定，並記錄下了聲音的共鳴現象。他還用紙人來放大琴絃上的共振，具象地說明了應弦共振現象，這比西方的琴弦上紙游碼試驗早了 500 年。

沈括還提出了「虛能納聲」的空穴效應，以此來解釋兵士用皮革箭袋作枕頭，可以聽到數里外人馬聲的原因。此外，沈括還記錄並深入分析了製鐘的聲學問題。

膽水煉銅

據沈括《夢溪筆談》記載，信州鉛山縣有苦泉（硫酸銅溶液），流而成澗。舀取泉水煎熬，就能得到膽礬（硫酸銅），熬製膽礬就能生成銅，熬膽礬的鐵鍋日子久了也會變成銅。沈括的這段紀錄即溼法煉銅，利用化學置換反應提煉金屬。

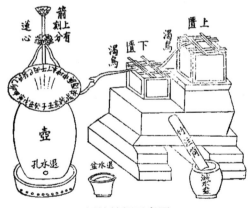

溼法煉銅示意圖

膽礬化鐵成銅的記載古已有之，西漢淮南王劉安《淮南萬畢術》、東晉葛洪《抱朴子》均有類似記載。據郭正誼考證，沈括的記載錄自中唐時期成書的《丹房鏡源》。直到西元 1098 年（北宋紹聖五年），張潛主動將

《浸銅要略》獻給朝廷，在北宋政府的大力提倡下，膽銅法生產才被迅速推廣開來。

石油製墨

世界上最早記載關於石油的文字，見於東漢史學家班固所著的《漢書》。歷史上，石油曾被稱為石漆、膏油、肥、石脂、脂水、可燃水等。直到北宋，沈括才在世界上第一次提出了「石油」這一科學的命名。

據沈括記載，鄜州、延州境內產石油，當地人常採集到瓦罐裡，用於照明。這種油形似純漆，燃起來像燒麻桿，並冒出很濃的煙，能把帳篷燻黑。沈括將其命名為石油，並以石油碳黑製墨，光澤、亮度方面都很理想，於是就大量製造，並命名為「延川石液」，蘇軾用後評價其「在松煙之上」。

天象觀測

沈括對天象進行了仔細的觀測，獲得了一些新的發現與觀測結果。例如，沈括用晷、漏觀測發現了真太陽日有長有短。經現代科學測算，一年中真太陽日的極大值與極小值之差僅為 51 秒。

沈括還詳細觀察了五星運行軌跡和隕石墜落時的情景；並為測量北極星與北天極的真實距離設計了窺管，每夜 3 次，連續 3 月，得 200 餘圖，得出當時極星「離天極三度有餘」的粗測結論。

改革曆法

西元 1072 年（北宋熙寧五年），沈括提舉司天監，發現《大衍曆》沿襲至宋已落後實際天象五十餘刻，遂破格提拔衛朴改革舊曆；西元 1075 年（北宋熙寧八年），《奉元曆》修成頒行。新曆法改動了閏月和朔日的設

定：熙寧十年冬至的臨界時分原用午時，新曆改用子時；閏十二月改為閏正月，以補算歲日朔日。

　　晚年時，沈括大膽革新，進一步提出了《十二氣曆》，以代替陰陽合曆。按中國古代曆法，陰曆和陽曆每年相差 11 天多，雖採用置閏的辦法加以調整，仍有很多缺陷。沈括發明的新曆，不用閏月；不以月亮的朔望定月，而參照節氣定月；一年分為 12 個月，每年的第一天定為立春，這樣既符合天體運行的實際，也有利於農業活動的安排。900 年後，英國氣象局用於統計農業氣候的《蕭伯納曆》，其原理與《十二氣曆》相同。

　　英國科學史家李約瑟評價沈括為「中國科學史上的座標」。沈括在科學上具有難得的理性求索精神，但在做官為人方面卻難為人稱道。其最大的詬病，就是與蘇軾的關係。

　　蘇軾生於西元 1037 年，小沈括 6 歲，兩人是同年進士。北宋沿襲唐制，以史館、昭文館、集賢院為三館，通名崇文院。蘇軾和沈括都是院士，在崇文院共事多年。兩人才俊拱手，惺惺相惜，關係曾經相當不錯。如果說蘇軾是文學大師的話，那麼沈括就是科學界的泰斗。

　　西元 1071 年，作為反對王安石「熙寧變法」的代表，蘇軾被下放到杭州擔任通判一職。此時，沈括被朝廷派到杭州檢查水利。臨行前向神宗辭行，宋神宗對沈括說：「蘇軾通判杭州，卿其善遇之。」沈括到杭州見到蘇軾後，寒暄一番，回憶「當日在館閣之事」，臨行時他向蘇軾索要新作。沉浸在昔日舊友的醇醪中的蘇軾沒有多想，就把近作許多詩詞，包括後來授人話柄的〈山村五絕〉、〈吳中田為嘆〉等均手書一份給沈括。沈括回到京城，在蘇軾的詩文中找出一些貶低誹謗新政的句子，便呈送給王安石、宋神宗等。西元 1079 年，御史何正臣、李定正式上書彈劾蘇軾，隨即烏臺詩案爆發。也就是一年的光陰，蘇軾迅速被貶黃州，親朋

好友三十多人全都受到牽連，他的百首詩詞全部被指證含有藐視朝廷和皇帝的嫌疑。

或許沈括不是烏臺詩案（烏臺詩案發生於西元 1079 年〔北宋元豐二年〕，時御史何正臣上表彈劾蘇軾，奏蘇軾移至湖州到任後謝恩的上表中，用語暗藏譏刺朝政，御史李定也曾指出蘇軾四大可廢之罪。該案先由監察御史告發，後在御史臺獄受審。所謂「烏臺」，即御史臺，因官署內遍植柏樹，又稱「柏臺」。柏樹上常有數百隻烏鴉棲息築巢，乃稱烏臺。所以此案稱為「烏臺詩案」）的主謀，但此事卻是因他而起。

救援活動也在朝野同時展開。不但與蘇軾政見相同的許多元老紛紛上書，連一些變法派的有識之士也勸諫神宗不要殺蘇軾。王安石當時已退休金陵，也上書神宗：「安有聖世而殺才士乎？」這場詩案終因王安石「一言而決」，蘇軾得到從輕發落，貶為黃州團練副使，「本州安置」，受當地官員監視。蘇軾下獄一百零三日，險遭殺身之禍。

「烏臺詩案」揭示了中國古代知識分子在皇權體制下的困惑、軟弱和悲哀，也顯示了知識分子自身的弱點與陋習。

在那個時代，沈括算是個另類。進士出身卻醉心於科學（在當時是旁門左道，稱為雜學），使得他與其他文人顯得若即若離；堅定變法，卻又受到變法派的誤解和攻擊甚至排擠；和蘇軾本是好友，曾一起編纂《蘇沈良方》，卻無意引發「烏臺詩案」。最後在身體和精神的雙重壓抑中，歸退潤州，卜居「夢溪園」。在那裡，沈括以筆記體寫出鉅著《夢溪筆談》，內容涉及天文、曆法、氣象、地質、地理、物理、化學、生物、農業、水利、建築、醫藥、歷史、文學、藝術、人事、軍事、法律等諸多領域。

沈括生活的那個年代，群星璀璨。范仲淹、王安石、蘇軾這些大師，無論政績、著作和影響，都壓過沈括。但要論知識結構的廣博和思

考推理的縝密，他們誰都比不過沈括。他是中國歷史上少數保持了對自然奧祕的興趣和科學探索精神的巨匠之一。《夢溪筆談》的每一個條目裡，幾乎都有他不同凡響的思考和發現。

61
蘇軾（西元 1037 年－ 1101 年）

文學大師蘇東坡，書法大師蘇東坡，繪畫大師蘇東坡，美食大師蘇東坡，千古一人蘇東坡。

> 蘇軾，字子瞻，號東坡居士，眉州眉山人。北宋文學家、書畫家、美食家。葬於潁昌。一生仕途坎坷，學識淵博，天資極高，詩文書畫皆精。其文汪洋恣肆，明白暢達，與歐陽脩並稱「歐蘇」；詩清新豪健，善用誇張、比喻，藝術表現獨具風格，與黃庭堅並稱「蘇黃」；詞開豪放一派，對後世有極大影響，與辛棄疾並稱「蘇辛」；書法擅長行書、楷書，能自創新意，用筆豐腴跌宕，有天真爛漫之趣，與黃庭堅、米芾、蔡襄並稱「宋四家」；畫學文同，論畫主張神似，提倡「士人畫」。

蘇軾家族為初唐「文章四友」之一蘇味道之後人，有深厚的文學傳統。其祖父蘇序好讀書，善作詩；其父蘇洵為北宋著名文學家，尤擅散文，與其子蘇軾、蘇轍並稱「三蘇」，均被列為「唐宋八大家」。

西元 1057 年（北宋嘉祐二年），蘇軾、蘇轍兄弟在京參加禮部省試及第，其才華為歐陽脩所稱讚，嘉祐六年蘇軾中「賢良方正能直言極諫科」第三等（實為最高等），被任命為大理評事，鳳翔府簽判，從此邁入仕途。在對策中，蘇軾倡議改革弊政，後在〈思治論〉中提出「豐財」、「強兵」、「擇吏」的建議。蘇軾政治上屬於舊黨，於西元 1070 年（北宋熙

寧四年）奏〈上神宗皇帝書〉，直言王安石新法「求治太速，進人太銳，聽言太廣」，從此捲入黨爭漩渦。

熙寧年間，蘇軾自請外任，先後任杭州通判和密州、徐州、湖州知州，達八年之久。西元 1079 年（北宋元豐二年）八月，蘇軾以作詩「訕謗朝政」罪遭御史臺彈劾，被捕入獄，史稱「烏臺詩案」。後蒙舊黨諸人多方營救，於同年十二月被貶為黃州團練副使。貶謫黃州四年期間，蘇軾躬耕自給，自號「東坡居士」，並寫下〈赤壁賦〉、〈後赤壁賦〉、〈記承天寺夜遊〉、〈念奴嬌‧赤壁懷古〉等詩文。元豐七年，蘇軾改任汝州團練副使。西元 1085 年（北宋元豐八年）三月，哲宗即位，神宗母親高氏垂簾聽政，廢除新法。蘇軾奉調入京，同年十二月為起居舍人，後又任中書舍人、翰林學士，掌「內制」。但蘇軾不贊同司馬光之務除新黨及新法的做法，曾與司馬光激烈爭論。後舊黨分裂，蘇軾陷入洛蜀黨爭，於西元 1089 年（北宋元祐四年）三月出任杭州知府。

西元 1089 年－ 1094 年（北宋元祐四年至紹聖元年），蘇軾歷任多地知州。期間於元祐七年九月被召回京，任端明殿學士、翰林侍讀學士、禮部尚書。因不斷受到御史的彈劾，他又要求外任，西元 1093 年（北宋元祐八年）六月任定州知州。當年九月，高太后去世，哲宗重又起用新黨人士，蘇軾與舊黨諸人再度被新黨嚴酷打壓。

紹聖元年，蘇軾在被貶途中，被五改謫命，一直被貶到惠州。紹聖四年，隨著朝廷再一次大規模地追貶「元祐黨人」，蘇軾又被貶為瓊州別駕，居海南儋州。這一時期，蘇軾艱苦倍嘗，促使他開始有意識地融合儒釋道三家思想，以平衡身心。西元 1100 年（北宋元符三年）正月，徽宗即位，欲平衡新舊二黨，蘇軾得以內遷。西元 1101 年（北宋建中靖國元年），蘇軾過大庾嶺，經行南安，先後抵達虔州、金陵、常州，隨後臥

病不起。六月上表請老，七月二十八日逝世於常州。

蘇軾一生廣學相容，吸收融合了儒釋道三家思想，構成了其看待人生、仕途和命運的思想。

蘇軾年輕時，具有強烈的儒家兼濟天下情懷，在寫作詩文方面，他追求「言必中當世之過」、「有筆頭千字，胸中萬卷，致君堯舜，此事何難？」蘇軾在第一次任杭州通判時，正值新政日下，蘇轍言其「常因法以便民，民賴以少安」。在密州時，他在詩文中表達出對百姓的同情：「秋禾不滿眼，宿麥種亦稀。永愧此邦人，芒刺在膚肌。」在動盪曲折的一生中，蘇軾希望以儒家行健進取的主張，或有所作為，或修養心性。年輕時期的蘇軾曾以范滂自許，有澄清天下之志，入世後更期望「致君堯舜」，其文章重視通經致用，充滿入世情懷。

「烏臺詩案」後，蘇軾倍嘗艱辛。被貶黃州期間，他開始融合佛老思想，以豁達、超然、隨緣的心態，從容面對人生。老子、莊子的一些思想對蘇軾後期的思想形成有直接影響，如蘇軾被貶瓊州期間，寫有〈行瓊儋間肩輿坐睡夢中得句云千山動鱗甲萬谷〉詩：

四州環一島，百洞蟠其中。我行西北隅，如度月半弓。登高望中原，但見積水空。此生當安歸，四顧真途窮。眇觀大瀛海，坐詠談天翁。茫茫太倉中，一米誰雌雄。幽懷忽破散，永嘯來天風。千山動鱗甲，萬谷酣笙鐘。安知非群仙，鈞天宴未終。喜我歸有期，舉酒屬青童。急雨豈無意，催詩走群龍。夢雲忽變色，笑電亦改容。應怪東坡老，顏衰語徒工。久矣此妙聲，不聞蓬萊宮。

在詩中蘇軾化用《莊子》中的典故，以莊子思想來對映自身處境，則貶謫蠻荒之地之「幽懷」當然不必在意。蘇軾也受到了若干佛教思想的影響，尤其是「無常」、「無所住」、「性空」等理念，對其影響尤其明顯。

如蘇軾〈與參寥子二首・其一〉云：「自揣省事以來，亦粗為知道者。但道心屢起，數為世務所移奪，恐是諸佛知其難化，故以萬里之行相調伏耳。」佛教的因果思想成為蘇軾見天地、見眾生、見自我的重要原因。

嚴格來說，儒釋道三家思想在核心命題上有諸多差異，但蘇軾對於三家思想一視同仁、重視融合：「孔老異門，儒釋分宮；又於其間，禪律相攻。我見大海，有北南東；江河雖殊，其至則同。」在其年輕時期，以儒家入世思想為主幹，強調立德、立功、立言；後期又更多吸取了道家「清新無為」、「齊物」、「安時處順」，與佛教「無住生心」、「隨緣」等思想。正是面對人生坎坷，蘇軾思想的轉變與融合，使其能夠泰然應對一切處境，形成了從容超脫的人生態度，與豐富多彩的藝術風格。

在北宋中期轟轟烈烈的「熙寧變法」中，蘇軾、王安石二人的道德文章，皆為後世楷模，可政見並不相同。以政治家的眼光看，蘇軾儘管才華橫溢，但只不過是書生意氣，所以王安石對他並不重用。蘇軾的不滿便化作嘲諷的言語，與王安石大唱反調。在王安石推行新政如火如荼時期，蘇軾歷數推行新政對老百姓帶來的痛苦和災難，指責王安石「懷詐其術，以欺其君」，還說如此這樣推行新政將會導致亡國。「今日之政，小用則小敗，大用則大敗，若力行不已，則亂亡隨之……」可當蘇軾因詩獲罪，遇飛來橫禍時，已經隱退的王安石卻出手相援，上書皇帝說：「安有聖世而殺才士者乎？」五年後，經歷了諸多磨難的蘇軾從黃州過金陵，懷著複雜的心情拜訪王安石。此時的王安石已到了風燭殘年，罷相賦閒在家。「荊公野服乘驢」，早早在江邊「謁於舟次」。「東坡不冠而迎」，對荊公一揖，道：「軾今日敢以野服拜見大丞相？」欲行禮，王安石卻朗聲一笑：「禮儀豈是為吾輩所設！」蘇東坡在金陵停留數日，兩人多次吟詩唱和。遊蔣山時，蘇東坡吟出「峰多巧障日，江遠欲浮天」。王

安石大為讚嘆，當即和之，並說：「老夫平生作詩，無此二句！」王安石甚至勸蘇東坡卜宅蔣山，與之結鄰而居。所以東坡贈詩說「勸我試求三畝宅，從公已覺十年遲！」送走蘇東坡後，王安石對人說：「不知更幾百年，方有如此人物。」

劫波度盡，恩怨盡泯，兩位巨人終於和解，其胸懷有如光風霽月！

▍蘇洵（西元 1009 年－ 1066 年）

字明允，自號老泉，眉州眉山人。北宋文學家，與其子蘇軾、蘇轍並以文學著稱於世，世稱「三蘇」，均被列入「唐宋八大家」。蘇洵擅長散文，尤其擅長政論，議論明暢，筆勢雄健，著有《嘉祐集》20 卷、《諡法》3 卷，均與《宋史本傳》並傳於世。

後人對蘇洵的評論為：大器晚成的榜樣，無比成功的父親。

蘇家，是四川眉州的大家族。蘇洵的兩個哥哥蘇澹、蘇渙都考中了進士。十八歲的時候，蘇洵也參加過進士考試，但沒有考中，從此蘇洵就放棄了學習。其父卻「非憂其不學者也。」、「蘇老泉，二十七，始發憤，讀書籍。」而蘇洵廣為大家所知，其實主要不是因為唐宋八大家，更重要的原因是他培養了兩個非常傑出的兒子。

他曾特別寫了〈名二子說〉一文，從蘇軾、蘇轍兩兄弟的名字說起，告誡他們做人的道理：「軾」指車廂前端供手扶的橫木，「轍」指車輪輾過的痕跡，也指道路。

「輪、輻、蓋、軫，皆有職乎車，而軾獨若無所為者。雖然，去軾則吾未見其為完車也。軾乎，吾懼汝之不外飾也。天下之車，莫不由轍，而言車之功者，轍不與焉。雖然，車僕馬斃，而患亦不及轍，是轍者，善處乎禍福之間也。轍乎，吾知免矣。」

　　大意是說車輪、車輻條、車頂蓋、車廂四周橫木，都對車有其職責，唯獨作為扶手的橫木，卻好像是沒有用處的。即使這樣，如果去掉橫木，那麼我看不出那是一輛完整的車了。軾兒啊，我擔心的是你不會隱藏自己的鋒芒。天下的車沒有不順著轍走的，但談到車的功勞，車輪印從來都不參與其中。即使這樣，車毀馬亡，也不會責難到車輪印上。這車輪印，是能夠處在禍福之間的。轍兒啊，我知道你是能讓我放心的。

　　俗話說：知子莫如父。蘇軾、蘇轍兄弟日後的經歷，真真切切地印證了其父蘇洵這篇文章中的預言。名字是一個人一生的符號，從這件事情能夠看出蘇洵對兒子教育的重視程度。蘇洵給兩個兒子取的名字，並不顯山露水，但含義深刻，飽含著父親對兒子的了解與期待，真是古今取名的絕佳例子。

▌蘇轍（西元 1039 年－ 1112 年）

　　字子由，一字同叔，晚號潁濱遺老，眉州眉山人。北宋文學家，「唐宋八大家」之一。西元 1057 年（北宋嘉祐二年），蘇轍登進士第，初授試祕書省校書郎、商州軍事推官。宋神宗時，因反對王安石變法，出為河南留守推官。此後隨張方平、文彥博等人歷職地方。宋哲宗即位後，入朝歷官右司諫、御史中丞、尚書右丞、門下侍郎等職，因上書諫事而被落職知汝州，此後連貶數處。宰相蔡京掌權時，再降朝請大夫，遂以太中大夫致仕，築室於許州。西元 1112 年（北宋政和二年），蘇轍去世，年七十三，追復端明殿學士、宣奉大夫。宋高宗時累贈太師、魏國公，宋孝宗時追諡「文定」。

　　蘇轍與父親蘇洵、兄長蘇軾齊名，合稱「三蘇」。其生平學問深受其

父兄影響，以散文著稱，擅長政論和史論，蘇軾稱其散文「汪洋澹泊，有一唱三嘆之聲，而其秀傑之氣終不可沒」。其詩力圖追步蘇軾，風格純樸無華，文采少遜。蘇轍亦善書，其書法瀟灑自如，工整有序。著有《欒城集》等行於世。

62
奧瑪・開儼（西元 1048 年－ 1122 年）

科學家和詩人完美集於一身。

> 奧瑪・開儼（Omar Khayyám），波斯詩人、哲學家、數學家和天文學家。西元 1048 年出生在古絲綢之路上的波斯內沙布爾城，此城以製陶藝術聞名。幼年求學於學者莫瓦法克（Imam Mowaffaq Nishapuri），成年後以其知識和才華，進入塞爾柱帝國馬利克沙蘇丹的宮廷，擔任太醫和天文方面的職務。

　　他先在家鄉，後在阿富汗北部小鎮巴爾赫接受教育。巴爾赫位於喀布林西北約三百公里處，離他的故鄉有千里之遙。正如「奧瑪・開儼」這個名字的含義「天幕製造者」那樣，奧瑪・開儼的父親是一位手工藝人，他經常率領全家從一座城市遷移到另一座城市。加上時局動亂，如同奧瑪・開儼在《代數問題的論證》（*Treatise on Demonstration of Problems of Algebra*）中所寫的：「我不能集中精力去學習代數學，時局的變亂阻礙著我。」儘管如此，他仍寫出了頗有價值的《算術問題》和一本關於音樂的小冊子以及詩集。

　　奧瑪・開儼應塞爾柱帝國第三代蘇丹馬利克沙（Melikşah）的邀請，西行至首都伊斯法罕，在那裡主持天文觀測並進行曆法改革，並受命在該城修建一座天文臺。建立塞爾柱帝國的土庫曼人本是烏古斯部落的統治家族，這個部落是居住在中亞和蒙古草原上突厥諸族的聯盟，其中的

一支定居在中亞最長的河流 —— 錫爾河下游，即今天哈薩克境內靠近鹹海的地方，並加入了伊斯蘭教遜尼派。馬利克沙是塞爾柱帝國最著名的蘇丹，西元 1072 年，年僅 17 歲的他便繼承了王位，得到了老丞相穆勒克（Nizam al-Mulk）的鼎力輔助。馬利克沙在位期間，繼承了父親的事業，征服了美索不達米亞和亞塞拜然的藩主，吞併了敘利亞和巴勒斯坦的土地，並控制了麥加、麥地那、葉門和波斯灣地區。據說他的一支軍隊抵達並控制了君士坦丁堡對岸的尼西亞，拜占庭帝國遂遣使向西方求救，於是才有了幾年以後十字軍的首次東征。

奧瑪・開儼擔任伊斯法罕天文臺臺長達 18 年之久，無疑這是他一生中最安謐的時期。遺憾的是，到了西元 1092 年，馬利克沙的兄弟、霍拉桑總督發動了叛亂，派人謀殺了穆勒克，馬克利沙隨後也（在巴格達）突然去世，塞爾柱帝國急遽衰退了。馬利克沙的第二任妻子接受了政權，她對奧瑪・開儼很不友善，撤銷了對天文臺的資助，曆法改革也難以繼續，研究工作被迫停止。可是，奧瑪・開儼仍留了下來，他試圖說服和等待統治者回心轉意。

晚年，奧瑪・開儼獨自一人返回了故鄉內沙布爾，招收了幾個弟子，並間或為宮廷預測未來事件。奧瑪・開儼終生未娶，既沒有子女，也沒有遺產，他死後，他的學生將其安葬在郊外的桃樹和梨樹下面。奧瑪・開儼的四行詩在 19 世紀中葉被譯成英文以後，他作為詩人的名聲傳遍了世界，至今他的《魯拜集》（*Rubáiyát of Omar Khayyám*）已有幾十個國家的一百多種版本問世。為了紀念奧瑪・開儼，1934 年，由多國集資，在他的故鄉修建了一座高大的陵墓。奧瑪・開儼紀念碑是一座結構複雜的幾何體建築，四周圍繞著八塊尖尖的稜形，稜形內部鑲嵌著伊斯蘭傳統的美麗花紋。

如果奧瑪‧開儼僅僅是個數學家和天文學家，那他很可能不會終身獨居，雖然他的後輩同行笛卡兒、帕斯卡、史賓諾沙、牛頓和萊布尼茲也不曾結婚。這幾位西方智者在從事科學研究之餘，均把自己的精神獻給宗教或哲學。奧瑪‧開儼在潛心科學王國的同時，也悄悄地把自己的思想記錄下來，但卻以詩歌的形式。不同的是，他的作品因為不合時宜，當年在初次展示以後便被收了起來。

奧瑪‧開儼的詩

天地是飄搖的逆旅，

晝夜是逆旅的門戶；

多少蘇丹與榮華，

住不多時，

又匆匆離去。

飄飄入世，如水之不得不流。

不知何故來，亦不知來自何處；

飄飄出世，如風之不得不吹，

風過漠池亦不知吹向何許。

只要金星和月亮在天上川流不息，

最好不要與美酒分離。

我真不懂那賣酒的漢子，

賣掉酒，還能買到什麼更好的東西？

在樹蔭下帶著一塊乾糧，一壺酒，一卷詩，

還有你在我身旁，

在荒野中為我歌一曲……

荒野也就足夠成為天堂。

63
婆什迦羅第二（西元 1114 年－ 1185 年）

印度的數學天才很多啊！

> 婆什迦羅第二（Bhāskara II），印度數學家、天文學家。西元 1150 年，著有《曆算書》，分「應用問題」、「代數」、「天球」、「行星數學」四篇。書中他全面系統地介紹了算術、代數和幾何知識，反映了印度 12 世紀的記數法，記載了關於自然數、分數和負數的 8 種基本運算，收集了關於利息、商品交換、合金成分、土方、倉庫容積、水利建設等各種與社會、經濟活動相關的數學問題，給出了關於代數、幾何、三角方面的一些成果。

他比牛頓和萊布尼茲早 5 個世紀就構想了微積分，而他們被視為微積分的創立者。現在稱為「微分係數」的一個例項和羅爾定理的基本思想可以在他的著作中找到。

他對佩爾方程式的研究比約翰‧佩爾（John Pell）要早好幾個世紀。他是第一個遇到「$x^2 + 1 = 0$」的人，當時，他認為毫無意義。

他給出了勾股定理的一個證明，該證明是透過用兩種不同方法計算相同面積然後消去一些項以給出 $a^2 + b^2 = c^2$。

他也因證明了任何數除以零是無窮大而無窮大除以任何數依然是無窮大而著稱。

　　他關於算數的書《莉拉沃蒂》（Līlāvatī）背後有很多有趣的傳奇，那些傳奇認定該書是寫給他的女兒莉拉沃蒂的。莉拉沃蒂的意思是「美麗」。當初有個預言家說她終生不能結婚。婆什迦羅第二本身也是個占星家，於是他也預卜了一下自己女兒的良辰。他把一只杯子放在水中，杯底有一個小孔，水從小孔中慢慢進入杯中，杯子一旦沉沒，就是他女兒的良辰吉日。他的女兒可能是著急了，跑去看杯子什麼時候能夠沉下去，沒想到一顆珠子從首飾上滑落下來，掉到杯子裡去了，正好堵住了小孔，水不再進入杯中，杯子也無法下沉了。於是莉拉沃蒂命中注定永不能出嫁了。婆什迦羅第二為了安慰女兒，就以她的名字來命名了這本書，說：你的名字將會與這本書一起流芳百世。

　　在《莉拉沃蒂》中，婆什迦羅第二主要闡述了一些名詞術語的定義、算術運算法則、關於利率的應用問題、算術和幾何數列問題、平面及立體幾何學、代數問題、組合問題。在《莉拉沃蒂》中，婆什迦羅第二用詩歌的形式講述了許多數學題目，比如「蓮花問題」：平平池水清可鑑，面上半尺生紅蓮，出泥不染亭亭立，忽被強風吹一邊。花觸水面半浸沒，偏離原位二尺遠，能算諸君請解題，池水如何知深淺？

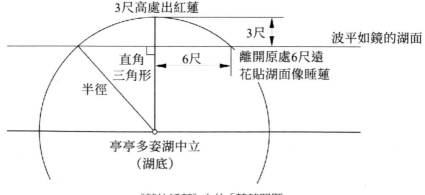

《莉拉沃蒂》中的「蓮花問題」

婆什迦羅第二在《算術本源》(*Bījagaṇita*)中主要闡述了代數的一些問題，比如正數和負數、零、未知數、根式、粉碎法(庫塔卡)、二次不定方程式、簡單方程式、二次方程式、多元方程式、多元二次方程式以及關於未知數乘積的運算等內容。在書中，婆什迦羅第二對於零作了專門的討論，其中有創新，也有錯誤。比如婆什迦羅第二把 $0 \times a = a \times 0$ 分開來描述，儘管兩者結果相同，但是意義是不一樣的。

　　婆什迦羅第二的微分思想展現在他的《天球》一書中，《天球》是《天文系統之冠》的一部分。在該書中，婆什迦羅第二為了算出球的體積和表面積，明確提出了將球分割成細小部分的方法。在婆什迦羅第二之前，阿耶波多(Āryabhaṭa)給出的球體積公式是 $V = \pi r^2$。摩訶吠羅(Mahāvīra)的公式也非常粗糙。婆什迦羅第二在《莉拉沃蒂》中寫道：圓面積＝周長 $\cdot\, d/4 = \pi r^2$，球的表面積 $S = 4\pi r^2$，球體積 $V = 4\pi r^3/3$。婆什迦羅第二在《天球》一書中對這些公式給出了推導過程。他使用的推導方式就是用許多平行的圓將球表面分割成圓環，然後再將這些圓環的面累積加起來。他代表了當時印度數學的最高水準，也代表了 12 世紀數學知識的巔峰。

64
朱熹（西元 1130 年－ 1200 年）

儒學集大成者，南宋理學大家。

朱熹，字元晦，又字仲晦，號晦庵，晚稱晦翁，諡文，世稱朱文公。祖籍徽州府婺源縣，出生於南劍州尤溪。宋朝著名的理學家、思想家、哲學家、教育家、詩人，閩學派的代表人物，儒學集大成者，世尊稱為朱子。朱熹是唯一非孔子親傳弟子而享祀孔廟，位列大成殿十二哲者中，受儒教祭祀。朱熹是「二程」（程顥、程頤）的三傳弟子李侗的學生，與「二程」合稱「程朱學派」。朱熹的理學思想對元、明、清三朝影響很大，成為三朝的官方哲學，是中國教育史上繼孔子後的又一人。

朱熹十九歲考中進士，曾任江西南康、福建漳州知府、浙東巡撫，做官清正有為，振舉書院建設。官拜煥章閣侍制兼侍講，為宋寧宗講學。

朱熹著述甚多，有《四書章句集注》、《太極圖說解》、《通書解說》、《周易讀本》、《楚辭集注》，後人輯有《朱子大全》、《朱子語類》等。其中《四書章句集注》成為欽定的教科書和科舉考試的標準。

理學又名為道學，是兩宋時期產生的主要哲學流派。理學是中國古代最為精緻、最為完備的理論體系，其影響至深。理學的天理是道德神

學，同時成為儒家神權和王權的合法性依據，理學以儒家學說為中心，相容佛道兩家的哲學理論，論證了封建綱常名教的合理性和永恆性，至南宋末期被採納為官方哲學。其中心觀念是「理」，把「理」說成是產生世界萬物的精神的東西。理學的出現對後世政治文化產生了深遠影響。

理學討論的問題主要有：①本體論問題，即世界的本原問題。在這個問題上，理學家雖然有不同的回答，但都否認人格神和彼岸世界的存在。張載提出氣本論哲學，認為太虛之氣是萬物的本原。「二程」建立「天即理」的理本論哲學，認為觀念性的理是世界的本原。朱熹提出理為「本」，氣為「具」的學說。②心性論問題，即人性的來源和心、性、情的關係問題。張載提出天地之性與氣質之性和心統性情的學說，認為天地之性源自於太虛之氣。程顥提出了心即天以及性無內外的命題，把心、性、天統一起來。程頤則提出性即理的命題，把性說成形而上之理。朱熹認為心之本體即是性，是未發之中；心之作用便是情，是已發之和；性和情是體用關係，而心是「主宰」。③認識論問題，即認識的來源和認識方法問題。張載首先提出「見聞之知」與「德性之知」兩種知識，並提倡窮理盡性之學，成為理學家共同討論的問題。「二程」提出「格物致知」的認識學說；朱熹提出「即物窮理」的系統方法；陸九淵強調「反觀」；王守仁則提出「致良知」說，認為格物致知就是致吾心之良知於事事物物，從而完成由內向外的認識路線。

理學所討論的問題隨不同時期、不同流派而有所不同。理學與唐以前儒學尊《五經》一個重要不同之處是，《四書》成為尊信的主要經典。價值體系和功夫體系都在《四書》。《五經》為粗米，《四書》為熟飯。理學的主要根據和討論的問題都與《論語》、《孟子》、《大學》、《中庸》緊密相關。理學討論的主要問題大體是理氣、心性、格物、致知、主敬、主

靜、涵養、知行、已發未發、道心人心、天理人慾、天命之性、氣質之性等。

　　理學流派紛紜複雜，北宋中期有周敦頤的濂學、邵雍的象數學、張載的關學、「二程」的洛學、司馬光的朔學，胡安國、胡宏與張栻的湖湘學派。南宋時有朱熹的閩學、陸九淵兄弟的江西之學。元朝時有吳澄、許衡、劉因、郝經、姚樞、廉希憲、張文謙、劉秉忠、趙汸、汪克寬、華幼武、吳海、戴良、李祁、張憲、梁寅、顏瑜等等。明中期則有王守仁的陽明學等。儘管這些學派具有不同的理論體系和特點，但按其基本觀點和影響來分，主要有兩大派別，「二程」、朱熹為代表的程朱理學；陸九淵、王守仁為代表的陸王心學。

65
斐波那契（西元 1175 年－ 1250 年）

比伽利略早 400 年的天才。

斐波那契（Fibonacci），中世紀義大利數學家，長期專注研究一些數字、數列，以致它們後來被稱為斐波那契數，並將現代書寫數和乘數的位值表示法系統引入歐洲。其寫於西元 1202 年的著作《計算之書》（*Liber Abaci*）中包含了許多古希臘、古埃及、阿拉伯、古印度甚至是中國的數學相關內容。

有感於使用阿拉伯數字比羅馬數字更有效，斐波那契前往地中海一帶向當時著名的阿拉伯數學家學習，約於西元 1200 年回國。西元 1202 年，27 歲的他將其所學寫進《計算之書》。這本書透過在記帳、重量計算、利息、匯率和其他方面的應用，顯示了新的數字系統的實用價值。這本書大大影響了歐洲人的思想，可是在 13 世紀印刷術發明之前，十進位制數字並不流行。

歐洲數學在古希臘文明衰落之後長期處於停滯狀態，直到 12 世紀才有復甦的跡象。這種復甦起初是受了翻譯、傳播古希臘、阿拉伯著作的刺激。對古希臘與東方古典數學成就的發掘、探討，最終導致了文藝復興時期（15 世紀－ 16 世紀）歐洲數學的突飛猛進。文藝復興的前哨——義大利，由於其特殊的地理位置與貿易連繫成為東西方文化的熔爐。義大利學者早在 12 世紀－ 13 世紀就開始翻譯、介紹古希臘與阿拉伯的數

學文獻。歐洲黑暗時代以後第一位有影響力的數學家就是斐波那契，其拉丁文代表著作《計算之書》和《幾何實踐》（*Practica Geometriae*）均是根據阿拉伯文與希臘文材料編譯而成的。

斐波那契數列

和斐波那契名字緊密相連在一起的是斐波那契數列。

斐波那契在《計算之書》中提出了一個有趣的問題：

一般而言，兔子在出生兩個月後就有繁殖能力，一對兔子每個月能生出一對小兔子來。如果所有的兔子都不死，那麼一年以後可以繁殖多少對兔子？

我們不妨拿新出生的一對小兔子分析一下：

第一個月小兔子沒有繁殖能力，所以還是一對。

兩個月後生下一對小兔，總數共有兩對。

三個月以後，老兔子又生下一對，因為小兔子還沒有繁殖能力，所以一共是三對。

……

以此類推可以列出下表：

經過月數	0	1	2	3	4	5	6	7	8	9	10	11	12
整體對數	0	1	1	2	3	5	8	13	21	34	55	89	144

上表中數字 1，1，2，3，5，8，……構成了一個序列。這個數列有十分明顯的特點，那就是：前面相鄰兩項之和，構成了後一項。

這個數列是斐波那契在《計算之書》中提出的，這個級數的通項公式，除了具有 $a_{n+2} = a_n + a_{n+1}$ 的性質外，還可以證明通項公式為：

$$a_n = 1/\sqrt{5}\left[\left(\frac{1+\sqrt{5}}{2}\right)^n - \left(\frac{1-\sqrt{5}}{2}\right)^n\right]$$

(n=1，2，3，…)，又稱比內公式，是用無理數表示有理數的一個範例。

斐波那契數列還有兩個有趣的性質：

(1)斐波那契數列中任一項的平方數都等於跟它相鄰的前後兩項的乘積加 1 或減 1。

(2)任取相鄰的四個斐波那契數，中間兩數之積（內積）與兩邊兩數之積（外積）相差 1。

質數數量

斐波那契數列的整除性與質數生成性：

每 3 個連續的數中有且只有一個被 2 整除。

每 4 個連續的數中有且只有一個被 3 整除。

每 5 個連續的數中有且只有一個被 5 整除。

每 6 個連續的數中有且只有一個被 8 整除。

每 7 個連續的數中有且只有一個被 13 整除。

每 8 個連續的數中有且只有一個被 21 整除。

每 9 個連續的數中有且只有一個被 34 整除。

……

　　我們看到第 5、7、11、13、17、23 位分別是質數：5，13，89，233，1,597，28,657（第 19 位不是）。

　　斐波那契數列的質數無限多嗎？

66
秦九韶（西元 1208 年－ 1268 年）

南宋著名數學家。

> 秦九韶，字道古，生於普州安岳。南宋著名數學家，與李冶、楊輝、朱世傑並稱宋元數學四大家。

其精研星象、音律、算術、詩詞、弓劍、營造之學，歷任瓊州知府、司農丞，後遭貶，卒於梅州任所，西元 1247 年完成著作《數書九章》，其中的大衍求一術（一次同餘方程組問題的解法，也就是現在所稱的中國剩餘定理）、三斜求積術和秦九韶算法（高次方程式正根的數值求法）是有世界意義的重要貢獻，表述了一種求解一元高次多項式方程式的數值解的算法──正負開方術。

▌數書九章

秦九韶在《數書九章》（西元 1247 年成書）序言中說：數學「大則可以通神明，順性命；小則可以經世務，類萬物」。所謂「通神明」，即往來於變化莫測的事物之間，明察其中的奧祕；「順性命」，即順應事物本性及其發展規律。在秦九韶看來，數學不僅是解決實際問題的工具，而且應該達到「通神明，順性命」的崇高境界。

《數書九章》全書共 9 章 9 類，18 卷，每類 9 題共計 81 個算題。另

外，每類下還有頌詞，詞簡意賅，用來記述本類算題主要內容、與國計民生的關係及其解題思路等。

全書採用問題集的形式，並不按數學方法來分類。題文也不只談數學，還涉及自然現象和社會生活，成為了解當時社會政治和經濟生活的重要參考文獻。《數書九章》在數學內容上頗多創新。中國算籌式記數法及其運算式在此得以完整保存；自然數、分數、小數、負數都有專條論述，還第一次用小數表示無理根的近似值；卷 1「大衍類」中靈活運用最大公約數和最小公倍數，並首創連環求等，藉以求幾個數的最小公倍數；在「孫子算經」中「物不知數」問題的基礎上總結成大衍求一術，使一次同餘式組的解法規格化、程序化，卷 17「市物類」給出完整的方程術運算實錄，書中還繼賈憲增乘開方法進而作正負開方術，使之可以對任意次方程式的有理根或無理根來求解，比 19 世紀英國霍納的同類方法早 500 多年。

除此之外，秦九韶還提出了秦九韶算法。直到今天，這種算法仍是多項式求值比較實用的算法。該算法看似簡單，其最大的意義在於將求 n 次多項式的值轉化為求 n 個一次多項式的值。在人工計算時，利用秦九韶算法和其中的係數表可以大幅簡化運算。

《數書九章》是對《九章算術》的繼承和發展，概括了宋元時期中國傳統數學的主要成就，象徵著中國古代數學的高峰。當它還是抄本時就先後被收入《永樂大典》和《四庫全書》。西元 1842 年第一次印刷後即在民間廣泛流傳。秦九韶所創造的正負開方術和大衍求一術長期以來影響著中國數學的研究方向。焦循、李銳、張敦仁、駱騰鳳、時日醇、黃宗憲等數學家的著述都是在《數書九章》的直接或間接影響下完成的。秦九韶的成就也代表了中世紀世界數學發展的主流與最高水準，在世界數學史上占有崇高的地位。

▌大衍求一術

中國古代求解一類大衍問題的方法。大衍問題源於《孫子算經》中的「物不知數」問題：「今有物，不知其數，三三數之剩二，五五數之剩三，七七數之剩二，問物幾何？」這屬於現代數論中求解一次同餘式方程組問題。秦九韶在《數書九章》中對此類問題的解法作了系統的論述，並稱之為大衍求一術。秦九韶因為「大衍求一術」，被康托爾（Georg Cantor）稱為「最幸運的天才」。秦九韶所發明的「大衍求一術」，即現代數論中一次同餘式組解法，是中世紀世界數學的成就之一，比西方 1801 年著名數學家高斯（Gauss，西元 1777 年－ 1855 年）建立的同餘理論早 554 年，被西方稱為「中國剩餘定理」。但是他的求積公式，比古希臘數學家海龍（Heron of Alexandria）晚了 1,000 多年。

▌一次方程組解法

此外，秦九韶還改進了一次方程組的解法，用互乘對減法消去，與現今的加減消去法完全一致；同時秦九韶又給出了籌算的草式，可使它擴展到一般線性方程式中的解法。在歐洲最早是西元 1559 年布丟（Buteo，約西元 1490 年－ 1570 年）給出的，他開始用不很完整的加減消去法解一次方程組，比秦九韶晚了 312 年，且理論上不如秦九韶完整。

他的書中卷 5「田域類」所列三斜求積公式與西元 1 世紀古希臘數學家海龍給出的公式殊途同歸；卷 7、卷 8「測望類」又使《海島算經》中的測望之術發揚光大，再添光彩。

67
楊輝（約西元 1210 年－？）

楊輝的貢獻很大，但知道的人不多。

> 楊輝，字謙光，錢塘人，南宋傑出的數學家和數學教育家，生平履歷不詳。曾擔任過南宋地方行政官員，為政清廉，足跡遍及蘇杭一帶。

他在總結民間乘除捷法、「堆積術」、縱橫圖以及數學教育方面，均作出了重大的貢獻。他是世界上第一個排出豐富的縱橫圖和討論其構成規律的數學家。著有數學著作 5 種 21 卷，即《詳解九章算法》12 卷（西元 1261 年）、《日用算法》2 卷（西元 1262 年）、《乘除通變算寶》3 卷（西元 1274 年）、《田畝比類乘除捷法》2 卷（西元 1275 年）和《續古摘奇算法》2 卷（西元 1275 年）（其中《詳解》和《日用算法》已非完書）。後三種合稱為《楊輝算法》。朝鮮、日本等國均有譯本出版。

楊輝還曾論證過弧矢公式，時人稱為「輝術」。與秦九韶、李冶、朱世傑並稱「宋元數學四大家」。

楊輝三角形是一個無限對稱的數字金字塔，從頂部的單個 1 開始，下面一行中的每個數字都是上面兩個數字的和。

楊輝三角形，是二項式係數在三角形中的一種幾何排列，在楊輝所著的《詳解九章算法》中出現。在歐洲，帕斯卡（西元 1623 年－1662 年）

於西元 1654 年發現這一規律，所以這個表又稱為帕斯卡三角形。帕斯卡的發現比楊輝要遲 393 年，比賈憲遲 600 年。

(1)楊輝三角形

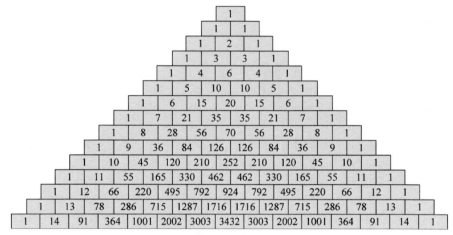

楊輝三角形（一）

(2)最外層的數字始終是 1

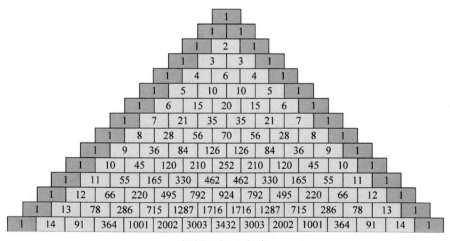

楊輝三角形（二）

（3）第二層是自然數列

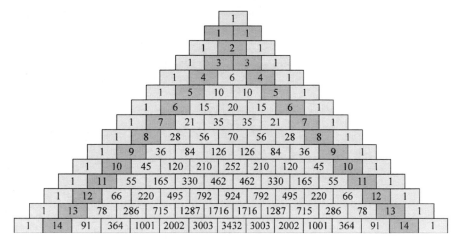

楊輝三角形（三）

（4）第三層是三角數列（見萊布尼茲）

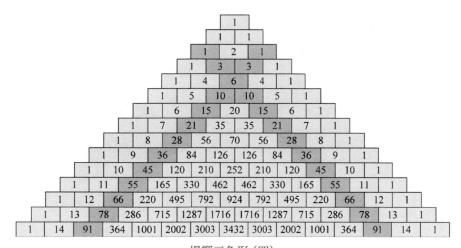

楊輝三角形（四）

(5) 三角數列相鄰數字相加可得正方形數列

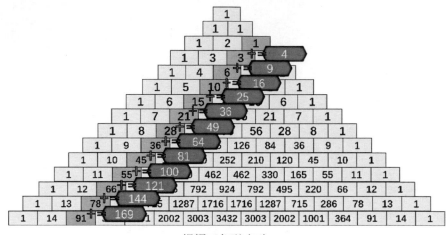

楊輝三角形（五）

什麼是正方形數列呢？與三角數列相仿，就是它的數字始終可以組成一個完美的正方形。如下圖：

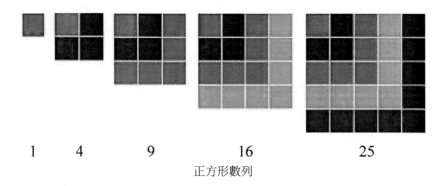

1　　4　　9　　16　　25

正方形數列

（6）每一層的數字之和是一個 2 倍增長的數列

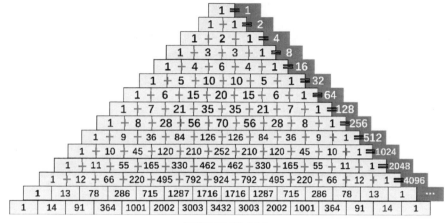

楊輝三角形（六）

（7）斐波那契數列

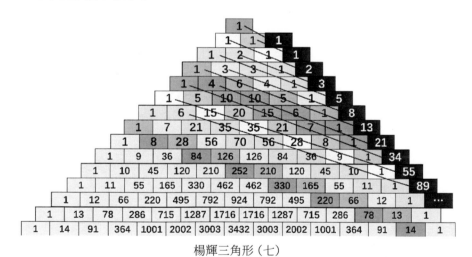

楊輝三角形（七）

（8）質數

質數是指只能被 1 和它本身整除的數。然而在楊輝三角形裡，除了第二層自然數列包含了質數以外，其他部分的數字都完美避開了質數。

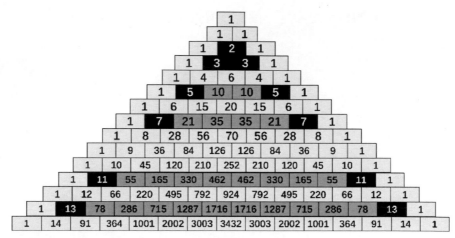

楊輝三角形（八）

68
培根（西元 1214 年－ 1293 年）

要認識真理就必須進行實驗。

羅傑・培根（Roger Bacon），英國具有唯物主義傾向的哲學家和自然科學家，著名的唯名論者，實驗科學的前驅。具有廣博的知識，素有「奇異的博士」之稱。

西元 1214 年出生於英格蘭的貴族家庭，基本和英國金雀花王朝最無名的國王亨利三世（Henry III）同一個時期，他熟悉古典著作，約於西元 1230 年進入牛津大學學習四個高級學科（幾何、算術、音樂和天文），並自稱經常閱讀亞里斯多德的著作並參加這方面的課程。畢業後留校教數學、物理學和外語。西元 1241 年培根在巴黎大學獲得文學碩士學位，在文學院講課，西元 1247 年當了方濟各會的修士後回牛津。用全部財力置辦了一個完整的鍊金術實驗室，開始致力於新的學科的發展，包括語言學、光學、鍊金術，還進一步研究天文和數學，他懷疑推理演繹法，堅持實踐經驗的可靠性，對光的性質的研究和虹的研究頗有獨到之處，繪製了眼鏡的製作原理，闡述了反射、折射、球面光差的原理，以及機械推動船隻和車輛的原理。他利用鏡子和透鏡在鍊金術、天文學與光學中進行實驗，是第一位講述如何製造彈藥的歐洲人。他對經院哲學進行批判，認為只有實驗科學才能造福人類，曾企圖尋找能使一切金屬變為黃金的「哲人之石」，因思想異端，西元 1257 年被趕出大學講壇。接著在巴

黎寺院裡被幽禁十年，他將自己對於鍊金術的發現寫在一本書裡獻給教宗克萊孟五世（Clemens PP. V），作為釋放條件。經過額我略十世（Beatus Gregorius PP. X）等三位教宗都平安無事，直到西元 1277 年 5 月教宗若望二十一世（Ioannes PP. XXI）在做實驗時死去，再度被以猛烈攻擊神學家和信仰占星術和鍊金術等異端罪名入獄 14 年之久，西元 1291 年被釋放，兩年後在牛津去世。

他的思想不僅未被人們廣泛接受，甚至不為人們理解。因此，他的許多著作很快就被遺忘了。

培根寫了百科全書式的《大著作》（*Opus Majus*）、《小著作》（*Opus Minus*）、《第三著作》（*Opus Tertium*）、《神學研究綱要》（*Compendium studii theologiae*）等，僅有《大著作》被完好地保存下來，其他都只剩一些片段。培根的哲學思想基本上傾向於唯物論。他把自然界作為哲學研究的主要對象，並強調知識最根本的來源是經驗。他說，認識有三種方法：權威、判斷和實驗。權威必須透過理智來判斷，而判斷又必須透過實驗才能證實是真理，所以，人類認識的道路「是從感官知識到理性」、「沒有經驗就不能充分認識任何事物」。他嚴厲地斥責對權威的盲目崇拜，以及經院哲學家的因循守舊、不學無術和空洞繁瑣的論證，認為這是認識真理的四大障礙。在宗教神學占絕對統治地位的中世紀，這些思想展現出他的勇敢戰鬥精神。但是，他的這些觀點並不徹底。他曾宣稱科學研究得愈充分，就愈能論證神學，認為「神聖的啟示」和「內在的啟發」也屬經驗之列，並且是認識的更好的途徑。這是歷史條件和他個人的宗教生活在他身上打下的思想烙印。

培根十分重視實驗科學，斷言只有實驗科學才能解決自然之謎。他對數學、光學、天文、地理及語言等方面都有豐富的知識，並親自進行

了許多觀察和實驗，提出過不少有價值的論述和大膽的猜測（如對各種球面鏡的焦距、性質的論述和飛行機器、機動航海船、眼鏡、望遠鏡、顯微鏡的設想），推動了自然科學的發展，對宗教神學的統治是一個有力的打擊。但是這些想法和宗教的占星術、鍊金術混淆在一起，實驗的方法也往往與神祕主義的因素相交雜。

培根思想的唯物主義傾向和科學實驗，不僅對 13 至 14 世紀唯名論的興盛有重大影響，並且對近代歐洲的自然科學和唯物主義思想發展也有重大影響。由於時代的限制，培根還沒有擺脫神學世界觀的束縛。他是一個僧侶，他的革新思想往往與神權思想交織在一起，他的實驗方法也和鍊金術、占星術交織在一起。他勇敢地揭露了教會的腐化墮落，但又把希望寄託在「公正的教宗和公正的君主」身上。

69
阿奎那（西元 1225 年－ 1274 年）

大量翻譯和注釋了亞里斯多德的著作。

> 　　多瑪斯・阿奎那（Thomas Aquinas），西元 1225 年生於義大利的羅卡塞卡堡，該城堡是阿奎那家族的領地。阿奎那家族是倫巴底望族，與教廷和羅馬帝國皇帝都保持著密切關係。他把理性引進神學，是自然神學最早的提倡者之一，成為天主教長期以來研究哲學的重要根據。他所撰寫的最知名著作是《神學大全》（*Summa Theologica*）。他是西歐封建社會基督教神學和神權政治理論的最高權威，經院哲學的集大成者。他所建立的系統的、完整的神學體系對基督教神學的發展具有重要的影響，他本人被基督教會奉為聖人，有「神學界之王」之稱。

　　阿奎那在五歲時進入進修院學習，十六歲時負笈那不勒斯大學，學習了六年時間。期間，他出乎意料地加入了道明會，該會和方濟會共同對歐洲中世紀早期建立的神職階層發起了革命性的挑戰。阿奎那的這一轉變令其家族感到不悅；在去羅馬的路途中，阿奎那被他的幾個兄弟逮住、押送回聖齊奧瓦尼城堡，並在那裡監禁了一、兩年，以迫使他放棄自己的志向。根據最早關於阿奎那傳記的記載，他的家人甚至安排娼妓去誘惑他，但他不為所動。在教宗依諾增爵四世（Innocentius PP. IV）的干預下，最後其家庭還是妥協了。他穿上了道明會會服。

西元 1259 年，他在瓦朗謝訥教區獲得一個重要職位。在教宗烏爾巴諾四世（Urbanus PP. IV）的請求下，他又移居羅馬。西元 1263 年，他出現在倫敦的道明會中。西元 1268 年，他又前往羅馬和波隆那講學，並且投身於教會的公共事務中。

西元 1269 年－ 1271 年，他回到了巴黎。除教書外，還管理教會事務，並且做他的親戚 —— 法國國王路易八世（Louis VIII le Lion）的國事顧問。西元 1272 年佛羅倫斯提供了一個讓他在當地教區內選擇座堂的機會，他擔任了修道會的院長，並且在那不勒斯擔任教授職務。

阿奎那是個大塊頭，肥胖且皮膚黝黑，頭顱碩大，髮髻很高。他的為人處世表現出很好的教養：眾人認為他舉止端正，溫文爾雅，而且令人如沐春風。在爭論中，他保持克制，並且用人格魅力和淵博的學識贏得對手的尊重，周圍的人為其出色的記憶力所傾倒。在他沉思時，常對週遭的環境渾然不知。他能夠有系統、清晰和簡明地表達他人的意見，使自己的思想富有熱情而且兼收並蓄。另外，他經常對於自己著作的數量不足感到遺憾，因為他認為他所受到的神的啟示遠遠不只這些。

西元 1274 年 1 月，額我略十世指派阿奎那參加第二次里昂會議。他的工作是調查並且研究出希臘與拉丁教會之間的差異。身體狀況已經相當差的阿奎那在前往會議的旅程中停留於姪女的一座城堡中，病況開始惡化。阿奎那希望在修道院裡走完人生旅程，但卻無法及時抵達道明會的教堂，最後他被帶至一座熙篤會的教堂。在經歷七週的病痛煎熬後，於西元 1274 年 3 月去世。

阿奎那的著作卷帙浩繁，總字數在 1,500 萬以上，其中包含著較多哲學觀點的著作有：《箴言書注》、《論存在與本質》（*On Being and Essence*）、《論自然原理》（*On the Principles of Nature*）、《論真理》、《波埃

修〈論三位一體〉注》，代表作為《哲學大全》(*Summa Contra Gentiles*)、《神學大全》。他對亞里斯多德《形上學》(*Metaphysica*)、《物理學》(*Physica*)、《後分析篇》(*Analytica Posteriora*)、《解釋篇》(*On Interpreta-tion*)、《政治學》(*Politica*)、《論記憶》(*De Memoria et Reminiscentia*)、《論靈魂》(*De Anima*)以及亞里斯多德所有的主要論文作過評注。他的主要貢獻之一是大量翻譯和注釋亞里斯多德的著作，並成功地將亞里斯多德的思想與天主教的教義協調起來，從而在教會的思想桎梏下開啟一個缺口。

70
郭守敬（西元 1231 年－ 1316 年）

元朝著名的天文學家、數學家。

> 　　郭守敬，字若思，順德府邢臺縣人。元朝著名的天文學家、數學家、水利工程專家。早年師從劉秉忠、張文謙，官至太史令、昭文館大學士、知太史院事，世稱「郭太史」。西元 1316 年（元延祐三年），郭守敬逝世，享年八十五歲。著有《推步》、《立成》等十四種天文曆法著作。

　　郭守敬在天文、曆法、水利和數學等方面都獲得了卓越的成就。他自西元 1276 年（元至元十三年）起，奉命修訂新曆法，歷時四年，制定出了通行 360 多年的《授時曆》，成為當時世界上最先進的一種曆法。為修訂曆法，郭守敬還改制、發明了簡儀、高表等十二種新儀器。

　　西元 1280 年（元至元十七年），《授時曆》告成，此書為中國歷史上一部精良的曆法。

　　郭守敬參與制定的《授時曆》除了在天文資料上的進步之外，在計算方法方面也有重大的創造和革新。主要特點如下。

（1）廢除上元積年

　　改用西元 1281 年（元至元十八年）天正冬至（即至元十八年開始之前的那個冬至時刻，實際上在至元十七年內）為其主要起算點。其他各種天

文週期的曆元，均推算出與該冬至時刻的差距，稱為相關的「應」。由此形成一個天文常數系統。在這個天文常數系統中，《授時曆》提出了「七應」（氣應、轉應、閏應、交應、周應、合應、曆應）。

(2) 以萬分為日法

古代的天文資料都以分數形式來表示。但這種分數方式難以立即比較出數值的大小，在曆法計算中又須作繁雜的通分運算，很不方便，而且隨著天文資料測定的進步，古人實際上已逐漸明白，無法用一個分數來完全準確地表達這個資料的值。因此，從唐代開始就有人企圖打破分數表達法的傳統。南宮說於西元 705 年（唐神龍元年）編的《神龍曆》即以百進制為天文資料的基礎。曹士蒍於西元 780 年－ 783 年（唐建中年間）編的《符天曆》更明確提出以萬分為日法。但《神龍曆》未獲頒行。《符天曆》只行於民間，被官方天文學家貶稱為小曆。到《授時曆》中始以宏大的革新精神，斷然採用以萬分為日法的制度，使天文資料的表達方式走上了簡潔合理的道路。

(3) 發明正確的處理三次差內插法方法

自隋代劉焯以來，天文學家使用二次差內插法來計算日、月等各種非勻速的天體運動。但實際上唐代天文學家已發現，許多運動用二次差來計算是不夠精確的，必須用到三次差，但關於三次差內插公式卻一直沒有找到，只能用一些近似公式來代替。《授時曆》發明了稱之為招差法的方法，解決了這個 300 多年未能解決的難題。而且，招差法從原理上來說，可以推廣到任意高次差的內插法，這在資料處理和計算數學上是個很大的進步。

(4) 發明弧矢割圓術

　　天文學上有所謂黃道座標、赤道座標、白道座標等球面座標系統。現代天文學家運用球面三角學可以很容易地將一個座標系統中的資料換算到另一個系統中去。中國古代沒有球面三角學，古人是採用近似的代數計算方法來解決問題的。《授時曆》採用的弧矢割圓術，將各種球面上的弧段投射到某個平面上，利用傳統的勾股公式，求解這些投影線段間的關係。

　　《授時曆》推算出的一個回歸年為 365.2425 天，即 365 天 5 小時 49 分 12 秒，與地球繞太陽公轉的實際時間只差 26 秒，和現在世界上通用的公曆的週期一樣，但公曆是西元 1582 年開始使用，比郭守敬的《授時曆》晚了 300 多年，在國際上產生了一定的影響。

　　郭守敬為完成《授時曆》工作創造了十二件天文臺上用的儀器，四件可攜至野外觀測用的儀器，其名載於齊履謙所撰《知太史院事郭公行狀》中，分別為簡儀、高表、候極儀、渾天象、玲瓏儀、仰儀、立運儀、證理儀、景符、窺几、日月食儀以及星晷定時儀（但史書記載中合計儀器總數為十三件，有的研究者認為末一種或為星晷與定時儀兩種）。而四件可攜式儀器，齊履謙也在《知太史院事郭公行狀》全部羅列，分別為正方案、丸表、懸正儀、座正儀。

第三篇
文藝復興與地理大發現時期的巨匠

篇首

　　從 16 世紀初到 17 世紀末兩百年間，歐洲經歷了文藝復興、宗教改革與地理大發現。這一時期，哥倫布發現了美洲新大陸，麥哲倫環球航行，哥白尼的日心說橫空出世，吉爾伯特、第谷論磁窺天。在中國，李時珍寫《本草綱目》，徐光啟著《農政全書》。

71
但丁（西元 1265 年－ 1321 年）

走自己的路，讓別人說去吧！

> 但丁・阿利吉耶里（Dante Alighieri），西元 1265 年（南宋咸淳元年，乙丑牛年）出生於義大利的佛羅倫斯，現代義大利語的奠基者，歐洲文藝復興時期的開拓人物之一，以長詩《神曲》（*Divine Comedy*）（原名《喜劇》〔*Comedy*〕）而聞名，後來一位叫薄伽丘的作家將其命名為《神聖的喜劇》（*Divine Comedy*）。《神曲》分為三段，第一段叫〈地獄〉，第二段叫〈煉獄〉，第三段叫〈天堂〉。

　　但丁生平時期的佛羅倫斯政界分為兩派，一派是效忠神聖羅馬帝國[012]皇帝的吉伯林派，另一派是效忠教宗的圭爾夫派。西元 1266 年後，由於教宗勢力強盛，圭爾夫派獲得勝利，將吉伯林派放逐。圭爾夫派掌權後，西元 1294 年當選的教宗波尼法爵八世（Bonifatius VIII）想控制佛羅倫斯，一部分富裕市民希望城市獨立，不願意受制於教宗，分化成「白黨」；另一部分沒落戶，希望藉助教宗的勢力翻身，成為「黑黨」。兩派重新爭鬥，但丁的家族原本屬於圭爾夫派，但丁熱烈主張獨立自由，

---

(012)　神聖羅馬帝國，全稱德意志民族神聖羅馬帝國或日耳曼民族神聖羅馬帝國，是西元 962 年至 1806 年地跨西歐和中歐的封建君主制帝國，版圖以日耳曼尼亞為核心，包括一些周邊地區，在巔峰時期包括了義大利北部和中部（原屬中法蘭克王國）和勃艮第還有菲士蘭亞（今低地國家）。西元 962 年德意志（前身是東法蘭克王國）國王鄂圖一世（Otto I）在羅馬被教宗加冕為羅馬皇帝。後腓特烈一世（Friedrich I）改國名為神聖羅馬帝國。德意志人將神聖羅馬帝國定義為「德意志第一帝國」，和後來的德意志第二帝國（西元 1871 年成立）與德意志第三帝國（1933 年成立的納粹德國）加以連論。

因此成為白黨的中堅，並被選為最高權力機關執行委員會的六位委員
之一。

　　西元 1301 年教宗特派法國國王的兄弟瓦盧瓦伯爵查理（Charles I）去
佛羅倫斯「調節和平」，白黨懷疑此行另有目的，派出以但丁為團長的代
表團去說服教宗收回成命，但沒有結果。果然查理到佛羅倫斯後立即組
織黑黨屠殺反對派，控制佛羅倫斯，並宣布放逐但丁，一旦他回城，任
何佛羅倫斯士兵都可以處決燒死他，從此但丁再也沒有回到家鄉。

　　西元 1308 年盧森堡的亨利七世（Heinrich VII）當選為神聖羅馬帝國
皇帝，預備入侵佛羅倫斯，但丁寫信給他，指點需要進攻的地點，因此
白黨也開始痛恨但丁。西元 1313 年亨利去世，但丁的希望落空。

　　西元 1315 年，佛羅倫斯被軍人掌權，宣布如果但丁肯付罰金，並於
頭上撒灰，頸下掛刀，遊街一周就可免罪返國。但丁回信說：「這種方法
不是我返國的路！要是損害了我但丁的名譽，那麼我絕不再踏上佛羅倫
斯的土地！難道我在別處就不能享受日月星辰的光明嗎？難道我不向佛
羅倫斯市民卑躬屈膝，我就不能接觸寶貴的真理嗎？可以確定的是，我
不愁沒有麵包吃！」

　　但丁在被放逐時，曾在幾個義大利城市居住，有記載他曾去過巴
黎，他以著作排遣鄉愁，並將一生的快意恩仇、對教宗揶揄嘲笑、一生
單思的戀人都寫入他的名作《神曲》中。但丁於西元 1321 年在義大利東
北部拉溫納去世。

　　一次，但丁出席威尼斯執政官舉行的宴會。聽差捧給義大利各城邦
使節的都是一條條肥大的煎魚，給但丁的卻是很小很小的魚。但丁沒有
表示抗議，也沒有吃魚。他用手把盤子裡的小魚一條條拿起來，湊近自
己的耳朵聽，好像聽見了什麼，然後再逐一放回盤子裡。執政官見狀，

很奇怪，問他在做什麼。但丁大聲說道：「幾年前，我的一位朋友逝世，舉行的是海葬，不知他的遺體是否已埋入海底，我就一個個問這些小魚，看牠們知不知道情況。」執政官問：「小魚說些什麼？」但丁說：「牠們對我說，牠們都還很幼小，不知道過去的事情，讓我向同桌的大魚們打聽一下。」執政官聽後哈哈大笑起來，吩咐聽差馬上給但丁端一條最大的煎魚來。

但丁年輕的時候，喜歡在他的家鄉佛羅倫斯的廣場上仰天枯坐。尤其是在仲夏之夜，他常常伴著滿天的星斗坐到天明。這個孤獨的年輕詩人有著十分驚人的記憶力。

但丁被認為是中古時期義大利文藝復興中最偉大的詩人，也是西方最傑出的詩人、最偉大的作家之一。恩格斯評價說：「封建的中世紀的終結和現代資本主義紀元的開端，是以一位大人物為代表的，這位人物就是義大利人但丁，他是中世紀的最後一位詩人，同時又是新時代的最初一位詩人。」

▎但丁語錄

（1）愛為美德的種子。

（2）走自己的路，讓別人去說吧！

（3）通向榮譽的路上並不鋪滿鮮花。

（4）容易發怒，是品格上最為顯著的弱點。

（5）生活於願望之中而沒有希望，是人生最大的悲哀。

（6）世界上有一種最美麗的聲音，那便是母親的呼喚。

（7）測量一個人的力量的大小，應看他的自制力如何。

（8）道德常常能填補智慧的缺陷，而智慧卻永遠填補不了道德的缺陷。

（9）一個人常常由這個思想引出那個思想，因而遠離了他所追求的正確目標，第二個思想往往減少第一個思想。

72
佩脫拉克（西元 1304 年－ 1374 年）

文藝復興時期的「桂冠詩人」。

> 弗朗切斯科・佩脫拉克（Francesco Petrarca），義大利學者、
> 詩人，文藝復興第一個人文主義者，被譽為「文藝復興之父」。

他以十四行詩著稱於世，為歐洲抒情詩的發展開闢了道路，後人尊
稱他為「詩聖」。他與但丁、薄伽丘齊名，文學史上稱他們為「三顆巨
星」。

佩脫拉克的抒情詩是在繼承普羅旺斯騎士詩歌和義大利「溫柔的新
體」詩派愛情詩傳統的基礎上創造出來的，並形成了自己的風格。其特
點是格調輕快，韻味雋永，善於借景抒情，達到了情景交融的境地。他
曾寫過這樣的詩句：

我像往常一樣在悲思中寫作，

鳥兒的輕訴和樹葉的微語

在我耳邊繚繞，

一條小河，傍依著兩岸鮮花

在和風細浪中暢懷歡笑……

佩脫拉克知識淵博，他不僅是一位詩人，而且還是一位歷史學家，
著有《名人傳》（*De viris illustribus*）。該書用拉丁文寫成，書中列有 21 位

古羅馬時期的歷史名人（從羅穆盧斯〔Romulus〕起一直寫到凱撒〔Gaius Iulius Caesar〕為止）和皮洛士（Pyrrhus）、馬其頓國王亞歷山大、漢尼拔（Hannibal Barca）的傳記。作者寫作此書的目的在於以人物傳記的形式向義大利人展現一部宏偉壯麗的羅馬史，讓他們了解義大利的過去，就是歷史上橫跨歐亞非三大洲的羅馬帝國，從而激起他們的民族自豪感和民族自信心，以摒棄基督教宣揚的「世界國家」的空想，走上民族獨立統一的道路。

在十四行詩的發展史上，他創造了義大利體，有篳路藍縷之功，後世只有莎士比亞可與之交相輝映。三十七歲時，他在同一天收到了羅馬元老院和巴黎大學的邀請，要授予他「桂冠詩人」的稱號。最後，他就在羅馬接受了這個已經中斷 1,300 年之久的稱號，達到了當時一個文人所能享受的最高聲譽。

73
薄伽丘（西元 1313 年－ 1375 年）

沒讀過薄伽丘的著作也聽說過《十日談》。

喬凡尼·薄伽丘（Giovanni Boccaccio），義大利文藝復興運動的傑出代表，人文主義傑出作家。與詩人但丁、佩脫拉克並稱為佛羅倫斯文學「三傑」。其代表作《十日談》（*Decameron*）是歐洲文學史上第一部現實主義作品。它批判宗教守舊思想，主張「幸福在人間」，被視為文藝復興的宣言。

薄伽丘出生於佛羅倫斯附近的契塔爾多。他是富商薄伽丘·迪·凱利諾（Boccaccino di Chellino）與一名不知名女子的私生子。西元 1327 年，父親攜他去當時商業十分繁榮的那不勒斯居住，先學習經商之道，後又改學稅收法律。但他志不在此，因酷愛詩文，一空下來就埋頭研究古希臘、古羅馬文化及拉丁文、法文等語言，尤其對義大利俗語寫作頗有興趣。正如他在拉丁文自傳中說：「我快要成年，有獨立的能力，不需要他人推我走路。父親執拗地反對我鑽研羅馬古典文學作品，可我不同意他的看法，獨自貪婪地研究懂得不多的賦詩法，盡力領悟詩歌的內在含義。」

在那不勒斯期間，薄伽丘有機會出入那不勒斯王國的宮廷。西元 1333 年，他在聖洛倫佐教堂認識了那不勒斯國王羅伯特（Robert, King of Naples）的私生女瑪麗亞（Maria d'Aquino），雙方都頗有好感。為了取悅

瑪麗亞，薄伽丘開始寫散文體長篇小說《菲洛柯洛》（*The Filocolo*），後來又寫了長詩《菲洛斯特拉托》（*Filostrato*）和中篇小說《菲亞美達》（*Fiammetta*）。《菲亞美達》又稱《菲亞美達小姐的悲歌》，是歐洲第一部內心獨白式的心理小說。西元 1340 年，薄伽丘的父親病故，薄伽丘回到佛羅倫斯，不久創作了《苔塞依達》（*Teseida*），這是義大利出現的第一部敘事詩。隨後又以散文和韻文交替的形式寫成了《仙女的喜劇》（*Ninfale d'Ameto*）（西元 1341 年－ 1342 年），竭力宣揚愛情的神聖。西元 1344 年－1346 年，他又寫成了《費埃索萊的仙女》（*Ninfale fiesolano*），這是一部以八行詩格寫成的長詩，文筆優美，富有田園風味。居住在佛羅倫斯期間，他積極參與這一城邦的政治生活，竭力擁護共和政體。同時，他潛心研究人文主義思想和古代神學，寫了不少拉丁文作品，其中著名的有《名人的命運》（*De Casibus Virorum. Illustrium*）（西元 1355 年－ 1374 年）、《著名的女人們》（*On Famous Women*）（西元 1361 年－ 1375 年）等。此外，他還用義大利俗語寫了一些抒情詩，意境高雅，風格清新。西元 1350 年，薄伽丘在佛羅倫斯與詩人佩脫拉克相識，兩人情趣相投，從此結成了親密的友誼，至死不渝，在文壇上傳為佳話。對於但丁，薄伽丘曾孜孜不倦地加以鑽研，寫了《讚美但丁》（*Trattatello in laude di Dante*）等作品，並於西元 1373 年接受聘職，在聖斯德望隱修院向公眾講解和敘述但丁的《神曲》。他的最後一部作品是小說《大鴉》（*Corbaccio*），創作於西元 1366 年。

說到薄伽丘，人們自然會聯想到《十日談》。長篇小說《十日談》創作於西元 1350 年－ 1353 年。該作講述了西元 1348 年義大利佛羅倫斯瘟疫流行，10 名男女在鄉村一所別墅裡避難。他們終日遊玩歡宴，每人每天講一個故事，共住了 10 天講了百個故事，這些故事批判天主教會，嘲笑教會傳授黑暗和罪惡，讚美愛情是才華和高尚情操的泉源，譴責禁

慾主義，無情暴露和鞭撻了封建貴族的墮落和腐敗，展現了人文主義思想。《十日談》是歐洲文學史上第一部現實主義鉅著。曾有人把《十日談》與但丁的《神曲》並列，稱之為「人曲」。

西元 1350 年後，薄伽丘在教會裡獲得了一個微小的職位，此後一直疾病纏身，痛苦不堪。儘管如此，他在西元 1371 年以前，一直奔走各地積極參加政治活動。他曾受佛羅倫斯當局委託，多次負責重要外交使命，並與政府和教會的領導人物保持接觸。西元 1375 年 12 月，薄伽丘逝世於切塔爾多。在這位偉大的文學家的墓碑上，刻著四行拉丁文銘文，許多研究薄伽丘的學者認為這是他本人生前所寫，銘文如下：

在這塊石碑下躺著喬凡尼的骸骨，

他的靈魂在天主面前，點綴他一生

勞苦的成績。故鄉切塔爾多，乃是

薄伽丘之父，它為靈魂提供養分。

▋鼠疫（黑死病）

西元 1338 年左右，在中亞草原地區發生了一場大旱災。在各種因素的綜合作用下，該地區爆發局部性瘟疫。不久，這場瘟疫又透過人員的流動向外四處傳播，而傳播的起點則是一個很不起眼的小城市 —— 費奧多西亞。

它在黑海之濱的克里米亞半島上，是被義大利商人控制的城市，隸屬於東羅馬帝國的版圖，而附近則是蒙古人建立的金帳汗國。當時，蒙古大軍正一路向西進軍，這座小城隨時面臨危險。西元 1345 年，在這座城市裡發生了一起偶然事件。一天，一群義大利商人與當地的穆斯林居民在街頭發生了爭執。由於雙方互不相讓，致使衝突不斷更新。稍

占下風的穆斯林便向他們的同盟蒙古人求援，正欲征服整個克里米亞半島的蒙古人便藉此機會發兵，將這群義大利商人和東羅馬帝國的守軍團團圍困在費奧多西亞城內。不過由於費奧多西亞城堅固的城牆和守軍的頑強抵抗，使人數占優勢的蒙古大軍也一時難以攻克，圍困整整持續了一年。

就在這時，幾年前發源於中亞草原的瘟疫開始在費奧多西亞城外的蒙古大軍中蔓延，造成了大批士兵的死亡。僵局持續了一段時間後，蒙古人再次向費奧多西亞城發動進攻。很快，瘟疫傳到城裡，費奧多西亞城內到處堆滿了死屍。面對這些已被瘟疫感染、正在腐爛的屍體，義大利人不知所措，他們不知如何處理，更不了解傳說中的瘟疫到底有何威力。幾天後，進一步腐爛的屍體汙染了這裡的空氣，毒化了這裡的水源，而恐怖的瘟疫也隨之爆發了。

費奧多西亞城中很快出現了許多被瘟疫感染者，患者開始時出現寒顫、頭痛等症狀，繼而發熱、譫妄、昏迷，皮膚廣泛出血，身長惡瘡，呼吸衰竭；快則兩、三天，多則四、五天，就紛紛死亡。由於患者死後皮膚常呈黑紫色，因此人們將這種可怕的瘟疫稱為「黑死病」。對這種可怕的疾病，費奧多西亞人一無所知，更不知道它就是鼠疫，一種由鼠疫桿菌引起的烈性傳染病。不到幾天，城內的費奧多西亞人便紛紛喪命，城裡的街道邊到處是身上長滿惡瘡、黑斑的死屍。一座曾經繁華的商業城市，轉瞬間變成了一座人間地獄，僥倖活下來的人也一個個蒙著黑紗，倉皇逃向城外。

在城外，蒙古人這時也已悄然撤退。至於撤退的原因，則是他們同樣飽受瘟疫的折磨，大量人員死亡，繼續圍城已是力不從心。就這樣，那些尚沒有染病的費奧多西亞人僥倖逃生。他們趕緊登上幾艘帆船，踏

上了返回祖國義大利的路程。卻沒有想到，傳播瘟疫的罪魁禍首 —— 老鼠和跳蚤，也早已爬上帆船的纜繩，藏進貨艙，跟隨這些逃生者向歐洲大陸漂泊。

在歐洲大陸，關於費奧多西亞城被黑死病籠罩的消息已經傳遍四方，各國都人心惶惶。因此當這支船隊回到歐洲時，沒有一個國家敢接待他們，所有的港口都拒絕他們登陸。就在船隊孤零零地漂泊於地中海期間，又有一些水手死去了，他們只能無望地在海上漂流，大部分全船死絕，一片死寂地漂在水上，因此一度被稱作「鬼船」。

到西元 1347 年 10 月，只有一艘船倖存下來。當它航行至義大利西西里島的墨西拿港時，船上的人用大量財寶買通了當地的總督，並聲稱他們並沒有感染瘟疫，最終被允許靠岸。登岸後，當地人又立即對船隻進行隔離，可惜為時已晚。因為小小的老鼠已順著纜繩爬到了岸上。就這樣，一個可怕的幽靈，悄悄地降臨到了歐洲。

這種被稱為黑死病的鼠疫就這樣開始在西亞和歐洲大陸上擴散蔓延。這場瘟疫給歐洲人帶來了前所未有的災難，在以後近 300 年的時間裡，黑死病就像夢魘一樣，時時折磨著那些劫後餘生的歐洲人。

據非正式的統計，僅在西元 1348 年－1350 年的 3 年間，光歐洲就有近 3,000 萬人因黑死病而失去生命。3 年裡，黑死病蹂躪整個歐洲大陸，再傳播到俄國，導致俄國近 3 分之 1 至 2 分之 1 的人口死亡。如果再算上以後 300 年的數次鼠疫暴發，歐洲有近一半人因黑死病喪生。西元 1348 年，德國編年史學家記載死亡了 9 萬人，最高的一天死亡數字高達 1,500 人！

以國家而論，在這次大瘟疫中，義大利和法國受災最為嚴重；而少數國家如波蘭、比利時，整體上講僥倖地成了漏網之魚。在城市中，受

災最為慘重的城市是薄伽丘的故鄉佛羅倫斯：80% 的人得黑死病死掉。在親歷者薄伽丘所寫的《十日談》中，佛羅倫斯突然一下子就成了人間地獄：行人在街上走著走著突然倒地而亡；待在家裡的人孤獨地死去，在屍臭被人聞到前，無人知曉；每天、每小時大批屍體被運到城外；乳牛在城裡的大街上亂逛，卻見不到人的蹤影……

這場夢魘奪走了 7,500 萬至兩億條人命。黑死病是現在人取的新名字，在當時，這病稱為「瘟疫」。當時的人相信，這場瘟疫是神對世人的懲罰，也有人認為是星球的排列，直接怪罪至猶太人身上。瘟疫過後，歐洲的人口花了 150 年才恢復。

黑死病對歐洲文明發展方向也產生了重大影響，西方學者認為它已成為「中世紀中期與晚期的分水嶺」、「象徵了中世紀的結束」。黑死病對中世紀歐洲社會的經濟、政治、文化、宗教、科技等方面造成了劇烈的衝擊，產生了極大的影響。有許多學者把黑死病看作歐洲社會轉型和發展的一個契機。經歷了黑死病後，歐洲文明走上了另外一條不同的發展道路，更加光明的道路，原來看起來非常艱難的社會轉型因為黑死病而突然變得順暢了。因而它不僅推進了科學技術的發展，也促使天主教會的專制地位被打破，為文藝復興、宗教改革乃至啟蒙運動產生了重要影響，從而改變了歐洲文明發展的方向。

74
鄭和（西元 1371 年 － 1433 年）

七下西洋，壯觀。

> 　　鄭和，回族，本姓馬，世稱「三保太監」（又作「三寶太監」），雲南昆陽州人。中國明朝航海家、外交家。

　　鄭和早年經歷不詳，據推測於明平雲南之戰中為明軍所擄，西元 1385 年隨傅友德等前往北平，隨即進入朱棣的燕王府從侍。後因在靖難之役中有功，被賜姓鄭，升任為內官監太監。

　　鄭和有智略，知兵習戰。西元 1405 年－1433 年，鄭和七下西洋，完成了人類歷史上偉大的壯舉。在第七次下西洋期間，鄭和去世，一說於西元 1433 年（明宣德八年）卒於古里國。骨灰葬於南京弘覺寺地宮，今南京牛首山鄭和墓或為其衣冠塚。

　　有學者認為，鄭和於西元 1403 年（明永樂元年）曾出使暹羅（泰國），還有學者依據《明史紀事本末》等的記載，認為鄭和曾於西元 1404 年（明永樂二年）出使日本。這樣，「鄭和七下西洋」可以擴充為「鄭和九下東西洋」，並且出使暹羅、日本的成功為後來鄭和擔任正使七下西洋打下了基礎。然而，這兩次所謂的「出使」在學界受到質疑，未能成為主流觀點。

　　鄭和成為下西洋的正使太監，有多重原因。鄭和具備軍事才能，並且得到朱棣的信任。在明成祖決策下西洋時，鄭和正當壯年，身材魁

偉。明成祖曾詢問袁忠徹以鄭和率軍出使是否合適，袁忠徹認為合適。此外，鄭和兼涉佛教和伊斯蘭教的宗教信仰，也被認為有利於其順利完成下西洋的使命。

第一次下西洋

西元 1405 年 7 月 11 日（明永樂三年六月十五）朱棣命正使鄭和，副使王景弘出使西洋。鄭和船隊從蘇州劉家港泛海到福建，再由福建五虎門揚帆，先到占城（今越南中南部地區），期間張輔討平安南。此後，鄭和向爪哇方向南航。

西元 1406 年 6 月 30 日（明永樂四年），鄭和船隊在爪哇三寶壟登陸，進行貿易。時西爪哇與東爪哇內戰，西爪哇滅東爪哇，西爪哇兵殺鄭和士兵 170 人，後西王畏懼，獻黃金 6 萬兩，補償鄭和死難士兵。

西元 1407 年 10 月 2 日（明永樂五年九月初二），鄭和率船隊回國。

第二次下西洋

西元 1407 年（明永樂五年）九月十三日，在鄭和回國十幾天後，就第二次下西洋了。主要訪問了占城、爪哇、暹羅（今泰國）、滿剌加、南巫里、加異勒（今印度南端）、錫蘭、柯枝（今印度西南岸柯欽一帶）、古里（今印度卡利卡特）等國。於西元 1409 年（明永樂七年）回國。

這次航行過程中，鄭和專程到錫蘭，對錫蘭山佛寺進行布施，並立碑為文，以垂永久。碑文中記有「謹以金銀織金、紡絲寶幡、香爐花瓶、表裡燈燭等物，布施佛寺以充供養，唯世尊鑑之」。此碑於 1911 年在錫蘭島的迦里鎮被發現，現保存於錫蘭博物館中，是用漢文、泰米爾文及波斯文所刻，今漢文尚存，是中斯兩國友好關係史上的珍貴文物，也是斯里蘭卡的國寶。第二次下西洋人數，據載有 27,000 人。

第三次下西洋

西元 1409 年 10 月（明永樂七年九月）從太倉劉家港啟航，姚廣孝、費信、馬歡等人會同前往，到達越南、馬來西亞、印度等地。西元 1411 年 7 月 6 日（明永樂九年六月十六），鄭和船隊回國。

第四次下西洋

西元 1412 年，鄭和受命第四次下西洋。西元 1413 年 11 月（明永樂十一年十一月），鄭和率船隊出發，隨行有通譯馬歡，繞過阿拉伯半島，首次航行東非麻林迪（麻林地，國名。故地在今非洲東岸麻林地一帶），西元 1415 年 8 月 12 日（明永樂十三年七月初八）回國。

第五次下西洋

西元 1417 年 1 月（永樂十四年十二月），鄭和率船隊出發，到達占城、爪哇，最遠到達東非木骨都束、卜喇哇、麻林地等國家，西元 1419 年 8 月 8 日（明永樂十七年七月十七）回國。

第六次下西洋

西元 1421 年 3 月 3 日（明永樂十九年正月三十日）出發，往榜葛剌（孟加拉），史載「於鎮東洋中，官舟遭大風，掀翻欲溺，舟中喧泣，急叩神求佑，言未畢，……風恬浪靜」，中道返回，西元 1422 年 9 月 2 日（明永樂二十年八月十八）回國。

第七次下西洋

西元 1431 年 1 月（明宣德五年閏十二月初六），鄭和船隊從龍江關啟航前往福建長樂。候風期間，鄭和等人鐫刻〈天妃靈應之記碑〉並鑄造銅鐘一口，成為後世研究下西洋的重要史料。有記載稱，西元 1433 年（明

宣德八年），返航過程中，鄭和在印度西海岸古里去世。船隊應當是由太監王景弘率領返航，據《前聞記》記載，於西元 1433 年 7 月 22 日（明宣德八年七月初六）返回南京。

鄭和出使過的國家或地區，共有 36 個：占城、爪哇、真臘、舊港、暹羅、古里、滿剌加、勃泥、蘇門答臘、阿魯、柯枝、大葛蘭、小葛蘭、西洋瑣里、蘇祿、加異勒、阿丹、南巫里、甘巴里、蘭山、彭亨、急蘭丹、忽魯謨斯、溜山、孫剌、木骨都束、麻林地、剌撒、祖法兒、竹步、慢八撒、天方、黎代、那孤兒、沙里灣尼（今印度半島南端）、卜剌哇（今索馬利亞境內）。

鄭和下西洋是中國古代規模最大、船員和海員最多、時間最久的海上航行，也是 15 世紀末歐洲的地理大發現前世界歷史上規模最大的一系列海上探險。然而，關於鄭和船隊的航海目的、航行範圍等以及對航海的評價，仍存在爭議。

75
烏魯伯格（西元 1394 年－ 1449 年）

皇子也愛科學。

> 烏魯伯格（Ulugh Beg），一作兀魯伯，中世紀伊斯蘭學者、天
> 文學家、數學家，帖木兒帝國君主。帖木兒大帝的孫子，沙哈魯
> 長子。西元 1409 年被父親任命為帝國都城撒馬爾罕城的統治者。
> 西元 1447 年成為帖木兒帝國君主。

西元 1420 年，烏魯伯格在撒馬爾罕建造天文臺，安裝一具半徑達 40
公尺的巨型象限儀（當時世界上最大的象限儀）和其他儀器。在他的領導
和參與下，經過近 30 年觀測，於西元 1447 年編製成《新古拉干曆數書》
（後世通稱《烏魯伯格天文表》）。該書包括太陽與行星的運動表和 1,018
顆恆星位置表，是喜帕恰斯 - 托勒密星表以後千餘年間第一份獨立觀測
而得的星表，達到了 16 世紀以前的最高水準。

烏魯伯格也撰寫詩篇和歷史文章，對數學和占星術亦有研究。相傳
他根據占星預言，得知自己將被兒子殺死，於是就將其子阿不都・剌迪
甫（'Abd al-Latif）放逐。剌迪甫對此十分惱怒，最後在巴里黑發動叛亂，
囚禁了烏魯伯格，並於西元 1449 年 10 月派人將其處死。

西元 1830 年德國天文學家約翰・海因里希・馮・梅德勒（Johann
Heinrich Mädler）以烏魯伯格的名字命名了月球風暴洋西部的一座環形山。

76
哥倫布（西元 1451 年－ 1506 年）

在哥倫布之後，所有人都想發現新大陸。

> 克里斯多福・哥倫布（Cristoforo Colombo），西元 1451 年
> （南宋淳祐十一年，辛亥豬年）生於熱那亞共和國（今義大利西北
> 部），探險家、殖民者、航海家。

關於哥倫布的身世留有諸多謎團。因為存在的文獻太多彼此矛盾的
說法，加上狂熱的民族主義以及哥倫布後人的矯飾，他的許多細節至今
尚無定論。關於他的出生年月就有 16 種說法，他的骸骨是在西班牙的塞
維利亞大教堂還是他所「發現」的多明尼加也存在爭議，而其國籍和種族
則有義大利、葡萄牙、西班牙、科西嘉以及猶太血統加泰隆尼亞人、印
第安人等眾說。對他形象比較權威的描述為：身材高大、體格結實、藍
眼睛、鷹鼻、長臉、高顴骨、紅褐色頭髮、皮膚紅潤有斑點。

青年哥倫布閱讀的眾多書籍中包括馬可・波羅（Marco Polo）的《馬
可・波羅遊記》（*Le livre des merveilles*），書中描繪的東方世界對他產生了
極大的吸引力。他在《馬可・波羅遊記》頁邊上寫了一段注釋：「中國在
印度的起點上，在西班牙和愛爾蘭的正對面。」

在西班牙國王的支持下，他先後 4 次出海遠航（西元 1492 年－ 1493
年，西元 1493 年－ 1496 年，西元 1498 年－ 1500 年，西元 1502 年－

1504 年），開闢了橫渡大西洋到美洲的航路。先後到達巴哈馬群島、古巴、海地、多明尼加、千里達等地。

　　在哥倫布西元 1492 年的第一次航行中，在巴哈馬群島的一個被他稱為「聖薩爾瓦多」的地方登陸，而不是計畫中的日本。在後來的三次航行中，哥倫布到達過大安地列斯群島、小安地列斯群島、加勒比海岸的委內瑞拉以及中美洲，並宣布它們為西班牙的領地。

　　儘管哥倫布不是第一個到達美洲的歐洲探險家（第一個到達美洲的歐洲探險家是萊夫・艾瑞克森，Leif Erikson，西元 970 年－ 1020 年），但哥倫布的航海帶來了歐洲與美洲第一次持續的接觸，並且開闢了後來延續幾個世紀的歐洲探險和殖民海外領地的大時代。

　　哥倫布的首次遠航探險、航渡美洲在地理開發史上具有重大的意義。哥倫布一行到達了美洲東部中段的兩個大島古巴、海地和若干小島，從而拉開了發現新大陸的帷幕。哥倫布一行開闢了從歐洲橫渡大西洋到美洲並安全返回的新航路，從而把美洲和歐洲、進而把新大陸和舊大陸緊密地相連起來。哥倫布對他以為的「西印度地區」作了較詳細的記載和描繪，使舊大陸的人們對這裡有了初步的認識和了解。至此，由葡萄牙人開創的中世紀晚期以來的地理到達從量變發展到質變，從漸進演化成飛躍，從而開始了地理大發現。這是因為，葡萄牙人（包括其他歐洲人）此前發現的加那利、馬德拉、亞速爾、佛德角等群島，仍是附屬於舊大陸的，它們不過是發現新大陸的跳板和墊腳石。葡萄牙人此前發現的非洲西海岸、非洲南端，是已知非洲的未知部分，而不是新大陸、新大洲的邊緣。關於在哥倫布以前舊大陸有沒有文明人去過美洲的問題，包括中國人、其他亞洲人、非洲人、歐洲人，甚至大洋洲人是否去過，這是值得深入研究的事情。即使有人去了，他們能否返回，能否把美洲

和其他各洲相連起來，能否留下較詳細的記載和描繪，使舊大陸的人們對美洲有所認識和了解。不必諱言，此前舊大陸的北歐人，從挪威、冰島和格陵蘭島出發，曾於 10 世紀末期和 11 世紀初期在北美洲東北部的紐芬蘭島短暫地定居過，並在北美大西洋海岸的其他地方登陸過。其中，紅鬍子艾瑞克（Erik the Red）對發現格陵蘭島貢獻較大。格陵蘭便是他取的名字，意為綠色之地（Greenland）。不過，北歐式的發現是偶然的、中斷的、後繼無人的地理發現，而不是哥倫布式的，是有計畫的、連續的、後繼如潮的地理大發現。所以，地理大發現始於西元 1492 年哥倫布發現美洲。

哥倫布的首次遠航探險、航渡美洲在航海史上也具有非常重大的意義。這次航行歷時 220 多天，行程往返 8,000 多海里，單向行程 4,000 多海里，不見陸地的跨洋航行 30 多天。至此，由中國人開創的 15 世紀初以來的大航海時代和遠洋航行事業發生了質變和躍升，進入了一個嶄新的階段。這是因為，在此以前不管是鄭和下西洋還是葡萄牙人探航西非，都是靠岸近陸的航行，都是不遠離陸地的近海航行。就航行的行程和距離來說，他們也都是遠洋航行，但還不是遠離陸地的跨洋航行。鄭和下西洋曾在小範圍水域內斜渡了印度洋，即從斯里蘭卡的南端向西偏南航行經馬爾地夫群島到達東北非索馬利亞的摩加迪沙和巴拉韋（木骨都束和卜剌哇）。其單向行程不過 1,700 多海里，離陸地最遠點不過 720 海里（摩加迪沙與馬爾地夫主島馬累暖島之間距離的一半）。而且其出發地、途中經過的馬爾地夫、目的地摩加迪沙、巴拉韋等均為文明人類已知的文明地區（鄭和船隊知道東北非海岸）。葡萄牙人探航的非洲海岸是文明人類未知的未開化地區，但葡萄牙人離開海岸的最遠點也只有幾百海里。而哥倫布的首次遠航離陸地最遠點為 1,500 多海里（巴哈馬群島與加那利群島之間距離的一半），在大範圍水域內橫渡了大西洋，且抵達

之地西印度群島為文明人類未知的未開化地區。所以，哥倫布的首次遠航把大航海時代的近海靠陸的遠洋航行推進到遠離陸地跨洋航行的新階段，並為以後的麥哲倫環球航行奠定了重要的基礎。

哥倫布首次遠航還發現了磁偏差，初步測量了磁偏角。在此以前中國已發現了磁偏差。而哥倫布首次發現了由於航海者的位置變化進入西半球而出現的磁針偏西現象，並作了仔細的觀察測量紀錄和初步的有實用意義的解釋。因此，哥倫布首次遠航在航海天文、地球物理方面也有一定的意義。另外，歷時 220 多天行程 8,000 多海里的跨洋航行沒損失一人，也創造了航海史上的一個新紀錄，象徵著人類的航海術上了一個新臺階。

77

達文西（西元 1452 年－ 1519 年）

天才和全才、藝術和科學。

李奧納多・迪・皮耶羅・達文西 (Leonardo Di Ser Piero da Vinci)，西元 1452 年 (明景泰三年，壬申猴年) 生於義大利，與拉斐爾、米開朗基羅並稱義大利「文藝復興三傑」，也是整個歐洲文藝復興時期的代表之一。

他學識淵博、多才多藝，是著名畫家、科學家、發明家、醫學家、生物學家、地理學家、音樂家、大哲學家、詩人、建築工程師和軍事工程師。他全部的科學研究成果保存在他的手稿中，大約有 15,000 多頁。愛因斯坦認為，達文西的科學研究成果如果在當時就發表，科技可以提前半個世紀。

現代學者稱他為「文藝復興時期最完美的代表」，是人類歷史上絕無僅有的全才。他最大的成就是繪畫，他的傑作〈蒙娜麗莎〉、〈最後的晚餐〉、〈岩間聖母〉等作品，展現了他精湛的藝術造詣。他認為自然中最美的研究對象是人體，人體是大自然的奇妙之作，畫家應以人作為繪畫對象的核心。其最著名的作品〈蒙娜麗莎〉現在是巴黎羅浮宮的三件鎮館之寶之一。

左撇子的他終其一生均以映像寫字。對左手寫作者來說，將羽毛筆由右向左拉過來寫比由左向右推過去寫容易，而且不會將剛寫好的字弄

糊。因此，他的日記都是映像字。

在科學上，達文西是一個鉅細靡遺的觀察家，能以極精細的描述手法表示一個現象，但卻不是透過理論與實驗來驗證。因為缺乏拉丁文與數學的正式教育，同時期的學者大多未注意到在科學領域中的達文西。而達文西則靠自學懂得拉丁文。

達文西所繪的菱方八面體，出現在盧卡‧帕西奧利 (Luca Pacioli) 的《神聖的比例》(*Divina proportione*) 中。

由於達文西曾任軍事工程師，筆記中也包含了數種軍事機械的設計：機關槍、人力或以馬拉動的武裝戰車、子母彈、軍用降落傘、含呼吸軟管以豬皮製成的潛水裝等等。其他的發明包括了潛水艇、被詮釋為第一個機械電腦的齒輪裝置，以及被誤解為發條車的第一部可程式化行動機器人。後來他認為戰爭是人類最糟的活動。此外，達文西在梵蒂岡那些年裡，曾計劃應用太陽能使用凹面鏡來煮水。

達文西對傳統的「地球中心說」持否定的觀點。他認為地球不是太陽系的中心，更不是宇宙的中心，而只是一顆繞太陽運轉的行星，太陽本身是不運動的。達文西還認為月亮自身並不發光，它只是反射太陽的光輝。他的這些觀點的提出早於哥白尼的「日心說」，甚至在當時，達文西就可能在幻想利用太陽能了。

達文西重新發現了液體壓力的概念，提出了連通器原理。他指出：在連通器內，同一液體的液面高度是相同的，不同液體的液面高度不同，液體的高度與密度成反比。

15 世紀，他最早開始了物體之間的摩擦學理論的研究。他發現了慣性原理，後來為伽利略的實驗所證明。他認為一個拋射體最初是沿傾斜的直線上升，在引力和衝力的混合作用下作曲線位移，最後衝力耗盡，

在引力的作用下作垂直下落運動。

他還預言了物質的原子原理，具體生動地描述了原子能的威力：「那東西將從地底下爆起，使人在無聲的氣息中突然死去，城堡也遭到徹底毀壞，看起來在空中似乎有強大的破壞力。」

他對機械世界痴迷不已，如水下呼吸裝置、拉動裝置、發條傳動裝置、滾珠裝置、反向螺旋、差動螺旋、風速計和陀螺儀等等。設計出初級機器人。最為奇妙的是，達文西還設計了一套方法以進行心臟修復手術。

達文西曾稱自己沒有受過書本教育，大自然才是他真正的老師。為了認識自然，認識自己，這位文藝復興時期的天才不遺餘力地探索著。為了認識人類自身，達文西親自解剖了幾十具屍體，對人體骨骼、肌肉、關節以及內臟器官進行了精確的了解和繪製。

達文西長達 1 萬多頁的手稿（現存約 6,000 多頁）至今仍在影響科學研究，他就是一位現代世界的預言家，而他的手稿也被稱為一部 15 世紀科學技術真正的百科全書。

很早，達文西就對當時的四輪馬車不滿。在他的科學世界中，早就有了機動車的影子。事實上，點燃現代機動車發明靈感之火的正是這輛「達文西機械車」。

既然是機動車就要考慮動力問題，達文西在機動車中部安裝了兩根彈簧以解決這個問題。人力轉動車的後輪使得各個齒輪相互咬合，彈簧繃緊就產生了力，再透過槓桿作用將力傳遞到輪子上。

此外，樂器、鬧鐘、腳踏車、照相機、溫度計、烤肉機、紡織機、起重機、挖掘機……達文西曾有過無數的發明設計，而這些發明設計在當時如果發表，足足可以讓我們的世界科學文明程序提前 100 年。

達文西作為畫家，作畫無數。其中〈最後的晚餐〉是名畫中的名畫，

但是最吸引眾人目光的是〈蒙娜麗莎〉，不過最具科學價值的卻是〈抱銀貂的女人〉。這幅精美的肖像畫，描繪了氣質高貴沉靜的切奇利婭·加萊拉尼（Cecilia Galerani），她是米蘭公爵盧多維科·斯福爾扎（Ludovico Sforza）的情婦，備受寵幸。後來，這幅作品經一位無名氏重新敷色，這種不夠親切的氣氛就更加強烈了。無論如何，切奇利婭美麗的面孔和雙手，顯然出自大師筆下。而且，達文西為毛色光潤、咄咄逼人的銀貂注入了生氣。明暗的處理，是這幅肖像畫中最引人注目之處，光線和陰影襯托出切奇利婭優雅的氣質和柔美的面孔。達文西頻頻從理論上闡述照亮室內人臉的光線來源問題，且一反光亮和陰影強烈對比法，他使用明暗法（光亮和陰影的均衡）創造間接照明的幻覺。

　　畫作完成後，一次偶然的瞥視，達文西的目光停在了切奇利婭的項鍊上。在他的藝術大腦裡忽然閃過一個科學問題：固定項鍊的兩端，使其在重力的作用下自然下垂，那麼項鍊所形成的曲線是什麼？是拋物線嗎？看起來真的很像拋物線。但在數學上能推匯出來嗎？他認為：「在科學上，凡是用不上數學的地方，凡是與數學沒有交融的地方，都是不可靠的。」但是，對這個問題，達文西的天才大腦也百思不得其解。

　　170 多年後，荷蘭物理學家惠更斯用物理方法證明了這條曲線不是拋物線，但到底是什麼，他也求不出來。再過了 50 年，約翰·白努利才真正解決：這是一條雙曲函數線。如今，它在工程中得到了廣泛應用：懸索橋、雙曲拱橋、架空電纜、雙曲拱壩都用到了懸鏈線原理。

　　達文西可以說是人類歷史上天才中的天才，涉獵了他那個時代幾乎所有的領域，並都留下了不朽的足跡。在他光輝的人生路上四處散布著天才的斷簡殘篇。在他的生命盡頭，他曾痛苦地說：「我從未完成哪怕是一件工作。」

78
馬基維利（西元 1469 年－ 1527 年）

一面受著無情的詆毀，一面卻獲得了空前的盛譽。

尼古洛・馬基維利（Niccolò Machiavelli），義大利政治思想家和歷史學家，西元 1469 年（明成化五年，己丑牛年）誕生於義大利佛羅倫斯一個沒落的貴族家庭，父親曾是一名律師，但當他出生後，家中除了四壁圖書外已經一無所有，所以他沒有多少受教育的機會，完全依靠自學。

在中世紀後期的政治思想家中，他第一個明顯地擺脫了神學和倫理學的束縛，為政治學和法學開闢了走向獨立學科的道路。他主張國家至上，將國家權力作為法的基礎。代表作《君王論》（*Il Principe*）主要論述為君之道、君主應具備哪些條件和本領、應該如何奪取和鞏固政權等。他是名副其實的近代政治思想的主要奠基人之一。

西元 1498 年馬基維利出任佛羅倫斯共和國第二國務廳的長官，兼任共和國執政委員會祕書，負責外交和國防，經常出使各國，會見過許多執掌政權的人物，成為佛羅倫斯首席執政官的心腹，他看到佛羅倫斯的僱傭軍軍紀鬆弛，極力主張建立本國的國民軍。

西元 1511 年當他前往比薩時，教宗的軍隊攻陷佛羅倫斯，廢黜執政官。馬基維利喪失了一切職務。西元 1513 年馬基維利被投入監獄，受

到嚴刑拷問，但最終被釋放。他當時一貧如洗，隱居鄉間，開始進行寫作。在此期間，他完成了兩部名著《君王論》和《李維論》(*Discorsi sopra la prima deca di Tito Livio*)。

　　他的思想常被概括為馬基維利主義。他拋棄了中世紀經院哲學和教條式的推理方法，不再從《聖經》和上帝出發，而是從人性出發，以歷史事實和個人經驗為依據來研究社會政治問題。他把政治學當作一門實踐學科，將政治和倫理區分開，把國家看作純粹的權力組織。他的國家學說以性惡論為基礎，認為人是自私的，追求權力、名譽、財富是人的本性，因此人與人之間經常發生激烈爭鬥。為防止人類無休止的爭鬥，國家應運而生，頒布刑律，約束邪惡，建立秩序。國家是人性邪惡的產物。他讚美共和政體，認為共和政體有助於促進社會福利，發展個人才能，培養公民美德。但他認為，當時處於人性墮落、國家分裂、社會動亂狀況的義大利，實現國家統一社會安寧的唯一出路只能是建立強而有力的君主專制制度。

　　他在《君王論》中闡述了一套統治權術的思想：

　　(1)軍隊和法律是權力的基礎。在和平時期軍隊發揮維護社會治安，象徵國家的軍事力量的作用；在戰爭時期，軍隊就成為了君主抵抗外來侵略，保衛國家安全的重要力量。

　　(2)君主應當大權獨攬，注重實力，精通軍事。

　　(3)君主不應受任何道德準則的束縛，只須考慮效果是否有利，不必考慮手段是否有害，既可外示仁慈、內懷奸詐，亦可效法「狐狸與獅子」，詭詐殘忍均可兼施。

　　(4)君主可以和貴族為敵，但不能與人民為敵。

　　(5)君主應當不圖虛名，注重實際。殘酷與仁慈、吝嗇與慷慨，都要

從實際出發。明智之君寧蒙吝嗇之譏而不求慷慨之譽。

其最著名的格言：「為了達到一個最高尚的目的，可以使用最卑鄙的手段。」

很多人對馬基維利的關注往往只停留在《君王論》上。英王查理一世 (Charles I) 對《君王論》愛不釋手。英國資產階級革命的領袖克倫威爾 (Oliver Cromwell) 一直珍藏著一部《君王論》的手抄本。法國國王亨利四世 (Henri IV) 在遭暗殺時，隨身也帶著一部《君王論》。路易十四 (Louis XIV) 一直把《君王論》作為自己每天睡前的必讀書。曾經在歐洲所向披靡的拿破崙最終在滑鐵盧折戟沉沙，而人們在打掃戰場時，在他的用車中發現了一部寫滿批注的法文版《君王論》。

《君王論》是一本名副其實的驚世駭俗之書，對整個世界的政治思想和學術領域都產生了極為重要的影響。它作為第一部政治禁書而為世人矚目。在人類思想史上，還從來沒有哪部著作像《君王論》這樣，一面受著無情的詆毀和禁忌，一面卻獲得空前的盛譽。

79
王陽明（西元 1472 年 — 1529 年）

磨，世上最好的修行；熬，人生最濃的滋味。

王守仁，幼名雲，字伯安，別號陽明，西元 1472 年（明成化八年，壬辰龍年）出生於浙江紹興府餘姚縣。因曾築室於會稽山陽明洞，自號陽明子，學者稱之為陽明先生，亦稱王陽明。明代著名的思想家、文學家、哲學家和軍事家，陸王心學之集大成者，精通儒家、道家、佛家。

陽明學，又稱心學，作為儒學的一門學派，最早可推溯自孟子，是由王陽明發展的儒家學說。根據王陽明一生的經歷，其受到道家的影響明顯多於佛家，但其終究不離儒學本質。王陽明繼承陸九淵強調「心即是理」之思想，反對程頤、朱熹透過事事物物追求「至理」的「格物致知」方法，因為事理無窮無盡，格之則未免煩累，故提倡「致良知」，從自己內心中去尋找「理」，「理」全在人「心」，「理」化生宇宙天地萬物，人秉其秀氣，故人心自秉其精要。在知與行的關係上，強調要知，更要行，知中有行，行中有知，所謂「知行合一」，二者互為表裡，不可分離。知必然要表現為行，不行則不能算真知。

陽明學是明朝中晚期的主流學說之一，後傳於日本，對日本及東亞地區都有較大影響。

▌後人評價

徐渭（西元 1521 年－ 1593 年）：王羲之「以書掩其人」，王守仁則「以人掩其書」。

王士禎（西元 1634 年－ 1711 年）：王文成公為明第一流人物，立德、立功、立言，皆居絕頂。

紀昀（西元 1724 年－ 1805 年）：守仁勳業氣節，卓然見諸施行，而為文博大昌達，詩亦秀逸有致，不獨事功可稱，其文章自足傳世也。

曾國藩（西元 1811 年－ 1872 年）：王陽明矯正舊風氣，開出新風氣，功不在禹下。

梁啟超（西元 1873 年－ 1929 年）：他在近代學術界中，極具偉大，軍事上、政治上都有很大的勳業。陽明是一位豪傑之士，他的學術像打藥針一般令人興奮，所以能做五百年道學結束，吐很大光芒。

80
哥白尼（西元 1473 年－ 1543 年）

虔誠的天主教徒，用科學的觀察和計算否定了地心說。

尼古拉·哥白尼（Nikolaj Kopernik），西元 1473 年（明成化九年，癸己蛇年）出生於波蘭維斯瓦河畔的托倫市。文藝復興時期的天文學家、數學家、教會法博士、神父。他 40 歲時提出了日心說。後來在費拉拉大學獲宗教法博士學位。哥白尼作為一名醫生，由於醫術高明而被人們譽為「神醫」。哥白尼成年的大部分時間是在費勞恩譯格大教堂任職當一名教士。哥白尼並不是一位職業天文學家，他的成名鉅著是在業餘時間完成的。

18 歲時在舅父的安排下，哥白尼到波蘭舊都的克拉科夫大學，學習醫學期間對天文學產生了興趣。當時，波蘭已經產生了一些有名的天文學家，如著名的天文學家沃伊切赫（Wojciech），曾編製天文曆表，他就在克拉科夫大學講課，是哥白尼求學時的數學和天文學教授。

西元 1496 年，23 歲的哥白尼來到文藝復興的策源地義大利，在波隆那大學和帕多瓦大學攻讀法律、醫學和神學，波隆那大學的天文學家德·諾瓦拉（de Novara，西元 1454 年－ 1540 年）對哥白尼影響極大，在他那裡哥白尼學到了天文觀測技術以及希臘的天文學理論。

義大利著名的航海家哥倫布發現新大陸後，麥哲倫和他的同伴繞地

球一周，證明地球是圓形的，使人們開始真正認識地球。

那時的天文學，是古希臘的大天文學家托勒密在西元 2 世紀時總結前人觀測的成果，寫成《天文學大成》，認為「地球是宇宙中心」的學說。這個學說一直為人們所接受，流傳了 1,400 多年。

哥白尼曾十分勤奮地鑽研過托勒密的著作。他看出了托勒密的錯誤結論和科學方法之間的矛盾。哥白尼正是發現了托勒密的錯誤的根源，才找到了真理。

哥白尼了解到，天文學的發展道路，不應該繼續「修補」托勒密的舊學說，而是要發現宇宙結構的新學說。他打過一個比方：那些站在托勒密立場上的學者，從事個別的、孤立的觀測，拼湊些大小重疊的本輪來解釋宇宙的現象，就好像有人東找西尋地撿來四肢和頭顱，把它們描繪下來，結果並不像人，卻像個怪物。

哥白尼早在克拉科夫大學讀書時，就開始思考地球的運轉問題。他在後來寫成《天體運行論》的序言裡說過，前人有權虛構圓輪來解釋星空的現象，他也有權嘗試發現一種比圓輪更為妥當的方法來解釋天體的運行。

西元 1496 年秋天，哥白尼披上僧袍，動身到義大利去。他在義大利北部的波倫亞大學學習「教會法」，同時努力鑽研天文學。在這裡，他結識了當時知名的天文學家多梅尼科‧瑪麗亞（Domenico Maria Novara da Ferrara），與他一起研究月球理論。他開始用實際觀測來揭露托勒密學說和客觀現象之間的矛盾。他發現托勒密對月球運行的解釋，一定會得出一個荒謬的結論：月亮的體積時而膨脹時而收縮，滿月是膨脹的結果，新月是收縮的結果。

西元 1497 年 3 月，哥白尼和瑪麗亞一起進行了一次著名的觀測。那

天晚上，夜色清朗，繁星閃爍，一彎新月浮游太空。他們站在聖約瑟夫教堂的塔樓上，觀測金牛座的亮星「畢宿五」，看它怎樣被逐漸移近的娥眉月所掩沒。當「畢宿五」和月亮相接而還有一些縫隙的時候，「畢宿五」很快就隱沒起來了。他們精確地測定了「畢宿五」隱沒的時間，計算出確鑿不移的數字，證明那一些縫隙都是月亮虧食的部分，「畢宿五」是被月亮本身的陰影所掩沒的，月球的體積並沒有縮小，哥白尼把托勒密的地心說打開了一個缺口。

這時，哥白尼還努力研讀古代的典籍，目的是為「太陽中心說」尋求參考資料。他幾乎讀遍了能夠弄到手的各種文獻。後來他寫道：「我越是在自己的工作中尋求幫助，就越是把時間花在那些創立這門學科的人身上。我願意把我的發現和他們的發現結成一個整體。」他在鑽研古代典籍的時候，曾抄下這樣一些大膽的見解：

「天空、太陽、月亮、星星以及天上所有的東西都站著不動，除了地球以外，宇宙間沒有什麼東西在動。地球以強大的速度繞軸旋轉，這就引起一種感覺，彷彿地球靜止不動，而天空卻在轉動。」

「大部分學者都認為地球靜止不動，菲洛勞斯和畢達哥拉斯卻認為它圍繞一堆火旋轉。」

「在行星的中心站著巨大而威嚴的太陽，它不但是時間的主宰，不但是地球的主宰，而且是群星和天空的主宰。」

這些古代學者的卓越見解，在當時被認為是離經叛道的，對哥白尼來說，卻好比是夜航中的燈塔，照亮了他前進的方向。

在義大利期間，哥白尼就熟悉了古希臘哲學家阿里斯塔克斯的學說，確信地球和其他行星都圍繞太陽運轉的日心說是正確的。在他大約40歲時開始在朋友中散發一份簡短的手稿，初步闡述了他自己關於日

心說的看法。哥白尼經過長達 2 年的觀察和計算後，終於完成了他的偉大著作《天體運行論》。他在《天體運行論》中觀測計算所得數值的精確度是驚人的。例如，他得到恆星年的時間為 365 天 6 小時 9 分 40 秒，比精確值約多 30 秒，誤差只有百萬分之一；他得到的月亮到地球的平均距離是地球半徑的 60.30 倍，和 60.27 倍相比，誤差只有萬分之五。西元 1533 年，60 歲的哥白尼在羅馬作了一系列的演講，提出了他學說的要點，並未遭到教宗的反對。但是他卻害怕教會會反對，甚至在他的書完稿後，還是遲遲不敢發表。直到在他臨近古稀之年才終於決定將它出版。

西元 1543 年 5 月，垂危的哥白尼在病榻上才收到出版商從紐倫堡寄來的《天體運行論》樣書，他只摸了摸書的封面，便與世長辭了。

哥白尼的學說是人類對宇宙認識的革命，它使人們的整個世界觀都發生了重大變化。但是在評論哥白尼的影響時，還應該注意到，天文學的應用範圍不如物理學、化學和生物學那樣廣泛。從理論上來講，人們即使對哥白尼學說的知識和應用一竅不通，也會造出電視機、汽車等。但不應用法拉第、馬克士威、拉瓦節和牛頓的學說則是不可想像的。如果僅僅考慮哥白尼學說對技術的影響就會完全忽略它的真正意義。哥白尼的書對伽利略和克卜勒的工作是一個不可缺少的序幕。他倆又成了牛頓的主要前輩。是這二者的發現才使牛頓有能力確定運動定律和萬有引力定律。

從歷史的角度來看，《天體運行論》是當代天文學的起點——當然也是現代科學的起點。

此外，哥白尼還描述了太陽、月球、三顆外行星（土星、木星和火星）和兩顆內行星（金星、水星）的視運動。他正確地論述了地球繞其軸心

運轉、月亮繞地球運轉、地球和其他所有行星都繞太陽運轉的事實。不過他也和前人一樣嚴重低估了太陽系的規模。他認為星體運行的軌道是一系列的同心圓，這當然是錯誤的。他的學說裡的數學運算很複雜也很不準確。他的書引起了天文學家的關注，驅使其他一些天文學家對行星運動作更為準確的觀察。其中最著名的是丹麥偉大的天文學家第谷，克卜勒就是根據第谷累積的觀察資料，最終推匯出了行星運動的正確規律。

《天體運行論》的不朽的貢獻，在於它根據相對運動的原理，解釋了行星運行的視運動。在哥白尼以前，這一原理從來沒有被人這樣詳盡地闡述過，也沒有人從這一原理得出過這樣重要的結論。

哥白尼還論證說：「地球雖是一個龐大的球體，但比起宇宙來卻微不足道。」他注意到地平線把天球剖分為均勻的兩半，曾利用這一現象來證實宇宙是無限的這個論斷。「根據這一論斷，可見宇宙跟地球相比是無法測度的，它是一個無邊無際的龐然大物。」哥白尼還認為太陽是行星中相對不動的中心。

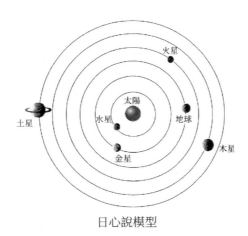

日心說模型

《天體運行論》出版後，由於數學理論艱澀，加之很少人能懂拉丁文，一直未引起人們的注意。許多天文工作者只把這本書當作編算行

星星表的一種方法。《天體運行論》在出版後 70 年間，曾經遭到馬丁‧路德（Martin Luther）的斥責，但未引起羅馬教廷的注意。後來布魯諾（Giordano Bruno）（嚴格地說，布魯諾並不是因為宣傳日心說而是因為宣揚多神論而被判火刑。但布魯諾的死無疑對日心說產生了宣揚作用）和伽利略公開宣傳日心說，威脅了教會的統治，羅馬教廷才於西元 1616 年把《天體運行論》列為禁書。

直到 19 世紀中葉，《天體運行論》的原稿才在布拉格一家私人圖書館裡被發現。西元 1873 年，出版了增補哥白尼原序的《天球運行》，關於原子說的章節仍未補入。1953 年，《天球運行》出第四版時，才全部補足原有的章節，這時哥白尼已經逝世 410 年了。

2005 年在波蘭弗龍堡教堂內尋獲一具約 70 歲男子的遺骸，包括顱骨。研究人員將遺骨送往法醫實驗室加以面部復原，發現老者面容與現存的哥白尼畫像相似，鼻部受損等特徵與哥白尼自畫像吻合。研究人員隨後對牙齒等實施脫氧核糖核酸檢測，與哥白尼藏書裡所夾頭髮加以比對，最終認定這具遺骸就是哥白尼。遺骨於 2010 年 5 月在波蘭弗龍堡大教堂重新下葬。黑色花崗岩墓碑上裝飾著太陽系天體運行圖，即 6 顆行星環繞著金色的太陽。儀式舉行過程中，神職人員說：「今天的葬禮具有象徵意義，顯現了科學與信仰的和解。」

雖然古希臘時的阿里斯塔克斯（西元前 315 年－西元前 230 年）早在西元前就倡導日心說，但事實上是哥白尼得到了這一盛譽。阿里斯塔克斯只是憑藉靈感作了一個猜想，並沒有加以詳細的討論，因而他的學說在科學上用處不大。他僅從數理的角度提出來，而未有精確的觀察與嚴密的計算。哥白尼逐一解決了猜想中的數學問題後，就把它變成了有用的科學學說 —— 一種可以用來作預測的學說。透過對天體觀察結果的檢

驗並與地球是宇宙中心的舊學說的比較，你就會發現它的重大意義。哥白尼在地心說統治了 1,700 年後以客觀事實和精確的計算，石破天驚地推出日心說。顯然阿里斯塔克斯對日心說的貢獻和哥白尼相比不可同日而語。

81
米開朗基羅（西元 1475 年－ 1564 年）

文藝復興「三傑」之一。

> 　　米開朗基羅（Michelangelo），義大利文藝復興時期偉大的繪畫家、雕塑家、建築師和詩人，文藝復興時期雕塑藝術最高峰的代表，與拉斐爾和達文西並稱為「文藝復興三傑」。

　　他一生追求藝術的完美，堅持自己的藝術思路。〈大衛〉、〈創世紀〉是他的代表作品，他的風格幾乎影響了三個世紀的藝術家。小行星 3001 就是以他的名字命名的，以表達後人對他的尊敬。

　　米開朗基羅以人體作為表達感情的主要方式，其雕刻作品剛勁有力、氣魄宏大，充分展現了文藝復興時期生機勃勃的人文主義精神。米開朗基羅塑造出來的不僅僅是一尊雕像，更是文藝復興時期人文主義思想在藝術上得到充分展現的象徵。其作品讚美人體，謳歌正義和力量。

　　西元 1498 年，年僅 23 歲的米開朗基羅開始為羅馬聖彼得大教堂創作大理石群雕像〈哀悼基督〉，兩年後即告完成。作品取材於聖經故事：耶穌基督被釘死在十字架上後，聖母瑪麗亞抱著她死去的兒子無比悲痛。米開朗基羅將聖母刻劃成一個年輕、貌美、恬靜、典雅的少婦，她默默地俯視著死去的兒子，沉思、哀悼，耶穌靜靜地躺在聖母膝上，面部表情安祥。整座雕像沉浸在肅穆氣氛中，並洋溢著人類最偉大的母愛

情感。它已大大超出了題材的限制，將生與死、痛苦與慈愛化為一體，和諧統一，讚美了人的崇高理想和優秀品格。作品一經問世，立即引起轟動，人們不相信它出自一個年輕人之手，為此，米開朗基羅將自己的名字刻在了雕像中聖母胸前的衣帶上，這是他一生中唯一署名的作品。

西元 1501 年，26 歲的米開朗基羅開始創作他另一舉世聞名的傑作──〈大衛〉。歷時 3 年，他用一整塊大理石雕塑出的〈大衛〉，總高達 5.5 公尺。米開朗基羅與前人表現大衛戰勝敵人後將敵人頭顱踩在腳下的場景不同，而是選擇了大衛迎接戰鬥時的場景。藝術家生動地塑造了一個為事業抗爭的英雄形象：年輕、英俊、健壯，神態堅定自若，左手上舉，握住搭在肩上的「拋石帶」，右手下垂，似將握拳，頭部微俯，直視前方，準備投入戰鬥。

西元 1508 年，教宗儒略二世（Iulius PP. II）要求米開朗基羅為梵蒂岡西斯汀小堂繪製穹頂畫。米開朗基羅本來不願從命，但他一旦接受就追求完美，絕不「褻瀆」藝術。歷經 4 年零 5 個月的時間，完成了傳世鉅作穹頂畫〈創世紀〉。

〈創世紀〉取材於《舊約全書・創始紀》，整幅作品 511 平方公尺，中心畫面由〈創造亞當〉、〈創造夏娃〉、〈逐出伊甸園〉等 9 個場面組成，大畫面的四周畫有先知和其他相關的故事，共繪了 343 個人物，其中有 100 多個比真人大兩倍的巨人形象，他們極富立體感和重量感。整幅畫透過人與人及人與自然間的關係，歌頌人的創造力及人體美和精神美。

創作期間，米開朗基羅一個人躺在 18 公尺高的天花板下的架子上，以超人的毅力夜以繼日地工作，當整個作品完成時，37 歲的米開朗基羅已累得像個老者。由於長期仰視，頭和眼睛不能低下，連讀信都要舉到頭頂。他用健康和生命的代價完成的〈創世紀〉，為後人留下的不僅是不

朽的藝術品，還有他那種為藝術而獻身的精神。

據說，當拉斐爾看到西斯汀穹頂畫後，說：有幸適逢米開朗基羅時代。拉斐爾說這句話不是在讚揚他們的時代，而是在讚嘆在他的時代出現了米開朗基羅。

24 年後，米開朗基羅又應教宗克萊孟七世 (Clemens PP. VII) 之約，在西斯汀小堂祭壇正面牆上繪製了另一撼人心魄的巨幅壁畫〈末日審判〉。米開朗基羅獨自一人頑強地工作了近 6 年，在 220 平方公尺的畫面上繪出約 400 個人物。在畫中央，基督正氣凜然，高舉右手，即將發出最後的判決。米開朗基羅還把一位教宗畫到將被判罪去接受地獄煎熬的一群人中。基督左腳下一個聖徒右手持刀，左手提著一張人皮，而這張人皮的面孔正是畫家本人的臉，其表情痛苦、憤怒，表現了米開朗基羅正經歷著精神與信仰危機的折磨和對現實社會的不滿，並藉〈末日審判〉痛快淋漓地發洩了對人間醜惡的鞭撻。

米開朗基羅為羅馬聖彼得大教堂的建設作出了重大貢獻，他參與設計並主持過此項工程。他為該教堂設計的直徑達 42.34 公尺的龐大圓形穹頂不僅氣勢恢弘，而且從局部到整體都是絕世精美的藝術。由於聖彼得大教堂的工程浩大，直到西元 1626 年才竣工。令人惋惜的是，米開朗基羅生前未能看到自己的這一作品竣工。

82
麥哲倫（西元 1480 年－ 1521 年）

完成了人類首次環球航行。

斐迪南・麥哲倫（Fernando de Magallanes）於西元 1480 年（明成化十六年，庚子鼠年）出生於葡萄牙北部波爾圖。探險家、航海家、環球航行第一人，葡萄牙人，為西班牙政府效力探險。西元 1519 年－ 1522 年 9 月船隊完成環球航行，麥哲倫在環球途中在菲律賓死於部落衝突中。船上的水手在他死後繼續向西航行，回到歐洲，並完成了人類的首次環球航行。

他在東南亞參與殖民戰爭時了解到，香料群島東面，還是一片大海。而且，他的朋友占星學家亦計算出香料群島的位置。他猜測，大海以東就是美洲，並堅信地球是圓的。於是，他便有了做一次環球航行的打算。

33 歲時，麥哲倫回到了家鄉葡萄牙。他向葡萄牙國王曼紐一世（Manuel I of Portugal）申請組織船隊去探險，進行一次環球航行。可是，國王沒有答應，因為國王認為東方貿易已經得到有效的控制，沒有必要再去開闢新航道了。

西元 1517 年，他離開葡萄牙，來到了西班牙塞維利亞並又一次提出環球航行的請求。塞維利亞的要塞司令非常欣賞他的才能和勇氣，答應

了他的請求，並把女兒也嫁給了他。

西元 1518 年 3 月，西班牙國王查理五世（Karl V，即卡洛斯一世）接見了麥哲倫，麥哲倫再次提出了航海的請求，並獻給國王一個自製的精緻的彩色地球儀。國王很快就答應了他。

西元 1519 年 8 月 10 日，麥哲倫率領五艘船的船隊出發了。船隊在大西洋中航行了 70 天，11 月 29 日到達巴西海岸。第二年 1 月 10 日，船隊來到了一個無邊無際的大海灣。船員們以為到了美洲的盡頭，可以順利進入新的大洋，但是經過實地調查，那只不過是一個河口——拉普拉塔河口。

不久，麥哲倫在聖胡利安港發現了大量的海鳥、魚類還有淡水，飲食問題終於得到解決。麥哲倫還發現附近有當地的原住居民，這些人體格高大，身披獸皮；他們的鞋子也很特別，他們把溼潤的獸皮套在腳上，上至膝蓋，雨雪天就在外面再套一雙大皮靴。麥哲倫把他們稱為「大腳人」，他還以欺騙的方法逮捕了兩個「大腳人」，並戴上腳鐐手銬關在船艙裡，作為獻給西班牙國王的禮物。

西元 1520 年 8 月底，船隊駛出聖胡利安港，沿大西洋海岸繼續南航，準備尋找通往「南海」的海峽。經過三天的航行，在南緯 52°的地方，發現了一個海灣。麥哲倫派兩艘船隻前去探察，希望查明通向「南海」的水道。當夜遇到了一場風暴，狂飆呼嘯，巨浪滔天，派往的船隻隨時都有撞上懸崖峭壁和沉沒的危險，這種緊急情況持續了兩天。說來也巧，就在這風雲突變的時刻，他們找到了一條通往「南海」的峽道，即後人所稱的麥哲倫海峽。

麥哲倫率領船隊沿麥哲倫海峽航行。峽道彎彎曲曲，時寬時窄，兩岸山峰聳立，奇幻莫測。海峽兩岸的土著居民，喜歡燃燒篝火，白日藍

煙縷縷，夜晚一片通明，好像專門為麥哲倫的到來而安排的儀仗隊。麥哲倫高興極了，他在夜裡見到陸地上火光點點，便把海峽南岸的這塊陸地命名為「火地」，這就是智利的火地島。

經過 20 多天艱苦迂迴的航行，終於到達海峽的西口，走出了麥哲倫海峽，眼前頓時呈現出一片風平浪靜、浩瀚無際的「南海」。歷經 100 多天的航行，一直沒有遭遇狂風大浪，麥哲倫的心情從來沒有這樣輕鬆過，好像上帝幫了他大忙。他就替「南海」取了個吉祥的名字，叫「太平洋」。

西元 1521 年 3 月，船隊終於到達三個有居民的海島，這些小島是馬里亞納群島中的一些，島上的土著人皮膚黝黑，身材高大，他們赤身露體，然而卻戴著棕櫚葉編成的帽子。熱心的島民們向他們送來了糧食、水果和蔬菜。在驚奇之餘，船員們對居民們的熱情，無不感到由衷的感激。

但由於土人們從未見到過如此壯觀的船隊，對船上的任何東西都表現出新奇感，於是從船上搬走了一些物品，船員們發覺後，便大聲叫嚷起來，把他們當成強盜，還把這個島嶼改名為「強盜島」。當這些島民偷走繫在船尾的一艘救生小艇後，麥哲倫生氣極了，他帶領一隊武裝人員登上海岸，開槍打死了 7 個土著人，放火燒毀了幾十間茅屋和幾十艘小船。於是在麥哲倫的航行日記上留下了很不光彩的一頁。

船隊再往西行，來到現今的菲律賓群島。此時，麥哲倫和他的同伴們終於首次完成橫渡太平洋的壯舉，證實美洲與亞洲之間存在著一片遼闊的水域。這個水域比大西洋寬闊得多。哥倫布首次橫渡大西洋只用了兩個月零幾天的時間，而麥哲倫在天氣晴和、一路順風的情況下，橫渡太平洋卻用了一百多天。

　　麥哲倫首次橫渡太平洋，在地理學和航海史上產生了一場革命，證明地球表面大部分地區不是陸地，而是海洋。世界各地的海洋不是相互隔離的，而是一個統一的完整水域。他們為後人的航海事業發揮了開路先鋒的作用。

83
拉斐爾（西元 1483 年－ 1520 年）

他創作了太多的聖母畫，筆下的聖母優美、祥和。

> 拉斐爾・桑蒂（Raffaello Santi），義大利著名畫家，也是「文藝復興三傑」中最年輕的一位，代表了文藝復興時期藝術家從事理想美的事業所能達到的巔峰。

　　他的性情平和、文雅，創作了大量的聖母像，他的作品充分展現了安寧、協調、和諧、對稱以及完美和恬靜的秩序。

　　西元 1509 年，年僅 26 歲的拉斐爾被教宗儒略二世從佛羅倫斯召喚到羅馬為自己的梵蒂岡宮作裝飾壁畫。壁畫分列四室，第一室的畫題是「神學」、「詩學」、「哲學」、「法學」；第二室是關於教會的權力與榮譽；第三室畫的是已故教宗良三世（Sanctus Leo PP. III）與四世（Sanctus Leo PP. IV）的行跡；第四室內的四幅壁畫，則由拉斐爾繪稿，由其學生具體繪成。而第一室內的「哲學」就是〈雅典學院〉，是這組壁畫中最出色的一幅。此幅畫作是拉斐爾在西元 1510 年－ 1511 年創作完成的。拉斐爾的畫風吸收了達文西和米開朗基羅的特點，繪畫創作趨於綜合，這些也都在油畫〈雅典學院〉中得到了展現。

　　該畫以古希臘哲學家柏拉圖舉辦雅典學院之逸事為題材，以極為相容並蓄、自由開放的思想，打破時空界限，把代表著哲學、數學、音

樂、天文學等不同學科領域的文化名人匯聚一堂，以回憶歷史上黃金時代的形式，寄託了作者對美好未來的嚮往，表達了對人類追求智慧和真理者的集中讚揚。

整個畫面以縱深展開的高大建築拱門為背景，描畫了共 11 組的 57 位學者名人。壁龕上分別放置太陽神阿波羅和智慧女神雅典娜。畫面的中心是柏拉圖和亞里斯多德，他們邊走邊談。柏拉圖左手拿著自己的《蒂邁歐篇》（*Timaeus*），右手指天；亞里斯多德左手拿著自己的作品，右手指地。

柏拉圖和亞里斯多德兩旁站著的人，個個心懷崇敬，正在聆聽兩位大師的辯論。在柏拉圖左邊，他的恩師蘇格拉底在用他習慣的方式，掰著手指和一群人討論，站在他對面那位戴盔披甲的年輕軍人似乎並不是很專注地在聽他講話。據說，這位軍人是亞里斯多德的學生，馬其頓國王亞歷山大大帝。

在階梯下平臺左側的人群裡，中心人物是古希臘哲學家、數學家畢達哥拉斯，他正坐在那裡專注地運算著關於宇宙和諧的關鍵在於與音樂協調的數學比率。一個小孩為他支著琴板，上面的結構圖表可能對畢達哥拉斯的數學運算有著重要的參照意義。一個老人在側面偷偷地抄著他的公式，站在畢達哥拉斯背後包白頭巾的是阿拉伯的伊斯蘭學者伊本‧魯世德（Ibn Rushd），倚著柱基戴著桂冠正在抄寫著什麼的是古希臘晚期的哲學家伊壁鳩魯。站在畢達哥拉斯前面手指一本大書的是巴門尼德（Parmenides），不知道他想給畢達哥拉斯一個什麼重要的提示。他身後穿白袍的唯一的一位女子，被認為是數學家希帕提亞。

在階梯下平臺右側的群組中，禿頂的數學家阿基米德是中心人物，他俯身用圓規在石板上畫著幾何圖；4 個年輕學生正在認真地聆聽。他

身後頭戴桂冠持地球儀者是埃及主張地心說的大天文學家托勒密；而正面持天文儀者則是波斯預言家、拜火教主瑣羅亞斯德（Zoroaster）。最靠右邊的一說是拉斐爾的老師佩魯吉諾（Pietro Perugino），一說是拉斐爾的朋友畫家索多瑪（Il Sodoma）；而緊靠著索多瑪的則是拉斐爾本人，展現了他欲與大師為伍的想法。

在畫面前方顯赫的位置上，斜坐著的沉思者是古希臘大哲學家赫拉克利特；在亞里斯多德腳前位置相當醒目的臺階上斜臥著一位衣冠不整半裸其身，頗似乞丐的人物，他就是古希臘犬儒派哲學家第歐根尼。畫面上一位從第歐根尼身邊走過去的人，攤開雙手對他的行為表示無奈……整體說來，這些人物，或行走，或交談，或爭論，或計算，或深思，完全沉浸在濃厚的學術氛圍和自由辯論的氣氛中。

84
卡丹諾（西元 1501 年－1576 年）

那個時代，他和達文西齊名。

吉羅拉莫・卡丹諾（Girolamo Cardano），義大利文藝復興時期百科全書式的學者，數學家、物理學家、占星家、哲學家和賭徒。古典機率論創始人，在他的著作《論運動、重量等的數字比例》（*Opus novum de proportionibus*）中建立了二項定理和二項係數。他一生寫了 200 多部著作，內容涵蓋醫藥、數學、物理學、哲學、宗教和音樂。

他生於帕維亞，父親是一名律師，和達文西是至交好友。可是卡丹諾的母親卻是個寡婦，只是他父親的情人，所以卡丹諾是一位不被當時社會認可的私生子，早年多病。在歧視中長大的卡丹諾，養成了冷漠倔強的性格，自然也就有著異於常人的愛好。而這也成為後來他自殺的根源之一。

卡丹諾智商極高，西元 1520 年考入帕維亞大學，並在此學習醫學，後又就學於帕多瓦，獲得醫學博士學位。在父親的鼓勵下，卡丹諾開始接觸古典文學、數學和占星學。西元 1526 年獲帕維亞大學醫學博士學位，後成為歐洲名醫。

西元 1531 年成婚，先後生有二子一女。因為家庭成員的增多，相應

的家庭支出也增多。而整個家庭又只靠卡丹諾一人的微薄收入，所以後來全家被迫搬到米蘭。卡丹諾原本想當一名公務員，但是卻因為出身的關係受到歧視，不能加入米蘭醫學協會。沒有辦法，卡丹諾只能自己開業行診，賺取微薄的收入。一直到他在朋友的舉薦下，成為米蘭專科學校的數學老師，情況才得到好轉。

在 1545 年出版的《大術》（Ars Magna）一書中，他第一個發表了三次代數方程式一般解法的卡丹諾公式，也稱為卡當公式。其解法的思路來自塔爾塔利亞（Niccolò Tartaglia，西元 1500 年－ 1557 年），卡丹諾在答應保密的條件下，從塔爾塔利亞那裡獲取了解題的方法，最後卻將它出版了。兩人因此結怨，爭論多年。書中還記載了四次代數方程式的一般解法，其實是由他的學生費拉里（Lodovico Ferrari，西元 1522 年－ 1565 年）發現的。

卡丹諾公式是一個著名的求根公式，指實係數一元三次方程式

$$x^3+px+q+0$$

的根為 $x = \alpha + \beta$，式中，

$$\alpha= \sqrt[3]{-\frac{q}{2}+\sqrt{\frac{p^3}{27}+\frac{q^2}{4}}}, \quad \beta= \sqrt[3]{-\frac{q}{2}-\sqrt{\frac{p^3}{27}+\frac{q^2}{4}}}$$

且有關係 $\alpha\beta = -p/3$，卡丹諾給出了該公式的幾何證明。當 p 和 q 都是實數時，有一個判別式

$$D=-27q^2-4p^3=-108\left(\frac{p^3}{27}+\frac{q^2}{4}\right)$$

當 $D > 0$ 時，三次方程式有三個兩兩不同的實根，稱為不可約情形。

當 $D = 0$ 時，三次方程式有三個實根，當 p、q 均不為零時，有兩個重根和一個單根。

當 $D < 0$ 時，三次方程式有一個實根與兩個共軛虛根。

卡丹諾公式表示三次方程式有根式解，他的學生費拉里用降階法獲得一元四次方程式的根式解法，從而引發了人們對五次以上代數方程式的根式解的研究，推動了近世代數學的產生和發展。此外，由於在不可約情形中出現了用虛數表示實根的情形，使人們再次遇到負數開平方，因此促進了對虛數合理性的認識。

此外，卡丹諾還最早使用了複數的概念。在卡丹諾死後出版的《論機遇遊戲》(*Liber de Ludo Aleae*) 被認為是第一部機率論著作，他對現代機率論有開創之功。卡丹諾還發明了許多機械裝置，包括萬向軸、組合鎖。對流體力學也有貢獻。他是歷史上第一個對斑疹傷寒作出臨床描述的人。

西元 1550 年，卡丹諾出版了著作《事物之精妙》(*De subtilitate*)，介紹了大量的天文學、物理學、生物學知識，甚至連鍊金術都有涉及，被評為當時最全面的百科全書。

他的家庭生活非常不幸，可以說是悲劇。他最疼愛的兒子因為殺死不忠的妻子於西元 1560 年被判死刑。他的另一個兒子是個賭徒，經常偷竊他的財物。他自己因為推算耶穌的出生星位，被指控為大逆不道，於西元 1570 年入獄，並失去教職。更為可悲的是，他的兒子參與了對他的指控。出獄後他移居羅馬，因占星精準，成為教宗的占星師，得到教宗資助後，卡丹諾完成了自傳《我的生平》(*De propria vita*)。他在自傳中寫道，他「易怒、單純、……狡點、機敏、尖刻、勤奮、魯莽、傷感而又善變、悲涼、仇恨滿懷、好色、欺騙、獻媚……」

他透過占星術推算出自己的忌辰：他將於西元 1576 年 9 月 21 日死去。由於是教宗的御用占星師，大家深信不疑。教宗還提前為他準備好了墓地，可是，到西元 1576 年 9 月 21 日這天，75 歲的卡丹諾身體健康，強壯得好似一頭牛，毫無死去的跡象。為了堅持自己預言的準確性，卡丹諾選擇了服毒自殺，果然死在了 9 月 21 日這一天，睡進了教宗葛利果十三世為他選好的墓地裡，保住了御用占星師的榮譽。

葛利果十三世（Pope Gregory XIII，西元 1502 年－ 1585 年）

教宗，西元 1572 年－ 1585 年在位。1582 年推行格里曆（公曆），同時修改了儒略曆置閏法則。格里曆與儒略曆大致一樣，但格里曆特別規定，除非能被 400 整除，所有的世紀年（能被 100 整除）都不設閏日；如此，每 400 年，格里曆僅有 97 個閏年，比儒略曆減少 3 個閏年。格里曆的曆年平均長度為 365.2425 日，接近平均回歸年的 365.242199074 日，即約每 3,300 年誤差一日，也更接近春分點回歸年的 365.24237 日，即約每 8,000 年誤差一日；而儒略曆的曆年為 365.25 日，約每 128 年就誤差一日。到西元 1582 年時，儒略曆的春分日（3 月 21 日）與地球公轉到春分點的實際時間已相差 10 天。因此，格里曆開始實行時，將儒略曆 1582 年 10 月 4 日星期四的次日，改為格里曆 1582 年 10 月 15 日星期五，即刪除 10 天，但原星期的週期保持不變。

85
李時珍（西元 1518 年－ 1593 年）

《本草綱目》是可以譜曲唱出來的。

> 李時珍，字東璧，晚年自號瀕湖山人，西元 1518 年（明正德
> 十三年，戊寅虎年）出生於湖北省蘄春縣蘄州鎮東長街之瓦屑壩，
> 著名醫藥學家。後為楚王府奉祠正、皇家太醫院判，去世後明朝
> 廷敕封為「文林郎」。

其祖父是草藥醫生，父親李言聞是當時的名醫，曾任太醫院例目。
當時民間醫生地位低下，生活艱苦，其父不願李時珍再學醫藥。李時珍
14 歲時隨父到黃州府應試，中秀才而歸。但因出身於醫生世家，他自幼
熱愛醫學，並不熱衷於科舉，其後曾三次赴武昌應試，均不第，故決心
棄儒學醫，鑽研醫學。23 歲隨其父學醫，醫名日盛。

西元 1551 年（明世宗嘉靖三十年），李時珍 33 歲時，因治好了富順
王朱厚焜兒子的病而醫名大顯，被武昌的楚王朱英襝聘為王府的「奉祠
正」，兼管良醫所事務。西元 1556 年（明嘉靖三十五年）李時珍又被推薦
到太醫院工作，授「太醫院判」職務。三年後，他又被推薦到上京任太醫
院判，任職一年，便辭職回鄉。

關於李時珍這一段在太醫院工作的經歷，史學界有諸多爭論，有人
認為李時珍曾出任太醫院院判（正六品），但也有人認為他只是擔當御醫

（正八品）。無論其職位高低，李時珍被薦於朝是不可否認的事實。太醫院的工作經歷，有可能給他的一生帶來了重大影響，為編寫《本草綱目》打下基礎。這期間，李時珍積極地從事藥物研究工作，經常出入於太醫院的藥房及御藥庫，認真仔細地比較、鑑別各地的藥材，蒐集了大量的資料，同時還有機會飽覽了王府和皇家珍藏的豐富典籍，包括《本草品彙精要》。

　　李時珍在數十年行醫以及閱讀古典醫籍的過程中，發現古代本草書中存在著不少錯誤，決心重新編纂一部本草書籍。西元 1553 年（明嘉靖三十二年），李時珍著手編寫《本草綱目》，以《證類本草》為藍本，參考了 800 多部書籍，其間，從西元 1565 年（明嘉靖四十四年）起，他多次離家外出考察，足跡遍及湖廣、江西、河北等地的許多名山大川，弄清了許多疑難問題。

　　在編寫《本草綱目》的過程中，最使李時珍頭痛的就是由於藥名混雜，往往弄不清藥物的形狀和生長情況。過去的本草書，雖然作了反覆的解釋，但是由於有些作者沒有深入實際進行調查研究，而是在書本間抄來抄去，所以越解釋越糊塗，而且矛盾百出，使人莫衷一是。例如藥物遠志，南北朝著名醫藥學家陶弘景說它是小草，像麻黃，但顏色青，開白花；宋代馬志卻認為它像大青，並責備陶弘景根本不認識遠志。又如狗脊一藥，有的說它像萆薢，有的說它像拔葜，有的又說它像貫眾，說法很不一致。在他父親的啟示下，李時珍了解到，「讀萬卷書」固然需要，但「行萬里路」更不可少。於是，他既「蒐羅百氏」，又「採訪四方」，深入實際進行調查。

　　經過 27 年的長期努力，於西元 1578 年（明萬曆六年）完成《本草綱目》初稿，時年 60 歲。以後又經過 10 年 3 次修改。李時珍於西元 1593

年（明萬曆二十二年）去世。西元 1596 年（明萬曆二十五年），也就是李時珍逝世後的第三年，《本草綱目》在金陵正式刊行。

《本草綱目》

李時珍借用朱熹的《通鑑綱目》之名，定書名為《本草綱目》。西元 1553 年（明嘉靖三十一年），著手編寫，至西元 1578 年（明萬曆六年）三易其稿始成。因編著時間長，規模龐大，《本草綱目》一書，乃父乃子及弟子龐鹿門均參與編寫，次子建元為書繪圖，可謂以李時珍為主的一本團體著作。

《本草綱目》凡 16 部、52 卷，約 190 萬字。全書收納諸家本草所收藥物 1,518 種，在前人基礎上增收藥物 374 種，合 1,892 種，其中植物 1,195 種；共輯錄古代藥學家和民間單方 11,096 則；書前附藥物形態圖 1,100 餘幅。這部偉大的著作吸收了歷代本草著作的精華，盡可能地糾正了以前的錯誤，彌補不足，並有很多重要發現和突破。是到 16 世紀為止中國最有系統、最完整、最科學的一部醫藥學著作。

李時珍打破了自《神農本草經》以來，沿襲了一千多年的上、中、下三品分類法，把藥物分為水、火、土、金石、草、穀、菜、果、木、器服、蟲、鱗、介、禽、獸、人共 16 部，包括 60 類。每藥標正名為綱，綱之下列目，綱目清晰。書中還有系統地記述了各種藥物的知識，包括校正、釋名、集解、正誤、修治、氣味、主治、發明、附錄、附方等項，從藥物的歷史、形態到功能、方劑等，敘述甚詳，豐富了本草學的知識。

根據後來的研究，李時珍在植物學方面所創造的人為分類方法，是一種按照實用與形態等相似的植物，將其歸於各類，並按層次逐級分類

的科學方法。李時珍將一千多種植物，據其經濟用途與體態、習性和內含物的不同，先把大同類物質向上歸為五部（即草、木、菜、果、穀為綱），部下又分成 30 類（如草部 9 類、木部 6 類、菜、果部各 7 類、穀部 5 類）是為目，再向下分成若干種，不僅揭示了植物之間的親緣關係，而且統一了許多植物的命名方法。

《本草綱目》不僅為中國藥物學的發展作出了重大貢獻，而且對世界醫藥學、植物學、動物學、礦物學、化學的發展也產生了深遠的影響，先後被譯成日、法、德、英、拉丁、俄、朝鮮等十餘種文字在國外出版。書中首創了按藥物自然屬性逐級分類的綱目體系，這種分類方法是現代生物分類學的重要方法之一，比現代植物分類學創始人林奈的《自然系統》早了一個半世紀，被譽為「東方醫藥巨典」。2011 年 5 月，金陵版《本草綱目》入選「世界記憶名錄」[013]。

---

(013) 「世界記憶名錄」是指符合世界意義、經聯合國教科文組織世界記憶計畫國際諮詢委員會確認而納入的文獻遺產項目。世界記憶文獻遺產是世界文化遺產保護項目的延伸，側重於文獻紀錄，包括博物館、檔案館、圖書館等文化事業機構保存的任何介質的珍貴檔案、手稿、口述歷史的紀錄以及古籍善本等。

86
吉爾伯特（西元 1544 年－ 1603 年）

開創了電磁學的近代研究，提出質量和力的概念。

> 威廉·吉爾伯特（William Gilbert），西元 1544 年（明嘉靖六年，甲辰龍年。葡萄牙船員赴日貿易途中，偶然發現綠意盎然的臺灣，驚呼「Illa Formosa」〔美麗之島〕，這是寶島臺灣與西方世界的首次接觸）生於英國科爾切斯特市一個大法官家庭。英國著名醫生、物理學家，磁學研究的奠基人。

年輕時就讀於劍橋大學聖約翰學院，攻讀醫學，獲醫學博士學位。畢業後成為英國名醫。由於他醫術高明，自西元 1601 年起擔任英國女王伊莉莎白一世（Elizabeth I）的御醫，直到西元 1603 年 12 月逝世。

吉爾伯特在化學和天文學方面有淵博的知識，但他研究的主要領域還是物理學。他用觀察、實驗方法科學地研究了磁與電的現象，並把多年的研究成果寫成名著《論磁石》（De Magnete），於西元 1600 年在倫敦出版。

《論磁石》共 6 卷，書中的所有結論都是建立在觀察與實驗的基礎上。著作中記錄了磁石的吸引與排斥；磁針指向南北；燒熱的磁鐵磁性消失；用鐵片遮住磁石，它的磁性將減弱等。他研究了磁針與球形磁體間的相互作用，發現磁針在球形磁體上的指向和磁針在地面上不同位置

的指向相仿，還發現了球形磁體的極，並斷定地球本身是一個大磁體，提出了「磁軸」、「磁子午線」等概念。總之，在磁現象的研究方面，吉爾伯特的成就是輝煌的，貢獻是重大的。

在吉爾伯特的名著中，也敘述了他對電現象的研究。他研究了十幾種物質，發現它們中的大多數被摩擦後，與琥珀、瑪瑙被摩擦後相似，可以吸引輕小的物體。他首先指出，這是與磁現象有本質區別的另一類現象；他第一個稱電吸引的原因為電力。

吉爾伯特以驗電器證明了離帶電體越近，吸引力越大，還指出電引力沿直線；帶電體被加熱或放在潮溼的空氣中，它的吸引能力就消失了。

對電子的本質，吉爾伯特也試圖加以解釋，他認為存在一種「電液體」，帶電體吸引其他物體時，「電液」就從帶電體流向被吸引的物體；他還認為，帶電體被加熱時電性消失的原因是「電波」蒸發了……在吉爾伯特時代，他提出的概念，說明電是道道地地的物質，這有特殊的意義。吉爾伯特的名字總是擺在靜電學研究之首。

吉爾伯特接受並發展了羅伯特·諾曼（Robert Norman）和皮埃·德·馬立克（Petrus Peregrinus de Maricourt）（13 世紀的「匠人」）的實驗工作。他按照馬立克的辦法，製成球狀磁石，取名為「小地球」，在球面上用羅盤針和粉筆畫出了磁子午線。他證明諾曼所發現的下傾現象也在這種球狀磁石上表現出來，在球面上羅盤磁針也會下傾。他還證明表面不規則的磁石球，其磁子午線也是不規則的，由此設想羅盤針在地球上和正北方的偏離是由大塊陸地所致。他的實驗大部分都不是什麼創新，同時有很大一部分屬於定性性質。但也有例外，如他發現兩極裝上鐵帽的磁石，磁力大大增加，他還研究了某一給定的鐵塊同磁石的大小和它的吸引力的關係，發現這是一種正比關係。

吉爾伯特根據他所知道的磁力現象，建立了一個相當重要的理論體系。根據他的磁石球實驗，他設想整個地球是一塊巨大的磁石，只是浮面上為一層水、岩石和泥土遮蓋著。他認為磁石的磁力正如身體中的靈魂一樣，產生運動和變化。所以對馬立克的磁石球會自轉的理論，他也很嚮往，但他加上一句話，「至今我還沒有看見過這種現象」。他相信地球在自己軸上作周日運轉；他說，地球這個巨大的磁石「由於磁力亦即其主要的特性而有自身的運轉」。他認為地球的磁力一直伸到天上並使宇宙合為一體。引力，在吉爾伯特看來，無非就是磁力，吉爾伯特把他的書獻給那些「不在書本中而在事物本身中尋找知識」的人，即屬於新傳統的人。他否定老的學術傳統，他說屬於這個舊的傳統的學者們「盲目信仰權威，是白痴、咬文嚼字者、詭辯家、小訟棍、堅持錯誤的庸人」。

吉爾伯特對近代物理學的重大貢獻還在於他提出了質量、力等新概念。在《論磁石》中，吉爾伯特說，一個均勻磁石的磁力強度與其質量成正比，這大概是歷史上第一次獨立於重量而提到質量，透過「磁力」這一特殊的力，吉爾伯特揭示了自然界中某種普遍的相互作用。

可嘆的是，吉爾伯特的名著《論磁石》直到 19 世紀末還很少為人了解，他的其他作品、先進的科學思想在英國也很少有人知道。因為他的作品都是僅用拉丁文出版的。西元 1889 年成立的吉爾伯特俱樂部，到 1900 年根據倡議，才出版了吉爾伯特名著的英譯本。

87

第谷（西元 1546 年－ 1601 年）

僅靠肉眼就把天文觀察提到前所未有的精度。

第谷·布拉厄（Tycho Brahe）西元 1546 年（明嘉靖二十五年，丙午馬年。新教宗教改革的發起人馬丁·路德逝世；英王亨利八世〔Henry VIII〕建立三一學院）生於斯坎尼亞省基烏德斯特普的一個貴族家庭。丹麥天文學家和占星學家。西元 1601 年 10 月，第谷逝世於布拉格，終年 55 歲。

第谷曾提出一種介於地心說和日心說之間的宇宙結構體系，17 世紀初傳入中國後被廣為接受。第谷所做的觀測精度之高，是他同時代的人望塵莫及的。第谷編製的恆星表相當準確，至今仍然有價值。

第谷於西元 1559 年入哥本哈根大學讀書。西元 1560 年 8 月，他根據預報觀察到一次日食，這使他對天文學產生了極大的興趣。西元 1562 年第谷轉到德國萊比錫大學學習法律，但卻利用全部的業餘時間研究天文學。西元 1563 年第谷觀察了木星和土星（兩行星在天空靠在一起），並寫出了他的第一份天文觀測資料，同時注意到合的發生時刻比星曆表預言得早了一個月。他領悟到當時用的星曆表不夠精確，於是開始了他長期系統的觀測，想自己編製更精確的星曆表。西元 1566 年第谷開始到各國遊歷，並在德國羅斯托克大學攻讀天文學。從此他開始了畢生的天文學研究工作，並獲得了重大的成就。

　　在巴塞爾和奧格斯堡繼續求學後，第谷因父親生病而返回家鄉。西元 1572 年 11 月 11 日，他看到仙后座有一顆新的明亮恆星，便使用自己造的儀器對這顆星進行了一系列觀測，直到西元 1574 年 3 月變暗到看不見為止。前後 16 個月的詳細觀察和記載，獲得了驚人的結果，徹底動搖了亞里斯多德的天體不變的學說，開闢了天文學發展的新領域。

　　第谷由於與農家女結婚而與他的貴族家庭鬧翻。他很高興地接受了到哥本哈根和德國講課的建議。他曾考慮定居瑞士，但西元 1576 年丹麥國王弗雷德里克二世（Frederick II of Denmark）將汶島賜予他作為新天文臺臺址，並許諾他一筆生活費。於是，第谷在汶島開始建立「觀天堡」。這是世界上最早的大型天文臺，共設定了四個觀象臺、一座圖書館、一個實驗室和一個印刷廠，配備了齊全的儀器，耗資黃金 1 噸多。直到西元 1599 年，第谷在這裡工作了 20 多年，獲得了一系列重要的成果，創造了大量的先進天文儀器。其中最著名的有西元 1577 年對兩顆明亮的彗星的觀察。他透過觀察得出了彗星比月亮遠許多倍的結論，這一重要結論對於幫助人們正確認識天文現象產生了很大影響。

　　從此他譽滿天下，歐洲各國的學者都來拜訪他，甚至蘇格蘭國王詹姆士六世（James VI）也來拜訪他。

　　第谷在他的整個研究時期，一直堅持進行出色的精確觀測，達到了用肉眼所能達到的最佳觀察效果。由於大氣折射，觀察到的天體位置會有所變化，他和其他一些天文學家一樣也考慮到了這點。

　　第谷是一位傑出的觀測家，但他的宇宙觀卻是錯誤的。第谷本人不接受任何地動的思想。他認為所有行星都繞太陽運動，而太陽率領眾行星繞地球運動。

　　最初第谷對出版書籍曾猶豫過，因為他以為寫書會降低高貴人的身

分，幸運的是他後來克服了這種勢利的想法。

西元 1599 年丹麥國王弗雷德里克二世去世後，第谷在波希米亞皇帝魯道夫二世 (Rudolf II) 的幫助下，移居布拉格，建立了新的天文臺。西元 1600 年第谷與克卜勒相遇，邀請他作為自己的助手。次年第谷逝世，克卜勒接替了他的工作，並繼承了他的宮廷數學家的職務。第谷的大量極為精確的天文觀測資料，為克卜勒的工作創造了條件，他所編著經克卜勒完成，於西元 1627 年出版的「魯道夫星曆表」，成為當時最精確的星曆表。

他力圖修正地心說的觀點，以便能符合他所觀測到的事實。他希望克卜勒幫他證明，但克卜勒不僅證明了日心說觀點，甚至比哥白尼還前進了一步：行星繞太陽運轉的軌道不是圓而是橢圓。

關於第谷的死因，傳統的說法頗為稀奇：這位偉大的天文學家去參加宴會，大吃大喝了一番又堅決不去廁所，結果憋尿憋得過度，以至於撐破了膀胱而死。其死法之尷尬，和杜甫被白酒牛肉脹死不相伯仲。但 1991 年，哥本哈根大學對第谷的毛髮進行了一次化學分析，發現其中的汞含量大大超標，證明這位天文學開山始祖其實是死於汞中毒。而 1996 年的進一步檢驗則證實，過量的汞是在他死去的前一天攝取的。更多的流言頓時散播開來，說第谷死於謀殺，主使者有說是教會，有說是魯道夫二世，更有甚者認為是克卜勒。然而這些都只是猜測和假說，沒有定論。

2010 年 2 月，布拉格市政府批准丹麥科學家挖出第谷遺體的請求，丹麥科學家在 2010 年 11 月和一個捷克團隊抵達奧胡斯大學，取了第谷的骨頭、頭髮和服裝樣品進行分析，分析結果排除了中毒可能，團隊研判死因仍為膀胱破裂。

88
徐光啟（西元 1562 年－ 1633 年）

中國睜眼看世界之第一人。

> 徐光啟，字子先，號玄扈，西元 1562 年（明嘉靖四十一年，壬戌狗年）出生於上海縣法華匯，著名科學家、政治家。官至崇禎朝禮部尚書兼文淵閣大學士、內閣次輔。

徐光啟畢生致力於數學、天文、曆法、水利等方面的研究，勤奮著述，尤精曉農學，譯有《幾何原本》、《泰西水法》、《農政全書》等。同時他還是一位溝通中西方文化的先行者，為 17 世紀中西方文化交流作出了重要貢獻，被譽為「中國睜眼看世界之第一人」。

少年時代的徐光啟在龍華寺讀書。

西元 1581 年（明萬曆九年），中秀才後，他在家鄉教書，並娶本縣處士吳小溪女兒為妻。

西元 1588 年（明萬曆十六年），徐光啟為了尋找出路，和同鄉董其昌、張鼎、陳繼儒一起到太平府應鄉試，徐光啟落第。

西元 1593 年（明萬曆二十一年），徐光啟赴廣東韶州任教，並結識了耶穌會士郭居靜（Lazzaro Cattaneo，西元 1560 年－ 1640 年）。

西元 1600 年（明萬曆二十八年），他赴南京拜見恩師焦竑，與耶穌會士利瑪竇（西元 1552 年－ 1610 年）第一次晤面。

西元 1603 年（明萬曆三十一年），他在南京由耶穌會士羅如望（Jean de ROCHA，西元 1566 年－ 1623 年）受洗加入天主教，獲教名保祿（Paulus）。

西元 1604 年（明萬曆三十二年），徐光啟中進士，考選翰林院庶吉士。

西元 1606 年（明萬曆三十四年），他開始與利瑪竇合作翻譯《幾何原本》前 6 卷，次年春翻譯完畢並刻印刊行。翻譯完《幾何原本》後，他又根據利瑪竇口述翻譯了《測量法義》一書。

西元 1608 年（明萬曆三十六年），邀請郭居靜至上海傳教，這成為天主教傳入上海之始。

西元 1610 年（明萬曆三十八年），徐光啟回到北京。因欽天監推算日食不準，他與傳教士合作研究天文儀器，撰寫了《簡平儀說》、《平渾圖說》、《日晷圖說》、《夜晷圖說》。

西元 1612 年（明萬曆四十年），他向耶穌會教士熊三拔（Sabatino de Ursis，西元 1575 年－ 1620 年）學習西方水利，合譯《泰西水法》6 卷。

西元 1625 年（明天啟五年），徐光啟退隱之後，將主要精力集中在增訂、批改以前所輯《農書》上，經過勤奮鑽研，日夜筆耕，終於在西元 1627 年（明天啟七年）完成了《農政全書》的初稿。

西元 1631 年（明崇禎四年），陸續進獻曆書多卷，即《崇禎曆書》。

西元 1633 年（明崇禎六年），加太子太保兼文淵閣大學士，同年 11 月 8 日病逝於任上，諡文定。

徐光啟一生的主要成就有：

編製曆法，為歷代王朝所重視，但到了明末，卻明顯地呈現出落後

的狀態。一方面是由於此時西歐的天文學快速發展，另一方面則是明王朝禁研曆法政策的結果。明沈德符《萬曆野獲編》所說「國初學天文有曆禁，習曆者遣戍，造曆者殊死」，指的就是此事。

明代施行的《大統曆》，是繼元代《授時曆》，日久天長，已嚴重不準。據《明史‧曆志》記載，自成化（西元 1481 年）年間開始陸續有人建議修改曆法，但建議者不是被治罪便是以「古法未可輕變」、「祖制不可改」為由遭拒。西元 1610 年（明萬曆三十八年）十一月日食，司天監再次預報錯誤，朝廷決定由徐光啟與傳教士等共同譯西法，供邢雲路修改曆法時參考，但不久又不了了之。直至崇禎二年五月朔日食，徐光啟以西法推算最為精密，禮部奏請開設曆局。以徐光啟督修曆法，改曆工作終於走上正軌，但後來明清更替，改曆工作在明代實際並未完成。當時協助徐光啟進行修改曆法的中國人有李之藻、李天經等，外國傳教士有龍華民（Nicholas Longobardi）、熊三拔等。

徐光啟在天文曆法方面的成就，主要集中於《崇禎曆書》的編譯和為改革曆法所寫的各種疏奏之中。在曆書中，他引進了球形地球的概念，明晰地介紹了地球經度和緯度的概念。他為中國天文界引進了星等的概念，根據第谷星表和中國傳統星表，提供了第一個全天性星圖，成為清代星表的基礎。在計算方法上，徐光啟引進了球面和平面三角學的準確公式，並首先進行了視差、蒙氣差和時差的訂正。

《崇禎曆書》的編著，自西元 1631 年（明崇禎四年）起至西元 1638 年（明崇禎十一年）完成。全書 46 種，137 卷，分五次進呈。前三次是徐光啟親自進呈（23 種，75 卷），後兩次是徐光啟死後由李天經進呈。其中第四次還是徐光啟親手訂正（13 種，30 卷），第五次則是徐氏「手訂及半」最後由李天經完成的（10 種，32 卷）。

　　徐光啟在數學方面的最大貢獻當推翻譯《幾何原本》（前 6 卷）。徐光啟提出了實用的「度數之學」的思想，同時還撰寫了《勾股義》和《測量異同》兩書。在中國古代數學分科稱為「形學」，「幾何」二字在中文裡原不是數學專有名詞，而是個虛詞，意思是「多少」。徐光啟首先把「幾何」一詞作為數學的專業名詞來使用，用它來稱呼這門數學分科。他把歐幾里得鉅著翻譯為《幾何原本》。直到 20 世紀初，中國廢科舉、興學校，以《幾何原本》為主要內容的初等幾何學方成為中等學校必修科目。《幾何原本》的翻譯，極大地影響了中國原有的數學學習和研究的習慣，改變了中國數學發展的方向，因而，這個過程是中國數學史上的一件大事。

▌明清時的傳教士

利瑪竇（Matteo Ricci，西元 1552 年－ 1610 年）

　　號西泰，又號清泰、西江，義大利天主教耶穌會傳教士、學者。明朝萬曆年間來到中國傳教，利瑪竇是他的中文名字。王應麟所撰〈利子碑記〉上說：「萬曆庚辰有泰西儒士利瑪竇，號西泰，友輩數人，航海九萬里，觀光中國。」

　　利瑪竇是天主教在中國傳教的最早開拓者之一，也是第一位閱讀中國文學並對中國典籍進行鑽研的西方學者。他以「西方僧侶」的身分，「漢語著述」的方式傳播天主教教義，並廣交中國官員和社會名流，傳播西方天文、數學、地理等科學技術知識。他的著述不僅對中西方交流作出了重要貢獻，對日本和朝鮮半島上的國家認識西方文明也產生了重要影響。

湯若望 (Johann Adam Schall von Bell，西元 1592 年－ 1666 年)

　　字道未，德國人，羅馬帝國的耶穌會傳教士，天主教耶穌會修士、神父、學者。西元 1592 年出生於德國科隆，在中國生活了 47 年，歷經明、清兩個朝代。去世後安葬於北京利瑪竇墓左側，康熙朝封為「光祿大夫」，官至一品。在科隆有故居，塑有雕像。在義大利耶穌會檔案館有他的大量資料。

　　湯若望在中西文化交流史、中國基督教史和中國科技史上是一位不可忽視的人物。他以虔誠的信仰、淵博的知識奠定了他在中西文化交流史上的重要地位。他是繼利瑪竇來華之後最重要的耶穌會士之一。

　　他繼承了利瑪竇透過科學傳教的策略，在明清朝廷曆法修訂以及火炮製造等方面多有貢獻，中國今天的農曆就是湯若望在明朝前沿用的農曆基礎上加以修改而成的「現代農曆」。他還著有《主制群徵》、《主教緣起》等宗教著述。他以孜孜不倦的努力，在西學東漸中成就了一番不可磨滅的成就。

　　西元 1619 年 7 月 15 日，湯若望和他的教友們抵達澳門，被安置在聖·保祿學院裡。傳教士們一踏上中國土地，便開始精心研習中國語言文化，甚至以掌握北京官話為目標。這些西方修士入鄉隨俗，脫下僧袍，換上儒服，住進中式房屋，並潛心研究中國經史和倫理，尋找其中東西方文化的融合點。在與朝野名流往來的過程中，這些上通天文，下知地理，又熟讀漢文典籍的西方傳教士，自然贏得了中國文人士大夫的好感和信任，從而達到其傳播信仰的目的，這就是利瑪竇開創的「合儒超儒」的傳教策略。

　　西元 1622 年夏天，湯若望換上了中國人的服裝，把他的德文姓名「亞當」改為發音相近的「湯」，「約翰」改為「若望」，正式取名湯若望，

字「道未」出典於《孟子》的「望道而未見之」，取道北上。

西元 1623 年 1 月 25 日湯若望到達北京後，仿效當年的利瑪竇，將他從歐洲帶來的數理天算書籍列好目錄，呈送朝廷。又將帶來的科學儀器在住所內一一陳列，請中國官員前來參觀。湯若望以他的數理天文學知識得到朝廷官員的賞識。他到北京不久，就成功地預測了西元 1623 年 10 月 8 日出現的月食。

西元 1634 年（明崇禎七年），協助徐光啟、李天經編成《崇禎曆書》137 卷。又受明廷之命以西法督造戰炮，並口述關於大砲冶鑄、製造、保管、運輸、演放以及火藥配製、砲彈製造等原理和技術，由焦勗整理成《火攻挈要》2 卷和《火攻祕要》1 卷，為當時介紹西洋火槍技術的權威著作。

西元 1644 年（清順治元年），清軍進入北京。湯若望以其天文曆法方面的學識和技能受到清廷的保護，受命繼續修訂曆法。

清順治八年順治帝親政後，湯若望經常出入宮廷，對朝政得失多有建言，先後上奏章 300 餘封。順治帝臨終議立嗣皇，曾徵求湯若望意見。當時順治帝因得天花，而朝廷中只有湯若望一人知道天花如果流行會造成怎樣的後果，於是他說一定要找一位得過天花的皇子來繼承王位，於是便有了後來的康熙大帝。

西元 1666 年 8 月，湯若望病故於寓所。西元 1669 年（清康熙八年），康熙釋出了對湯若望的祭文：「皇帝諭祭原任通政使司通政使，加二級又加一級，掌欽天監印務事，故湯若望之靈曰：鞠躬盡瘁，臣子之芳蹤。恤死報勤，國家之盛典。爾湯若望，來自西域，曉習天文，特界象曆之司，爰錫通微教師之號。遽爾長逝，朕用悼焉。特加因恤，遣官致祭。嗚呼，聿垂不朽之榮，庶享匪躬之報。爾有所知，尚克歆享。」

南懷仁（Ferdinand Verbiest，西元 1623 年－ 1688 年）

字敦伯，又字勛卿，比利時籍清代天文學家、科學家，西元 1623 年出生於比利時首都布魯塞爾，西元 1641 年 9 月入耶穌會，西元 1658 年來華，是清初最有影響的來華傳教士之一，為近代西方科學知識在中國的傳播作出了重要貢獻。

他是康熙皇帝的科學啟蒙老師，精通天文曆法，擅長鑄炮，是欽天監（相當於國家天文臺）業務上的最高負責人，官至工部侍郎，正二品。西元 1688 年 1 月南懷仁在北京逝世，享年 65 歲，卒諡勤敏。著有《康熙永年曆法》、《坤輿圖說》、《西方要記》等。

南懷仁和利瑪竇、湯若望有著很多相似之處：對科學有很深的造詣，對傳教事業有高度熱情，以及其他操守方面的優良品德。

西元 1665 年－ 1669 年，南懷仁進行了多項科學技術活動。他的最早描述天文觀測的著作《測驗紀略》（西元 1669 年），就是在此期間撰寫的。該著作實際上記述和圖示了南懷仁在重新受到任用之前，所進行的兩次重大天文觀測的情況。即西元 1668 年 12 月 27 － 29 日（清康熙七年十一月二十四至二十六日）測驗和推算日影；西元 1669 年 2 月 3 日、17 和 18 日（清康熙八年正月三日、十七和十八日）測驗和推算立春、雨水兩節氣，以及太陰、火星和木星的躔度 [014]。《測驗紀略》在大約西元 1671 年或稍後出版了拉丁文字，名 *Liber Observationum*，有 600 多頁文字說明，並有 12 幅圖。

西元 1678 年（清康熙十七年七月），《康熙永年曆法》32 卷編撰完成。南懷仁將湯若望順治二年十二月所著諸曆及二百年恆星表，相繼預推到數千年之後。

---

(014)　日月星辰運行的度數。

《康熙永年曆法》實際上是一部天文表。它分為八個部分 —— 日、月、火星、水星、木星、金星、土星以及交食，每一部分各四卷。各部分的開始給出一些基本資料，然後給出某一天體兩千年的星曆表。根據這些星曆表，就可以很容易地編出民曆。

南懷仁最著名的西文著作是《歐洲天文學》(*Astronomia Europea*)。其手稿由柏應理 (Philippe Couplet) 帶到歐洲，於西元 1687 年以拉丁文在歐洲迪林根出版。《歐洲天文學》是南懷仁西元 1681 年以前的著述。該書篇幅不算大，有前言 5 頁，正文 99 頁。南懷仁在前言中簡明扼要地介紹了他來華前後耶穌會士在中國的情況，談到他之所以出版這部著作，目的是要詳盡說明歐洲天文學在中國的地位的恢復，而他本人則是做這項工作的最佳人選。

南懷仁不僅對中國天文曆學的發展、火炮的鑄造作出了重大貢獻，而且在開闊中國人對世界的視野方面也有很大貢獻。

懷仁廳

比利時的魯汶大學是世界上最古老的大學之一，南懷仁正是從魯汶大學畢業的。南懷仁最偉大的發明之一就是天象儀，它可以具體展現天體的運動，其原件現存於北京故宮。而魯汶大學為了紀念這位偉大的校友，特別建立了懷仁廳，門口還擺放著天象儀模型。

西元 1898 年，當時的比利時國王寫信給魯汶大學校長說：「中國很重要，學習漢語很重要。」曾在魯汶大學學習地理的南懷仁之後來到中國，為清朝廷製造的 6 件天文儀器，至今還保存在北京古觀象臺上。

白晉（Joachim Bouvet，西元 1656 年－ 1730 年）

　　字明遠，西元 1656 年生於法國勒芒市。年輕時即入耶穌會學校就讀，接受了包括神學、語言學、哲學和自然科學的全面教育，尤其對數學和物理學興趣濃厚。於清康熙二十六年來到中國，是一位對近代中西方文化交流作出卓越貢獻的人物。

　　白晉西元 1678 年 10 月入耶穌會，西元 1687 年 7 月成為法國國王路易十四（Louis XIV）選派第一批六名來華耶穌會士之一。在出發前，他們被授予法國科學院院士，並負有測量所經各地區地理位置和傳播科學的任務。

　　西元 1688 年，張誠等進宮，進獻了當時歐洲先進的天文儀器，包括帶測高望遠鏡的四分象限儀、水平儀、天文鐘，還有一些數學儀器。康熙非常喜歡，下令置於宮內御室中，並傳旨白晉、張誠學習滿語，9個月後學成。白晉、張誠在向康熙講解所進儀器如何使用的同時，還向他講解了一些天文現象。白晉還將法王路易十四之子曼恩公爵（Duke of Maine）送給他的測高望遠鏡轉呈給康熙。

　　西元 1691 年，根據康熙的要求，白晉和張誠曾準備講授歐洲哲學史，但因康熙患病而未能按計畫進行。他們看到康熙很想了解人體組織及其機能動因，以及在這些組織中發生的那些有益作用的原理，所以又決定講授人體解剖學。

　　在《易經》的交流傳播上，白晉的作用尤為重要。西元 1697 年白晉在巴黎就《易經》的題目作了一次演講。在演講中，他把《易經》視為與柏拉圖、亞里斯多德的學說一樣合理、完美的哲學，他說：「雖然（我）這個主張不能被認為是我們耶穌會傳教士的觀點，這是因為大部分耶穌會士至今認為《易經》這本書充斥著迷信的東西，其學說沒有絲毫牢靠

的基礎……然而我敢說這個被顏璫（Maigrot）所詰難的主張是非常真實的，因為我相信我有幸發現了一條讓眾人了解中國哲學正確原理的可靠道路。中國哲學是合理的，至少與柏拉圖或亞里斯多德的哲學同樣完美。我想透過分析《易經》這本書中種種令人迷惑的表象論證（這個主張）的真實性。《易經》這本書中蘊涵了中國君主政體的第一個創造者和中國的第一位哲學家伏羲的（哲學）原理。」

郎世寧（Giuseppe Castiglione，西元 1688 年－ 1766 年）

義大利人，生於義大利米蘭，西元 1715 年（清康熙五十四年）來到中國，隨即入宮進入如意館，為清代宮廷十大畫家之一，歷經康熙、雍正、乾隆三朝，在中國從事繪畫 50 多年，並參加了圓明園西洋樓的設計工作，極大地影響了康熙之後的清代宮廷繪畫和審美趣味。其主要作品有〈十駿犬圖〉、〈百駿圖〉、〈乾隆大閱圖〉、〈瑞穀圖〉、〈花鳥圖〉、〈百子圖〉等。

郎世寧到中國時，康熙 61 歲，酷愛藝術與科學，雖然不贊成郎世寧所信仰的宗教，卻把他當做一位藝術家看待，甚為禮遇。康熙對他說：「西方的教義違反中國的正統思想，只因為傳教士懂得數學基本原理，國家才予以聘用。」他又表示詫異道：「你怎能老是關懷你尚未進入的未來世界而漠視現實的世界？其實萬物是各得其所的。」旋即派郎世寧為宮廷畫師，不給他傳教的機會。

西元 1722 年康熙駕崩，皇四子胤禛即位，即雍正，傳教士皆逢厄運，唯有在宮廷服務的教士受到特殊禮遇。

雍正在位 13 年，由乾隆繼承大統。乾隆皇帝雅好書畫詩文，在位期間重視宮廷繪畫的發展，所以從康熙時就入宮的畫家郎世寧仍然得到

重用，成為宮廷畫家中的佼佼者。乾隆登基時年 24 歲，每日必去畫室看郎世寧作畫。而且從現存的郎世寧作品上看，乾隆在即位前任寶親王期間，就與郎世寧相識，並有頗多接觸，關係甚為密切。

　　西元 1766 年（清乾隆三十一年），郎世寧在他 78 歲生日的前三天，病逝於北京，其遺骸安葬在北京城西阜成門外的歐洲傳教士墓地內。乾隆皇帝對於郎世寧的去世甚為關切，特地下旨為其料理喪事。墓碑的正下方為漢字：「耶穌會士郎公之墓」，左邊為拉丁文的墓誌。

89
莎士比亞（西元 1564 年－1616 年）

詩人，還是劇作家？

威廉・莎士比亞（William Shakespeare），西元 1564 年（明嘉靖十三年，甲子鼠年）生於英國瓦維克郡埃文河畔斯特拉特福，常被尊稱為莎翁。英國文學史上最傑出的戲劇家，也是歐洲文藝復興時期最重要、最偉大的作家，當時人文主義文學的集大成者，全世界最卓越的文學家之一。

莎士比亞在斯特拉福長大，18 歲時與安妮・哈瑟維（Anne Hathaway）結婚，兩人共生育了三個孩子。16 世紀末到 17 世紀初的 20 多年間莎士比亞在倫敦開始了他成功的職業生涯，他不僅是演員、劇作家，還是宮內大臣劇團的合夥人之一（後來改名為國王劇團）。西元 1613 年左右，莎士比亞退休回到斯特拉福，3 年後逝世。

西元 1590 年－1600 年是莎士比亞創作的黃金時代。他的早期劇本主要是喜劇和歷史劇，在 16 世紀末期達到了深度和藝術性的高峰。接下來西元 1601 年－1608 年他主要創作悲劇，莎士比亞崇尚高尚情操，常常描寫犧牲與復仇，包括《奧賽羅》（*Othello*）、《哈姆雷特》（*Hamlet*）、《李爾王》（*King Lear*）、《馬克白》（*Macbeth*）。在他人生的最後階段，他開始創作悲喜劇，又稱為傳奇劇。

　　莎士比亞流傳下來的作品包括 37 部戲劇、154 首十四行詩、兩首長敘事詩。他的戲劇有各主要語言的譯本，且表演次數遠遠超過其他所有戲劇家的作品。

　　邱吉爾（Winston Churchill）曾說：「我寧願失去一個印度，也不願失去一個莎士比亞。」

後語

　　差不多十數年來，一直思索寫一本書，把一些歷史人物的事蹟與軼聞呈現給大家。本書挑選了 230 個歷史人物，他們有的貢獻大，有的貢獻小；有的有多個貢獻，有的僅一個發明。但這裡不是為他們寫傳記，而是畫卷式鋪開他們的一個或多個剪影或足跡，有的甚至不一定是主要貢獻。透過閱讀全書，慢慢體會人類文明的程序。如果閱讀本書後，對其中一個或幾個大師留下較深印象，再查詢他們的資料加深對他們生平和貢獻的了解，或閱讀他們的著作，則本書的第一個目的就達到了。本書的另一個目的在於，透過辨認「大師的足跡」和了解大師與眾不同的經歷，或感受大師黃鐘大呂般的聲音，來觸碰大師的思想並增長對其時代、其社會、其經歷的認識，增長閱歷，增加見識。

　　本書其實也是作者寫給自己的書。曾經在圖書館流連，在書店駐足，卻找不到一本類似的讀物。物理學史的只講物理學家；科學史的把數學、物理與化學各分篇目，而對其他領域的大師、天才巨匠視而不見，文明的程序被分割在不同學科狹長的格子裡；多數書籍往往把東西方文明機械割裂開來，又常常厚此薄彼，讓人產生人類文明只有一個源流的錯覺；各類書籍只講大師巨匠的光輝貢獻而對他們或痛苦或曲折或快意恩仇或勇士般戰鬥的經歷或有時無助的呼喚甚至呻吟避而不談。在失望與無奈之際，作者嘗試為自己寫一本這樣的書。

　　所挑選的這些大師，從提出「水生萬物，萬物復歸於水」被譽為古希臘智慧第一人的天才泰利斯（本書第一位大師），到智商平平，但靠堅定、勤奮、毅力發現生命密碼而兩獲諾貝爾化學獎的桑格（本書最後一

位大師），他們大多被汗牛充棟的傳記及各式各樣的書籍和體裁不一的紀念文章所記錄或描述。作者只是把這些東西南北不同領域時間跨度近 3,000 年的 230 位巨人都攝取一幀定格，以他們的生平貢獻和喜怒哀樂來窺視他們的時代，和他們的靈魂做一次短暫的交流。讓他們的思想在頭腦裡形成同頻共振，喚起內心的共鳴。

但由於作者知識範疇的限制，在人物選取和事蹟的選擇、取捨和描述上，存在諸多不足甚至謬誤，唯望本書能拋磚引玉。在編撰過程中，作者參考了大量的書籍及網路資料（包括匿名和佚名的），作者在此謹向原著者及其出版機構表示衷心感謝！可能還有一些文獻和資料的出處未能標出，作者在此誠致歉意。

參考文獻

[1] 米夏埃爾・艾克特・阿諾爾德・索末菲傳 —— 原子物理學家與文化信使 [M]・方在慶，何鈞，譯・長沙：湖南科學技術出版社，2018・

[2] 安德列婭・伍爾夫・創造自然：亞歷山大・馮・洪堡的科學發現之旅 [M]・邊和，譯・杭州：浙江人民出版社，2018・

[3] 周明儒・從尤拉的數學直覺談起 [M]・北京：高等教育出版社，2009・

[4] 馮八飛・大家手筆 [M]・北京：北京工業大學出版社，2011・

[5] 劉樹勇，白欣，周文臣，等・大眾物理學史 [M]・濟南：山東科學技術出版社，2015・

[6] 西奧尼・帕帕斯・發現數學原來這麼有趣 [M]・李中，譯・北京：電子工業出版社，2008・

[7] G・K・切斯特頓・方濟各傳 阿奎那傳 [M]・王雪迎，譯・北京：生活、讀書、新知三聯書店，2016・

[8] 勞拉・費米・費米傳 [M]・何芬奇，譯・北京：商務印書館，1997・

[9] 倪光炯，王炎森，錢景華，等・改變世界的物理學 [M]・上海：復旦大學出版社，2016・

[10] 亞當・哈特・戴維斯・改變物理學的 50 個實驗 [M]・陽曦，譯・北京：北京聯合出版公司，2017・

[11] 焦維新，鄒鴻・行星科學 [M]・北京：北京大學出版社，2009・

[12] 卡邁什瓦爾・C・瓦利・孤獨的科學之旅（錢德拉塞卡傳）[M]・何妙福，傅承啟，譯・上海：上海科學教育出版社，2006・

[13] 約翰・德雷爾・行星系統 [M]・王影，譯・武漢：湖北科技出版社，2016・

[14] J・R・柏廷頓・化學簡史 [M]・胡作玄，譯・北京：中國人民大學出版社，2010・

[15] В・И・阿諾爾德・惠更斯與巴羅，牛頓與胡克 [M]・李培廉，譯・北京：高等教育出版社，2013・

[16] 保羅・A・蒂普勒・近代物理基礎及其應用 [M]・翻譯組，譯・上海：上海科學技術出版社，1981・

[17] 吳國勝・科學的歷程 [M]・北京：北京大學出版社，2002・

[18] 尼古拉・查爾頓，梅瑞迪斯・麥克阿德・科學簡史 [M]・李一汀，譯・北京：中國友誼出版公司，2018・

[19] 恩斯特・彼得・費舍爾・科學簡史：從亞里斯多德到費恩曼 [M]・陳恆安，譯・杭州：浙江人民出版社，2018・

[20] 特德・戈策爾・科學與政治的一生：萊納斯・鮑林傳 [M]・劉立，譯・上海：東方出版中心，2002・

[21] 胡陽，李長鐸・萊布尼茲：二進位制與伏羲八卦圖考 [M]・上海：上海人民出版社，2006・

[22] 喬治・約翰森・歷史上最美的 10 個實驗 [M]・王悅，譯・北京：人民郵電出版社，2010・

[23] 羅伯特・P・克里斯・歷史上最偉大的 10 個方程 [M]・馬瀟瀟，譯・北京：人民郵電出版社，2010・

[24] 婆什迦羅 · 莉拉沃蒂 [M] · 徐澤林，譯 · 北京：科學出版社，2008 ·

[25] 華特 · 艾薩克森 · 列奧納多 · 達文西傳 [M] · 汪冰，譯 · 北京：中信出版社，2018 ·

[26] 艾薩克 · 邁克菲 · 迷人的物理 [M] · 謝曉禪，譯 · 北京：人民郵電出版社，2017 ·

[27] 羅曼 · 羅蘭 · 名人傳 [M] · 傅雷，譯 · 北京：中國文聯出版社，2017 ·

[28] 羅布 · 艾利夫 · 牛頓新傳 [M] · 萬兆元，譯 · 南京：譯林出版社，2015 ·

[29] 陳志謙，穆鋒 · 泡利對近代物理學的貢獻 [J] · 物理通報，1995，7：38 ·

[30] 方誌遠 · 千古一人蘇東坡 [M] · 北京：中國社會出版社，2009 ·

[31] 史鈞 · 千古一相王安石 [M] · 廈門：鷺江出版社，2008 ·

[32] 項武義，張海潮，姚珩 · 千古之謎與幾何天文物理兩年 [M] · 北京：高等教育出版社，2003 ·

[33] S · 錢德拉塞卡 · 莎士比亞、牛頓和貝多芬：不販創造模式 [M] · 楊建鄴，王曉明，譯 · 長沙：湖南科學技術出版社，2007 ·

[34] 楊建鄴 · 上帝與天才的遊戲：量子力學史話 [M] · 北京：商務印書館，2017 ·

[35] 曹天元 · 上帝擲骰子嗎？ —— 量子物理史話 [M] · 北京：北京聯合出版公司，2013 ·

[36] 布萊恩 · 克萊格 · 十大物理學家 [M] · 向夢龍，譯 · 重慶：重慶出版社，2017 ·

[37] 克卜勒·世界的和諧 [M]·張卜天，譯·北京：北京大學出版社，2011·

[38] 王鴻生·世界科學技術史 [M]·北京：中國人民大學出版社，2016·

[39] 梁衡·數理化通俗演義 [M]·北京：北京聯合出版公司，2015·

[40] 埃裡克·坦普爾·貝爾·數學大師：從芝諾到龐加萊 [M]·徐源，譯·上海：上海科技教育出版社，2012·

[41] 理查·曼凱維奇·數學的故事 [M]·馮速，譯·海口：海南出版社，2014·

[42] E·T·貝爾·數學菁英 [M]·徐源，譯·北京：商務印書館，1991·

[43] 約安·詹姆斯·數學巨匠：從尤拉到馮·諾依曼 [M]·潘澍原，譯·上海：上海科學技術出版社，2016·

[44] 李文林·數學史概論 [M]·北京：高等教育出版社，2011·

[45] 麥可·J·布拉德利·數學天才的時代 [M]·展翼文，譯·上海：上海科學技術文獻出版社，2014·

[46] 湯姆·傑克遜·數學之旅 [M]·顧學軍，譯·北京：人民郵電出版社，2014·

[47] 東方慧子·唐宋八大家故事集 [M]·武漢：武漢大學出版社，2015·

[48] 麥可·J·布拉德利·天才的時代：1300 － 1800 年 [M]·展翼文，譯·上海：上海科學技術文獻出版社，2011·

[49] 威廉·鄧納姆·天才引領的歷程：數學中的偉大定理 [M]·李繁榮，譯·北京：機械工業出版社，2016·

[50] 尼古拉·哥白尼·天體運行論 [M]·徐萍，譯·北京：北京理工大
學出版社，2017·

[51] 楊天林·天文的故事 [M]·北京：科學出版社，2018·

[52] G·伏古勒爾·天文學簡史 [M]·李珩，譯·北京：中國人民大學
出版社，2010·

[53] 伊什特萬·豪爾吉陶伊·通往斯德哥爾摩之路：諾貝爾獎、科學和
科學家 [M]·節豔麗，譯·上海：上海世紀出版集團，2007·

[54] 米卡埃爾·洛奈·萬物皆數：從史前時期到人工智慧，跨越千年的
數學之旅 [M]·孫佳雯，譯·北京：北京聯合出版公司，2018·

[55] 梁啟超·王安石傳 [M]·北京：東方出版社，2009·

[56] 南宋布衣·工安石與司馬光的巔峰對決 [M]·杭州：浙江人民出版
社，2009·

[57] 馬克思·玻恩·我們這一代的物理學 [M]·侯德彭，譯·北京：商
務印書館，2015·

[58] 威廉·鄧納姆·微積分的歷程：從牛頓到勒貝格 [M]·李伯民，譯·
北京：人民郵電出版社，2010·

[59] 郭伯南，包倩怡·文明的步伐 [M]·北京：五洲傳播出版社，2009·

[60] 吳京平·無中生有的世界：量子力學外傳 [M]·北京：北京時代華
文書局，2018·

[61] 包景東·物含妙理：像費恩曼那樣機智地教與學 [M]·北京：清華
大學出版社，2018·

[62] 朱恆足·物理五千年 [M]·武漢：湖北科技出版社，2018·

參考文獻

[63] 亞里斯多德 · 物理學 [M] · 張竹明，譯 · 北京：商務印書館，1982 ·

[64] 弗 · 卡約裡 · 物理學史 [M] · 戴念祖，譯 · 北京：中國人民大學出版社，2010 ·

[65] 郭奕玲，沈慧君 · 物理學史 [M] · 北京：清華大學出版社，2013 ·

[66] 胡化凱 · 物理學史二十講 [M] · 合肥：中國科學技術大學出版社，2010 ·

[67] 趙敦華 · 西方哲學簡史 [M] · 北京：北京大學出版社，2012 ·

[68] 伯特蘭 · 羅素 · 西方哲學史 [M] · 劉常州，譯 · 西安：陝西師範大學出版社，2010 ·

[69] 喬治 · 薩頓 · 希臘劃時代的科學與文化 [M] · 魯旭東，譯 · 鄭州：大象出版社，2012 ·

[70] 喬治 · 薩頓 · 希臘黃金時代的古代科學 [M] · 魯旭東，譯 · 鄭州：大象出版社，2010 ·

[71] 王國強 · 新天文學的起源 [M] · 北京：中國科學技術出版社，2010 ·

[72] 穆勒 · 約翰 · 穆勒自傳 [M] · 鄭曉嵐，等譯 · 北京：華夏出版社，2007 ·

[73] 詹姆斯 · R · 威爾克爾 · 約翰內斯 · 克卜勒與新天文學 [M] · 劉堃，譯 · 西安：陝西師範大學出版社，2004 ·

[74] 汪振東 · 在悖論中前行：物理學史話 [M] · 北京：人民郵電出版社，2018 ·

[75] 羅伯特 · 卡尼格爾 · 知無涯者 [M] · 胡樂士，譯 · 上海：上海科技教育出版社，2008 ·

[76] 吳文俊‧著名數學家傳記 [M]‧北京：科學出版社，2003‧

[77] 盧曉江‧自然科學史十二講 [M]‧北京：中國輕工業出版社，2011‧

[78] 艾薩克‧牛頓‧自然哲學的數學原理 [M]‧余亮，譯‧北京：北京理工大學出版社，2017‧

[79] 林言椒，何承偉‧中外文明同時空 [M]‧上海：上海錦繡文章出版社，2009‧

[80] 曹則賢‧驚豔一擊：數理史上的絕妙證明 [M]‧北京：外語教學與研究出版社，2019‧

[81] 松鷹‧科學巨人的故事：馬克士威 [M]‧太原：希望出版社，2014‧

[82] 達納‧麥肯齊‧無言的宇宙：隱藏在 24 個數學公式背後的故事 [M]‧李永學，譯‧北京：北京聯合出版公司，2015‧

[83] 伯特蘭‧羅素‧西方的智慧 [M]‧張卜天，譯，北京：商務印書館，2019‧

[84] 魏鳳文，高新紅‧仰望量子群星 [M]‧杭州：浙江教育出版社，2016‧

參考文獻

時間軸

西元前600年　西元前500年　西元前400年　西元前200年　西元元年

泰利斯・阿那克西曼德・畢達哥拉斯・老子・孔子・赫拉克利特・希帕索斯・芝諾・墨子・蘇格拉底・恩諾皮德斯・德謨克利特・默冬・柏拉圖・歐多克索斯・甘德・亞里斯多德・莊子・色諾克拉底・伊壁鳩魯・歐幾里得・阿里斯塔克斯・韓非・埃拉托斯特尼・阿波羅尼斯・喜帕恰斯・董仲舒・司馬遷

西元1100年　西元500年　西元100年

第二婆什迦羅・蘇瑪・開儼・沈括・王安石・司馬光・歐陽修・賈憲・范仲淹・伊本・西那・比魯尼・海什木・拉齊・花拉子米・柳宗元・劉禹錫・韓愈・祖沖之・希帕提亞・帕普斯・丟番圖・張仲景・劉徽・加倫・托勒密・王充・波希多尼

西元1500年　西元1700年

斐波那契・秦九韶・楊輝・培根・阿奎那・但丁・佩脫拉克・薄伽丘・鄭和・烏魯伯格・哥白尼・達文西・王陽明・米開朗基羅・麥哲倫・拉斐爾・卡爾丹諾・李時珍・吉爾伯特・第谷・徐光啟・莎士比亞・伽利略・克卜勒・哈維・徐霞客・宋應星・笛卡兒・費馬・托里拆利・黃宗羲・帕斯卡・波以耳・惠更斯・賓諾沙

西元1700年

道耳頓・湯普森・歌德・詹納・蒙日・拉瓦節・孔多塞・舍勒・赫雪爾・瓦特・庫倫・卡文迪許・狄德羅・亞當・史密斯・達朗貝爾・盧梭・休謨・尤拉・富蘭克林・丹尼爾・白努利・約翰・白努利・哥德巴赫・孟德斯鳩・哈雷・雅各布・白努利・佛爾蒂德・牛頓・虎克・雷文霍克

西元1800年

洪堡・貝多芬・黑格爾・湯瑪士・楊格・安培・奧斯特・高斯・戴維・給呂薩克・大朗和斐・菲涅耳・柯西・法拉第・雪萊・羅巴切夫斯基・卡諾・海涅・費爾巴哈・韋伯・密爾・達爾文・焦耳・南丁格爾・柴比雪夫・亥姆霍茲・孟德爾・克勞修斯・巴斯德・克希荷夫・克耳文・黎曼

西元1900年

伍連德・勞厄・愛因斯坦・朗之萬・拉塞福・索末菲・居禮夫人・羅曼・羅蘭・能斯特・希爾伯特・布拉格・泰戈爾・詹天佑・普朗克・赫茲・佛洛依德・龐加萊・勞侖茲・昂尼斯・邁克生・貝克勒・巴夫洛夫・倫琴・波茲曼・尼采・瑞利・馬赫・范德瓦耳斯・門得列夫・馬克士威・托爾斯泰・杜南

弗萊明・戴維森・諾維特・愛丁頓・玻恩・德拜・波耳・拉馬努金・薛丁格・拉塞爾・德布羅意・玻色・包立・費米・海森堡・鮑林・狄拉克・馮紐曼・布洛赫・朗道・錢德拉塞卡・圖靈・吳健雄・克里克・費曼・桑格

時間軸 →

西元2000年

顛覆者，大師的足跡——古希臘至文藝復興：

從畢達哥拉斯到莎士比亞，歷史上那些改變遊戲規則的各界大師

編　　著：陳志謙，陳樂濛

發 行 人：黃振庭

出 版 者：崧燁文化事業有限公司

發 行 者：崧燁文化事業有限公司

E-mail：sonbookservice@gmail.com

粉 絲 頁：https://www.facebook.com/
　　　　　sonbookss/

網　　址：https://sonbook.net/

地　　址：台北市中正區重慶南路一段六十一號八
　　　　　樓 815 室

Rm. 815, 8F., No.61, Sec. 1, Chongqing S. Rd.,
Zhongzheng Dist., Taipei City 100, Taiwan

電　　話：(02)2370-3310

傳　　真：(02)2388-1990

印　　刷：京峯數位服務有限公司

律師顧問：廣華律師事務所 張珮琦律師

-版權聲明

定　　價：520 元

發行日期：2024 年 05 月第一版

◎本書以 POD 印製

Design Assets from Freepik.com

國家圖書館出版品預行編目資料

顛覆者，大師的足跡——古希臘至
文藝復興：從畢達哥拉斯到莎士比
亞，歷史上那些改變遊戲規則的各
界大師 / 陳志謙，陳樂濛 編著 . --
第一版 . -- 臺北市：崧燁文化事業
有限公司 , 2024.05
面；　公分
POD 版
ISBN 978-626-394-254-7(平裝)
1.CST: 世界傳記
781　　　113005216

電子書購買

臉書

爽讀 APP